Regierung Potsdam Kommunalangelegenheiten
(Rep. 2 A I Kom)

Quellen, Findbücher und Inventare des Brandenburgischen Landeshauptarchivs

Herausgegeben von Klaus Neitmann

Band 14

zugleich:

Veröffentlichungen des Landesverbandes Brandenburg des Verbandes deutscher Archivarinnen und Archivare e.V.

Band 1

PETER LANG

Frankfurt am Main · Berlin · Bern · Bruxelles · New York · Oxford · Wien

Regierung Potsdam Kommunalangelegenheiten (Rep. 2 A I Kom)

Bearbeitet von
Rudolf Knaack, Falko Neininger
und Elisabeth Schulze (†)

PETER LANG
Europäischer Verlag der Wissenschaften

Bibliografische Information Der Deutschen Bibliothek
Die Deutsche Bibliothek verzeichnet diese Publikation in der Deutschen Nationalbibliografie; detaillierte bibliografische Daten sind im Internet über <http://dnb.ddb.de> abrufbar.

ISSN 0946-6789
ISBN 3-631-51593-6

www.peterlang.de

INHALT

Inhalt

VORWORT

Vor einem Jahr erschien als Band 12 der Reihe „Quellen, Findbücher und Inventare des Brandenburgischen Landeshauptarchivs" die Veröffentlichung „Regierung Potsdam Präsidialregistratur (Rep. 2 A I P)", die die Verzeichnung des genannten Strukturteiles der Regierung Potsdam beinhaltete. Das Vorwort begründete mit knappen verwaltungsgeschichtlichen Erläuterungen, die hier im einzelnen nicht zu wiederholen sind, den besonderen Rang, der den Überlieferungen der preußischen Regierungen zwischen 1808/15 und 1945 insbesondere für die landeshistorische Erforschung der preußischen Provinzen in diesem Zeitraum zukommt.

In den Regierungen waren zum Zwecke der Aufgabenkonzentration vielfältige Arbeitsgebiete gebündelt und zusammengefaßt, so daß sie als die wichtigste Behörde der inneren Verwaltung Preußens anzusehen sind, die die politischen und rechtlichen Vorgaben der Zentralinstanzen des Staates durch ihr Verwaltungshandeln zu vollziehen und gewissermaßen in den Alltag umzusetzen hatten. Wegen ihres herausragenden Quellenwertes kündigte das Vorwort damals an, daß das Brandenburgische Landeshauptarchiv die aussagekräftigsten Bestandsteile der beiden brandenburgischen Regierungen zu Potsdam und zu Frankfurt (Oder) in einer größeren Anzahl von Bänden publizieren werde.

Im Sinne dieses Versprechens schließt sich jetzt, ein Jahr, nachdem die Präsidialregistratur der Regierung Potsdam die angedeutete Reihe eröffnet hat, als zweiter Band das Findbuch zu den Kommunalangelegenheiten der Regierung Potsdam an. Damit wird eine Quellengruppe der Öffentlichkeit detailliert vorgestellt, die die nachdrückliche Aufmerksamkeit der brandenburgischen Landeshistoriker ebenso wie der allgemeinen preußischen und deutschen Historiker verdient. Mit der Steinschen Städteordnung von 1808 gewährte der preußische Staat im Rahmen seiner grundlegenden Reformierung nach der verheerenden Niederlage von Jena und Auerstedt den Städten kommunale Selbstverwaltung und gestand ihnen damit, in der Absicht, die selbständige Initiative seiner Bürger und deren verantwortliche Teilhabe an den Angelegenheiten des Gemeinwesens zu befördern, die Entbindung von der straffen staatlichen Gängelung des absolutistischen Zeitalters zu.

Die Kreisverwaltungen mit ihrer Doppelfunktion als ständische Verbände und untere staatliche Verwaltungsbezirke standen danach noch längere Zeit unter dem dominierenden Einfluß des grundbesitzenden Adels, bis die Kreisselbstverwaltung durch die Reformgesetzgebung der 1870er Jahre unter dem Einfluß liberaler Forderungen erheblich gestärkt wurde. Die aus diesen Maßnahmen entspringende Blütezeit der kommunalen Selbstverwaltung in Preußen ist etwa, um hier nur ein äußeres Indiz anzuführen, daran zu erkennen, daß zahlreiche Oberbürgermeister bedeutender Großstädte durch ihre Tätigkeit zu Politikern von überregionalem, ja nationalem Rang aufstiegen.

Daß der preußische Staat seinen Städten und Kreisen die kommunale Selbstverwaltung überließ, bedeutete freilich nicht, daß er sich aus den kommunalen Angelegenheiten vollständig zurückgezogen hätte. Die Städte- und Kreisordnungen regelten zugleich die Aufsichtsrechte, die die Staatsverwaltung weiterhin beanspruchte und die ihr ansehnliche Einfluß- und Eingriffsmöglichkeiten beließen. Diese sog. Kommunalaufsicht wurde auf der zentralen Ebene vom preußischen Innenministerium und auf der provinzialen Ebene von den Regierungen wahrgenommen. Das hier veröffentlichte Findbuch enthält die Akten, die bei der Regierung Potsdam aus ihren kommunalaufsichtlichen Funktionen erwachsen sind. Sie erlauben einen tiefen Einblick in die Gegebenheiten und Zustände in den Städten und Kreisen der damaligen Provinz Brandenburg und sind unverzichtbar, wenn man kommunale Selbstverwaltung und kommunales Eigenleben im Mit- und im Gegeneinander mit der Staatsbürokratie untersuchen will. Für die Geschichte der brandenburgischen Kommunen in den fast 140 Jahren zwischen den Stein-Hardenbergschen Reformen und dem II. Weltkrieg liegt hier eine Überlieferung vor, die in ihrer Dichte und in ihrem Gehalt kaum zu übertreffen sein dürfte.

Die Bearbeitung dieser Publikation erfolgte in derselben Weise wie bei der „Regierung Potsdam Präsidialregistratur". Zugrunde gelegt wurde die Verzeichnung, durch die seit den 1950er Jahren in großer Ausdauer die zum größten Teil erst nach 1945 vom Landeshauptarchiv übernommenen Akten der Regierung Potsdam für die Benutzung erschlossen worden sind.

Maßgeblich sind diese Arbeiten wie bei der Präsidialregistratur von Rudolf Knaack geleistet worden, zu dem sich für die Kommunalangelegenheiten Elisabeth Schulze (†) gesellte. Falko Neininger hat wiederum das vorliegende Findbuch für die Drucklegung vorbereitet, die Register angefügt und die Einleitung verfaßt. Allen Beteiligten ist für ihre Mitwirkung herzlich zu danken.

Die angesprochene historische Aussagekraft des Bestandes ist die Ursache dafür, daß der Band, wie aus dem Titelblatt für die vielleicht überraschten Leser ersichtlich, in zwei Schriftenreihen eingeordnet ist. Er setzt nicht nur die „Quellen, Findbücher und Inventare des Brandenburgischen Landeshauptarchivs" fort, sondern eröffnet zugleich die „Veröffentlichungen des Landesverbandes Brandenburg des Verbandes deutscher Archivare und Archivarinnen e.V. (VdA)". Dazu sind wenige Erläuterungen angebracht. Der Landesverband Brandenburg des VdA hat seit seiner Gründung im März 1997 seine Hauptaufgabe darin gesehen, im Land Brandenburg zur „Förderung des Archivwesens in Theorie und Praxis" beizutragen und dazu auch „Fachpublikationen heraus(zu)bringen", wie es seine auf der Gründungsversammlung beschlossene Geschäftsordnung formuliert.

Als Publikationsorgan dient dem Landesverband seitdem das zweimal jährlich erscheinende Mitteilungsblatt „Brandenburgische Archive", das kleinere und größere Aufsätze vornehmlich zu aktuellen theoretischen und praktischen archivischen Aufgaben veröffentlicht und dabei insbesondere die Vorträge der vom Landesverband regelmäßig durchgeführten Brandenburgischen Archivtage berücksichtigt. Die Eröffnung einer eigenen Schriftenreihe deutet an, daß der Landesverband im Interesse seiner Mitglieder und zur fachlichen Weiterentwicklung des brandenburgischen Archivwesens künftig größere Publikationsvorhaben verfolgen will. Zwei Schwerpunkte sollen dabei in den folgenden Jahren gesetzt werden.

Zunächst wird sich der Landesverband dafür einsetzen, daß nach dem Beispiel des vorliegenden Bandes Findbücher zu Beständen aus verschiedenen und verschiedenartigen brandenburgischen Archiven - wie beispielsweise aus Kommunal-, Kirchen- und Wissenschaftsarchiven - veröffentlicht werden, die auf Grund der Stellung des Bestandsbildner und des dementsprechenden inhaltlichen Gewichtes allgemeine Aufmerksamkeit der Archivare und Historiker innerhalb und außerhalb des Landes Brandenburg finden.

Davon wird man für die Akten der Kommunalaufsicht der Regierung Potsdam zweifellos ausgehen können, denn sie ergänzen die in den Kommunalarchiven vorhandenen Überlieferungen der einzelnen Gemeinden, Städte und Kreise durch staatliche Betreffe und werden von den Kommunalarchivaren sowie den Lokal- und Regionalhistorikern herangezogen werden müssen, wenn die Ortsgeschichte auf möglichst breiter archivalischer Grundlage erforscht werden soll.

Solche Bestände von überregionaler, gesamtbrandenburgischer Bedeutung werden für den Landesverband im Mittelpunkt seines Interesses stehen, wenn er für die Archivare wie für die Benutzer in den brandenburgischen Kommunen die Informationsmöglichkeiten über die Quellenlage wesentlich verbessern will.

Neben die Findbuchveröffentlichungen werden in den Bestrebungen des Landesverbandes archivwissenschaftliche Themen treten, die er auf den Archivtagen ebenso wie auf seinen Fortbildungsveranstaltungen behandelt und zur Diskussion stellt.

Die Publikation von längeren Ausarbeitungen zu wesentlichen Fragen der archivischen Theorie und Praxis will dabei erreichen, daß mit der Darstellung von zentralen Themenkomplexen geeignete und brauchbare Hilfsmittel für die anstehenden Aufgaben der Übernahme, Bewertung, Erschließung und Auswertung von Archivgut in den brandenburgischen Archiven bereitgestellt werden. Gedacht ist dabei sowohl an Beiträge, die mit neuen Ideen und Anregungen überkommene Gewohnheiten in Frage stellen, als auch an handbuchartige Zusammenfassungen des bisherigen Kenntnisstandes, die in ihrer konzentrierten Stoffdarbietung die Funktion eines unverzichtbaren Nachschlagewerkes erfüllen.

Daß der Landesverband Brandenburg des VdA für seine erste Veröffentlichung sich mit dem Brandenburgischen Landeshauptarchiv verbunden hat, darf als Zeichen dafür gewertet werden, daß beide Seiten in den vergangenen Jahren sowohl in der Gestaltung der Brandenburgischen Archivtage als auch in der Veröffentlichung des Mitteilungsblattes „Brandenburgische Archive“ sowie in zahlreichen anderen Fachfragen eng und vertrauensvoll zusammengearbeitet haben und ihre Kooperation fortzusetzen und noch auszudehnen gedenken.

Es ist zu hoffen und zu erwarten, daß auch für die Veröffentlichungsreihe andere brandenburgische Archive sich mit dem Landesverband auf gemeinsame Vorhaben verständigen und daß auch auf diese Weise die Vielfalt des brandenburgischen Archivwesens zur Geltung kommt.

Potsdam/Cottbus, im September 2003

Dr. Klaus Neitmann
Direktor des Brandenburgischen
Landeshauptarchivs

Steffen Kober
Vorsitzender des Landesverbandes
Brandenburg des Verbandes deutscher
Archivarinnen und Archivare e.V.

EINLEITUNG

1. Behördengeschichte der Regierung Potsdam[1]

1.1. Historischer Überblick

Im Zuge der preußischen Reformen nach dem Zusammenbruch von 1806 wurde 1808 durch das „Publicandum betr. die veränderte Verfassung der obersten Staatsbehörden der Preußischen Monarchie in Beziehung auf die innere Landes- und Finanzverwaltung“ vom 16. Dezember 1808 sowie die „Verordnung wegen verbesserter Einrichtung der Provinzial-, Polizei- und Finanzbehörden“ und die „Geschäfts-Instruktion für die Regierungen in sämmtlichen Provinzen“ vom 26. Dezember 1808 die Grundlage für eine Neuordnung der Provinzialverwaltung gelegt.[2] Zentrale Anliegen dieser Neuordnung waren die Trennung von Justiz und Verwaltung sowie die Zusammenfassung aller Zweige der staatlichen Verwaltung auf regionaler Ebene in einer Behörde, die den Na-

---

1 Ausführlicher zur Behördengeschichte mit weiteren Nachweisen: Regierung Potsdam Präsidialregistratur (Rep. 2 A I P), bearb. von Rudolf Knaack, Falko Neininger und Rita Stumper. Frankfurt am Main u.a. 2003 (= Quellen, Findbücher und Inventare des Brandenburgischen Landeshauptarchivs, 12), S. XIII-XXXII mit Einzelnachweisen. Zur Verwaltungsgeschichte der Provinz Brandenburg allgemein v.a. Hans Herzfeld/Gerd Heinrich (Hrsg.): Berlin und die Provinz Brandenburg im 19. und 20. Jahrhundert. Berlin 1968 (= Veröffentlichungen der Historischen Kommission zu Berlin, 25); Werner Vogel (Bearb.): Brandenburg. Marburg 1975 (= Grundriß zur deutschen Verwaltungsgeschichte 1815-1945. Reihe A: Preußen. Hrsg. von Walther Hubatsch, 5); Gerd Heinrich/Friedrich Wilhelm Henning/Kurt G.A. Jeserich (Hrsg.): Verwaltungsgeschichte Ostdeutschlands 1815-1945. Organisation - Aufgaben - Leistungen der Verwaltung. Stuttgart - Berlin - Köln 1992; Ingo Materna/Wolfgang Ribbe (Hrsg.): Brandenburgische Geschichte. Berlin 1995; Kurt Adamy/Kristina Hübener (Hrsg.): Geschichte der Brandenburgischen Landtage. Potsdam 1998 (= Brandenburgische Historische Studien, hrsg. von der Brandenburgischen Historischen Kommission e.V., 3). Siehe auch Kurt G. Jeserich/ Hans Pohl/Georg-Christoph von Unruh (Hrsg.): Deutsche Verwaltungsgeschichte, Bd. 2-4. Stuttgart 1983-1985, bes. Bd. 2 S. 457-459, Bd. 3 S. 686-690, Bd. 4 S. 550-554, 744-745. Zur Regierung Potsdam und dem Bestand der Regierung im Brandenburgischen Landeshauptarchiv zusammenfassend: Übersicht über die Bestände des Brandenburgischen Landeshauptarchivs Potsdam, Teil II, bearb. von Lieselott Enders u.a. Weimar 1967, S. 135-251 (= Veröffentlichungen des Brandenburgischen Landeshauptarchivs, 5); Rudolf Knaack: Der Bestand „Regierung Potsdam“ im Staatsarchiv Potsdam. Versuch einer Bestandsanalyse, in: Archivmitteilungen 18 (1968), S. 228-234.

2 GS 1806-1810, S. 361-373, 464-480, 481-519.

men Regierung erhielt. Die Regierungen, die den Ministerien für deren jeweiligen Zuständigkeitsbereich direkt unterstellt waren, wurden damit zur wichtigsten Mittelbehörde für die innere und Finanzverwaltung des preußischen Staates im 19. und 20. Jahrhundert. In Brandenburg wurden dementsprechend 1809 die Kurmärkische sowie die Neumärkische Kriegs- und Domänenkammer in Regierungen umgebildet. Unterm 14. Februar 1809 gab die Kurmärkische Kammer ihre neue Bezeichnung als Regierung bekannt. Gemäß Kabinettsorder vom 3. März 1809 siedelte sie von Berlin nach Potsdam um und nahm ihre Geschäfte dort am 12. Juni 1809 auf.[3] Entsprechend der Verordnung vom 26. Dezember 1808 entstanden bei der Kurmärkischen Regierung fünf Deputationen, und zwar 1. eine Polizeideputation, die u.a. für „ständische und Kommunalverfassung" zuständig war (§ 2k), 2. eine geistliche und Schuldeputation, 3. eine Finanzdeputation, 4. eine Militärdeputation und 5. eine Abgabendeputation. Die Neugliederung des preußischen Staates nach Maßgabe der „Verordnung wegen verbesserter Einrichtung der Provinzial-Behörden" vom 30. April 1815 schrieb die Einteilung der Provinz Brandenburg in die drei Regierungsbezirke Berlin, Potsdam und Frankfurt (Oder) fest.[4] Entsprechende Veränderungen traten zum 25. März 1816 in Kraft. Seitdem hieß die Kurmärkische Regierung offiziell Regierung zu Potsdam. Die Regierung Berlin bestand nur bis Ende 1821, so daß die Provinz Brandenburg nun in zwei Regierungsbezirke untergliedert war. Berlin wahrte allerdings einen Sonderstatus und wurde im Laufe des 19. Jahrhunderts schrittweise aus der Provinz Brandenburg herausgelöst.[5] An der Spitze der Provinz stand seit 1815 ein Oberpräsident, der einige übergreifende Verwaltungsaufgaben wahrnahm und Aufsichtsrechte gegenüber den Regierungen besaß, nicht aber ihr Dienstvorgesetzter war.

Die Verordnung vom 30. April 1815 regelte auch die Zuständigkeit und Geschäftsverteilung der Regierungen teilweise neu. Sie ordnete die Verteilung der Geschäfte auf zwei Abteilungen an und überwies einen Teil der Kirchen- und Schulaufsicht der Regierung an die in jeder Provinz wiederzubegründenden Konsistorien. Die „Aufsicht auf Kommunen" war der ersten Abteilung zugewiesen (§ 13 Nr. 2). Für den Aufbau der Regierung Potsdam wurde langfristig die „Allerhöchste Kabinetsorder ... betreffend eine Abänderung in der bisherigen Organisation der Provinzial-Verwaltungsbehörden" vom 31. Dezember 1825[6] maßgebend, nach der zum 1. März 1826 vier Abteilungen

3 Zur Einrichtung der Regierung 1808-1810 ausführlich Magnus Friedrich von Bassewitz: Die Kurmark Brandenburg im Zusammenhange mit den Schicksalen des Gesammtstaats Preußen während der Jahre 1809 und 1810. Aus dem Nachlasse hrsg. von Karl von Reinhard. Leipzig 1860, S. 165-208. Zu den Vorgängerbehörden der Regierung Potsdam siehe auch: Übersicht über die Bestände des Brandenburgischen Landeshauptarchivs Potsdam, Teil I, bearb. von Friedrich Beck u.a. Weimar 1964 (= Veröffentlichungen des Brandenburgischen Landeshauptarchivs, 4).

4 GS 1815, S. 85-92 und 93-98.

5 Siehe die Bekanntmachungen in: Amtsblatt Potsdam 1816, S. 89-92, und 1822, S. 13-15.

6 GS 1826, S. 5-12.

eingerichtet wurden: I. die Abteilung des Innern, II. die Abteilung für die Kirchenverwaltung und das Schulwesen, III. die Abteilung für die Verwaltung der direkten Steuern, der Domänen und Forsten und IV. die Abteilung für die indirekte Steuern. Diese Einteilung wirkte bis zum Ende der Behörde 1945 fort, wurde aber in vielen Details den wechselnden Verhältnissen angepaßt.

Die Geschäftsverhältnisse der Regierung wurden durch die „Instruktion zur Geschäftsführung der Regierungen in den Königlich Preußischen Staaten" vom 23. Oktober 1817[7] und die Kabinettsorder vom 31. Dezember 1825 festgelegt. Die Instruktion sah eine kollegiale Bearbeitung der Angelegenheiten im Plenum und den Abteilungen vor. An der Spitze der Regierung stand der Regierungspräsident, dem 1825 anstelle eines kollegialen Präsidiums die alleinige Gesamtleitung der Regierung übertragen wurde. Von 1825 bis 1881 waren die Potsdamer Regierungspräsidenten auch Oberpräsidenten der Provinz Brandenburg. Gemäß „Gesetz über die Organisation der allgemeinen Landesverwaltung" vom 26. Juli 1880 wurde 1881 die kollegiale Abteilung des Innern zur Präsidialabteilung umgewandelt, deren Geschäfte nun der Regierungspräsident mit den ihm beigegebenen Räten unter eigener Verantwortlichkeit bearbeitete.[8] Durch die „Verordnung zur Vereinfachung und Verbilligung der Verwaltung" vom 1. September 1932 wurde das präsidiale Büroprinzip auch in den Abteilungen II und III eingeführt.[9] Die Präsidialabteilung wurde deshalb 1933 in Allgemeine Abteilung umbenannt.

Die fortschreitende Ausdifferenzierung von Fach- und Sonderverwaltungen mit eigenen Behörden, die Bildung von Selbstverwaltungsorganen auf Kreis-, Regierungsbezirks- und Provinzebene seit den 1870er Jahren und der seit 1919 verstärkte Aufbau einer eigenen Reichsverwaltung auf unterer und mittlerer Ebene schränkte die umfassende Zuständigkeit der Regierung zunehmend ein. Andererseits nahmen die Geschäfte durch wachsende Anforderungen an die allgemeine Verwaltung und Ausweitung der Leistungsverwaltung erheblich zu. Die Regierungen behielten jedenfalls ihre zentrale Stellung in der Mittelstufe der Verwaltung. Größe und Bedeutung der Regierung Potsdam fanden ihren Ausdruck auch im neuen Regierungsgebäude in der Spandauer Straße vor dem Nauener Tor (heute Friedrich-Ebert-Straße), das 1907 bezogen werden konnte. Hinter der repräsentativen Sandsteinfassade in neubarocker Form von fast 90 m Länge und einer Kuppel über dem Haupteingang bot es 370 Räume.

Reformvorhaben zur Vereinfachung und Verbilligung der Verwaltung, die bereits vor dem 1. Weltkrieg diskutiert wurden, kamen zum Teil erst nach der nationalsozialistischen Machtergreifung 1933 zur Durchführung. Das Zusammenwirken dieser langfristigen Tendenzen mit der Umgestaltung der Verwaltung nach nationalsozialistischen Grundsätzen, den Erfordernissen der Kriegsvorbereitung und den Folgen des Kriegs

---

7 GS 1817, S. 248-282.

8 GS 1880, S. 291-314, v.a. §§ 16-28, und Neufassung vom 30. Juli 1883 mit Wirkung vom 1. April 1884, GS 1883, S. 195-236, v.a. §§ 17-24.

9 GS 1932, S. 283-293, mit Wirkung vom 1. April 1933, v.a. §§ 5-6; dazu Zweite Anweisung zur Ausführung vom 25. 3. 1933: MBliV 1933, S. 327-350, Nr. 19-20.

führte seit 1933 zu Umstrukturierungen, die der Regierung manches von ihrer bisherigen Funktion nahmen, aber auch neue Aufgaben zuwiesen. Durch das „Gesetz über die Erweiterung der Befugnisse des Oberpräsidenten" vom 15. Dezember 1933 und die „Zweite Verordnung über den Neuaufbau des Reichs" vom 27. November 1934 wurden dem Oberpräsidenten im Zuge der Durchsetzung des nationalsozialistischen Führerprinzips alle Provinzial- und Reichsbehörden in der Provinz unterstellt.[10] Einschneidend wirkte auch die weitgehende Beseitigung der kommunalen Selbstverwaltung auf Provinzial- und Bezirksebene. Zu einer durchgreifenden Neuordnung der Verwaltung auf der Mittelstufe ist es bis Kriegsende nicht mehr gekommen.

Seit Anfang Januar 1945 wurde Brandenburg verstärkt Ziel alliierter Luftangriffe. Ende Januar 1945 überschritt die sowjetische Armee die östliche Grenze der Provinz. Ende April wurde Potsdam in heftigen Kämpfen eingenommen. Das Regierungsgebäude blieb allerdings unbeschädigt. Der Neuaufbau der Verwaltung in Brandenburg wurde von der sowjetischen Besatzungsmacht schon vor der deutschen Kapitulation vom 8. Mai 1945 begonnen. Im Juni 1945 wurde eine Provinzialverwaltung Mark Brandenburg für das Gebiet der Provinz westlich von Oder und Neiße eingesetzt, die alle in deutscher Hand belassenen Aufgaben der früheren Zentral- und Regionalbehörden übernahm. Die Verwaltungen des Provinzialverbandes und der Regierung in Potsdam sowie der Regierung in Frankfurt (Oder) wurden aufgelöst, ein Teil des Personals nach politischer Überprüfung aber übernommen. Ihren Sitz nahm die Provinzialverwaltung im ehemaligen Potsdamer Regierungsgebäude.[11]

1.2. Geschäftsverteilung in der Abteilung I

Zum Geschäftsbereich der Abteilung I, der sich im Laufe der Zeit in Teilbereichen änderte, gehörten v.a. Präsidial- und Personalsachen, Landeshoheitssachen, Polizei und politische Angelegenheiten, Militär, Staatsangehörigkeitssachen, Verkehr, Handel und Gewerbe, Kommunalaufsicht[12], Siedlungs- und Wohnungswesen, soziale und Wohlfahrtsangelegenheiten, Medizinal- und Veterinärsachen, staatliche und kommunale Bauten, Baupolizei, Landwirtschaft, Wasserbau und Kassensachen.[13] Der 1876 in

---

10 GS 1933, S. 477-479; RGBl 1934 I, S. 1190.

11 Siehe Hans-Joachim Schreckenbach: Allgemeine Verwaltungsgeschichte, in: Übersicht über die Bestände des Brandenburgischen Landeshauptarchivs Teil III/1: Behörden und Institutionen in der Provinz Mark Brandenburg/im Land Brandenburg 1945-1952, bearb. von Torsten Hartisch u.a. Berlin 2001, S. 19-38 (= Veröffentlichungen des Brandenburgischen Landeshauptarchivs, 39).

12 Laut Instruktion von 1817 § 2 Nr. 5, GS 1817 S. 249, „das gesammte Kommunalwesen, in soweit dem Staate eine Einmischung darüber vorbehalten worden".

13 Vervielfältigte oder gedruckte Geschäftsverteilungspläne der Abteilung I liegen seit 1901 vor: BLHA, Rep. 2A I P Nr. 72, Nr. 102, Nr. 107 - Nr. 110; BLHA, Rep. 2A II Gen Nr. 46. Zahl-

Durchführung der Provinzialordnung vom 29. Juni 1875 als Beschlußbehörde für den Regierungsbezirk Potsdam gebildete Bezirksrat wirkte bei der Aufsicht über die Kommunalverwaltung, die Schulen, den Wegebau und bei anderen Angelegenheiten der allgemeinen Landesverwaltung mit.[14] An seine Stelle trat 1884 durch Vereinigung mit dem Bezirksverwaltungsgericht der Bezirksausschuß.[15] Den Vorsitz des Bezirksrates bzw. des Bezirksausschusses hatte der Regierungspräsident inne. Ihm gehörten außerdem zwei vom König auf Lebenszeit ernannte hauptamtliche Mitglieder an, von denen eins zum Richteramt und eins zum höheren Verwaltungsamt befähigt sein mußte, sowie vier vom Provinzialausschuß auf sechs Jahre gewählte Mitglieder. Wege- und Chausseebau gingen 1876/77 von der Regierung an den neugebildeten kommunalen Provinzialverband über.[16] Für die Bearbeitung der Wasserstraßensachen, denen im Regierungsbezirk Potsdam im Hinblick auf die Versorgung Berlins eine besondere Bedeutung zukam, wurde 1903 die Verwaltung der märkischen Wasserstraßen eingerichtet, die dem Regierungspräsidenten in Potsdam direkt unterstand.[17] Im Zusammenhang mit der Einrichtung der Reichsfinanzverwaltung 1920 wechselten die bei der Regierung verbleibenden Steuer- und Katasterangelegenheiten sowie die Aufsicht über die Kreiskassen von der Abteilung III an die Abteilung I.[18] Abteilung I gab 1933 die Angelegenheiten der Jugendpflege, der Berufs- und Fachschulen und der Haushaltungsschulen an die Abteilung II, Angelegenheiten der Landwirtschaft und der Bodenverbesserungsgenossenschaften an die Abteilung III und die Aufsicht über die Gemeinde- und Privatforsten an die Forstabteilung ab.[19] Ebenfalls 1933 ging die Zuständigkeit für politische Polizei

---

reiche einzelne Verordnungen zur Geschäftsverteilung finden sich in BLHA, Rep. 2A I P Nr. 102 - Nr. 106.

14 Provinzialordnung für die östlichen Provinzen vom 29. Juni 1875: GS 1875, S. 335-366, in Kraft getreten mit dem 1. Jan. 1876; Neufassung: GS 1881, S. 234-260. Das Zuständigkeitsgesetz vom 26. Juli 1876 (GS 1876, S. 297-344) regelt die Zuständigkeit in Angelegenheiten der Kommunalaufsicht, des Armenwesens, des Schulwesens, der Wege-, Wasser-, Fischerei-, Jagd-, Bau- und Gewerbepolizei, des Personenstandswesens und des Steuerwesens sowie in Enteignungsangelegenheiten. Konstituierende Sitzung des Bezirksrats am 28. Nov. 1876: Amtsblatt Potsdam 1876, S. 425.

15 Landesverwaltungsgesetz vom 30. Juli 1883 mit Wirkung vom 1. Apr. 1884, GS 1883, S. 195-236, v.a. §§ 28-35, 153; Zuständigkeitsgesetz vom 1. Aug. 1883, GS 1883, S. 237-292.

16 Dotationsgesetz vom 30. Apr. 1873 (GS 1873, S. 187-188); Gesetz vom 8. Juli 1875 (GS 1875, S. 497-512), Provinzialordnung vom 29. Juni 1875 (GS 1875, S. 335-366), Neufassung GS 1881, S. 234-260. Bekanntmachung des Reglements für die Wegebau-Verwaltung der Provinz Brandenburg vom 1. Nov. 1876 in: Amtsblatt Potsdam 1876 S. 503-505. Zur kommunalen Selbstverwaltung der Provinz siehe jetzt ausführlich Adamy/Hübener (wie Anm. 1).

17 Erlasse vom 3. Nov. 1902 und 16. März 1903 (GS 1903, S. 172, 173); Amtsblatt Potsdam 1903, S. 29, 213.

18 Erlasse des Finanzministers vom 29. März 1920 und 11. Mai 1920 in: Finanz-Ministerial-Blatt 1920, S. 108, 165, 211.

19 Zweite Anweisung vom 25. März 1933, in: MBliV 1933, S. 327-350, hier Nr. 20.

an die Staatspolizeistelle Potsdam über.[20] Die Kommunalaufsicht über die kreisangehörigen Städte wurde 1933 und 1934 an die Landräte überwiesen. Durch das „Gesetz über die Anpassung der Landesverwaltung an die Grundsätze des nationalsozialistischen Staates“ vom 15. Dezember 1933 wurde der Bezirksausschuß als Beschlußbehörde zum 1. Januar 1934 beseitigt und blieb lediglich als Bezirksverwaltungsgericht bestehen. Seine Entscheidungskompetenzen als Beschlußbehörde wurden dem Regierungspräsident überwiesen.[21] In engster Verbindung zu den Kommunaldezernaten der Abteilung I stand das Gemeindeprüfungsamt bei der Regierung Potsdam für die der Aufsicht des Regierungspräsidenten unterstehenden Gemeinden, das am 1. August 1934 seine Arbeit aufnahm.[22] Es prüfte u.a. die gemeindlichen Kassen und die Jahresrechnungen der Gemeinden und Gemeindeverbände.

Im Geschäftsverteilungsplan der Abteilung I von 1929 sind die Aufgabenbereiche in folgende Gruppen gegliedert:

1: Präsidial- und Personalangelegenheiten (P)
2: Kassen- und Rechnungswesen (KR)
3: Polizei- und politische Angelegenheiten (Pol)
4: Staatsangehörigkeitssachen und Verschiedenes (St)
5: Angelegenheiten des Verkehrs, der Straßen und Brücken (V)
6: Handels- und Gewerbeangelegenheiten (HG)
7: Kommunalangelegenheiten (Kom)

Dezernat Kom 1: Kommunalaufsicht über Kreise und Landgemeinden; Amtsvorsteherangelegenheiten; Rittergutsmatrikel; kommunale Begräbnisplätze und Krematorien; Provinzialangelegenheiten; Landesgrenzsachen; allgemeine Eingemeindungsfragen: allgemeine Landesplanungssachen.

Dezernat Kom 2: Allgemeine Kommunalaufsicht über Städte, Revision der städtischen Verwaltung und Stadtkassen; städtische Personalangelegenheiten (Personalangelegenheiten der Bürgermeister, Personalangelegenheiten der übrigen städtischen Beamten, Disziplinarangelegenheiten, Versorgungsanwärter, Unterbringung der aus abgetretenen Gebieten vertriebenen Kommunalbeamten); städtische Vermögensangelegenheiten (Anleihen, Anleiheablösung, Verkauf städtischer Grundstücke, Gemeindewaldungen, Verleihung des Enteignungsrechts in besonderen Fällen, letztwillige Zuwendungen und Schenkungen an Städte, Abwicklung der städtischen Kriegswohlfahrtspflege); städtische Steuerangelegenheiten; sonstige städtische Angelegenheiten (Ortsstatute, städtische Begräbnisplätze und Krematorien); Vertei-

---

20 Übersicht II (wie Anm. 1), S. 254; Gesetze vom 26. Apr. 1933 (GS 1933, S. 122-123) und 30. Nov. 1933 (GS 1933, S. 413), Gesetz vom 10. Febr. 1936 und Ausführungsverordnung (GS 1936, S. 21-25).

21 GS 1933, S. 479-483, v.a. §§ 1 und 9.

22 Auf Grundlage des Gemeindefinanzgesetzes vom 15. Dez. 1933 (GS 1933, S. 442-474), v.a. §§ 121-138; und Runderlaß vom 13. Aug. 1934 (MBliV 1934, S. 1053-1064). Eine Aktenüberlieferung des Amtes ist nicht nachweisbar.

lung der Einkommen-, Körperschafts-, Umsatz-, Kraftfahrzeug- und Hauszinssteuer sowie der Dotationen auf Städte und Gemeindeverbände.
Dezernat Kom 3: Aufsicht über die kommunalen (Stadt- und Kreis-)Sparkassen und Banken sowie über die Girozentrale in Berlin.
8: Siedlungs- und Wohnungswesen (S)
9: Soziale und Wohlfahrtsangelegenheiten (SW)
10: Land- und Wasserwirtschaft (LW)
11: Hochbau-Verwaltung (Hb)
12: Katasterverwaltung (Kat)

Bearbeitet wurden diese Materien von 15 Verwaltungsdezernenten und 28 technischen Dezernenten.
Im Geschäftsverteilungsplan nach dem Stand von 1942/1943 sind vor allem folgende Veränderungen zu bemerken: Im Bereich Polizei- und politische Angelegenheiten sind jetzt auch die Geschäftskreise Technische Nothilfe, Luftschutzangelegenheiten, Kriegsschäden und Einziehung staatsfeindlicher Vermögen angesiedelt. Neu sind die Gruppen RV (Wehrangelegenheiten, Reichsverteidigungs- und Abwehrangelegenheiten, Erfassungswesen, Arbeitsdienst), Kri Wi (Kriegswirtschaft), Pr Ü (Preisüberwachungsangelegenheiten) 4J.Pl. (Vierjahresplan), Gempa (Gemeindeprüfungsamt), Fam.U (Familienunterstützung), Unf (Unfallversicherung des Preußischen Staates), Ldj (Landjahr) und HVA IV (Personalangelegenheiten der Hauptvermessungsabteilung IV). Der Aufgabenbereich der Dezernate Kom 1-3 ist deutlich reduziert und wird nur noch von einem statt zwei Dezernenten bearbeitet. Eigene Gruppen bilden jetzt Medizinal- und Veterinärangelegenheiten mit der Bezeichnung Med und Vet.

1.3. Der Regierungsbezirk[23]

Der Regierungsbezirk umfaßte 1809 das Gebiet der Kurmark mit Ausnahme der Altmark. Bei der endgültigen Einteilung des Regierungsbezirks Potsdam und der Feststellung der Grenzen im Jahre 1816 fielen die Kreise Cottbus und Lebus und die Herrschaft Beeskow an den Regierungsbezirk Frankfurt (Oder). Von den vor 1815 zu Sachsen gehörenden Gebieten der Provinz gingen mit dem 6. April 1816 die Ämter Belzig, Jüterbog und Dahme, die Herrschaft Baruth und einige Dörfer vom Kreisamt Wittenberge, von den Ämtern Seyda, Schlieben und Doberlug sowie der Niederlausitz an den Regierungsbezirk Potsdam über. Die Stadt Berlin mit dem weiteren Berliner Polizeibezirk im Umland unterstand von 1816 bis 1821 der Regierung Berlin, deren Zuständig-

23 Siehe dazu: Vogel (wie Anm. 1) mit Karten; Fritz Curschmann/Berthold Schulze (Bearb.): Brandenburgische Kreiskarte. Die alten und neuen brandenburgischen Kreise nach dem Stande von 1815. Berlin 1933 (= Historischer Atlas der Provinz Brandenburg); Berthold Schulze: Erläuterungen zur Brandenburgischen Kreiskarte von 1815. Berlin 1933; Berthold Schulze: Die Reform der Verwaltungsbezirke in Brandenburg und Pommern 1809-1818. Berlin 1931;

keiten dann vor allem dem Berliner Polizeipräsidium, besonderen Kommissionen für Militär- und Bauangelegenheiten, der Regierung Potsdam und vorübergehend auch dem Innenministerium zufielen. Seit 1828 unterstand die Stadt Berlin wieder der Kommunalaufsicht der Regierung Potsdam, bis sie 1881 aus der Provinz Brandenburg ausschied.[24] 1836 trat der Regierungsbezirk Frankfurt (Oder) die Herrschaft Beeskow und drei vormals Storkower Ortschaften an den Bezirk Potsdam ab. Im 19. Jahrhundert wurden einige Ortschaften und Etablissements der Berlin umgebenden Kreise in die Stadt eingemeindet. Mit der Bildung der neuen Stadtgemeinde Berlin im Jahre 1920 entstand Berlin in seinen heutigen Grenzen. Damit verlor der Regierungsbezirk Potsdam in den Landkreise Teltow, Niederbarnim und Osthavelland 7 Städte, 59 Landgemeinden und 27 Gutsbezirke mit einer Fläche von etwa 800 qkm und 1,9 Millionen Einwohner. Weitere Grenzveränderungen erfolgten durch das Gesetz über Groß-Hamburg und andere Gebietsbereinigungen vom 26. Januar 1937, durch das u.a. die mecklenburgischen Exklaven mit den Gemeinden Rossow, Netzeband und Schönberg an den Regierungsbezirk Potsdam übergingen.

Der Regierungsbezirk wurde 1816 in folgende 13 landrätliche Kreise eingeteilt: Angermünde, Niederbarnim, Oberbarnim, Osthavelland, Westhavelland, Jüterbog-Luckenwalde, Ostprignitz, Westprignitz, Prenzlau, Ruppin, Teltow-Storkow, Templin und Zauch-Belzig. Potsdam bildete einen Stadtkreis. 1836 wurde die Herrschaft Beeskow mit der Herrschaft Storkow zum neuen Kreis Beeskow-Storkow vereinigt. Die entsprechenden Kreisverwaltungen saßen in Angermünde, Berlin (Niederbarnim und Teltow), Bad Freienwalde (Oberbarnim), Beeskow (Beeskow-Storkow), Nauen (Osthavelland), Rathenow (Westhavelland), Jüterbog, Kyritz (Ostprignitz), Perleberg (Westprignitz), Prenzlau, Neuruppin, Templin und Belzig (Zauch-Belzig). Aus den Landkreisen schieden später die Städte mit mehr als 20 000 Einwohnern gemäß der Kreisordnung von 1872[25] aus und bildeten eigene Stadtkreise: Charlottenburg 1877, Brandenburg (Havel) 1881, Spandau 1887, Rixdorf (seit 1912 Neukölln) und Schöneberg 1899, Wilmersdorf 1907, Lichtenberg 1908, Eberswalde 1911, Wittenberge 1922 und Rathenow 1925. Das Gebiet des Regierungsbezirks Potsdam bildet heute den nordwestlichen Teil des Landes Brandenburg. Die Grenzziehung zu Mecklenburg-Vorpommern und Sachsen-Anhalt ergab im Vergleich mit den alten Grenzen nur geringe Gebietsveränderungen, die zum

---

Gerd Heinrich: Verwaltungsgliederung 1815-1945. Berlin 1967 (= Historischer Handatlas von Brandenburg und Berlin Lieferung 24); Rosemarie Baudisch: Geographische Grundlagen und historisch-politische Gliederung Brandenburgs, in: Materna/Ribbe (wie Anm. 1), S. 15-44; Werner Vogel: Territoriale Entwicklung. Berlin-Brandenburg in Mittelalter und Neuzeit, in: Wolfgang Scharfe/Holger Scheerschmidt (Hrsg.): Berlin-Brandenburg im Kartenbild. Wie haben uns die anderen gesehen? Wie haben wir uns selbst gesehen? Berlin 2000, S. 1-12.

24 Landesverwaltungsgesetz vom 26. Juli 1880 (GS 1880, S. 291-313) § 1 mit Wirkung vom 1. Apr. 1881. Durch die Provinzialordnung für die östlichen Provinzen vom 29. Juli 1875 § 2 war bereits das Ausscheiden Berlins aus dem Kommunalverband der Provinz Brandenburg zum 1. Januar 1876 verfügt: GS 1875, S. 335.

25 GS 1872, S. 661-716, hier § 4, aufgehoben 1929.

Teil auf die Bildung der Bezirke der DDR von 1952 zurückgehen. So liegt der nördlichste Teil des ehemaligen Kreises Prenzlau mit der Stadt Strasburg/Uckermark heute in Mecklenburg-Vorpommern. Dafür gehören Fürstenberg (Havel) und Gartz mit Umland jetzt zu Brandenburg. Havelberg wurde zu Sachen-Anhalt geschlagen, wogegen die ehedem zur Provinz Sachsen gehörende Stadt Ziesar zu Brandenburg kam.

1.4. Die Städte im Regierungsbezirk

Die meisten Städte, für die Akten in Rep. 2A I Kom vorliegen, waren Anfang des 19. Jahrhunderts bereits als Städte etabliert.[26] Bei Einführung der Städteordnung vom 19. November 1808 waren es in der Kurmark zwischen Elbe und Oder 68, im späteren Regierungsbezirk Potsdam die zwei großen Städte Potsdam und Brandenburg mit mehr als 10 000 Einwohnern, 15 mittlere Städte von mindestens 3 500 Einwohnern, nämlich Charlottenburg, Eberswalde, Luckenwalde, Nauen, Neuruppin, Perleberg, Prenzlau, Rathenow, Schwedt, Spandau, Strasburg, Strausberg, Treuenbrietzen, Wittstock und Wriezen, und 43 kleine Städte von weniger als 3 500 Einwohnern: Altlandsberg, Alt Ruppin, Angermünde, Beelitz, Beeskow, Bernau, Biesenthal, Brüssow, Fehrbellin, Bad Freienwalde, Friesack, Gransee, Havelberg, Köpenick, Kremmen, Kyritz, Lenzen, Liebenwalde, Lindow, Lychen, Märkisch Buchholz (bis 1937 Wendisch Buchholz), Meyenburg, Mittenwalde, Neustadt (Dosse), Oderberg, Oranienburg, Pritzerbe, Pritzwalk, Putlitz, Rheinsberg, Rhinow, Storkow, Teltow, Templin, Teupitz, Trebbin, Vierraden, Werder (Havel), Bad Wilsnack, Wittenberge, Wusterhausen (Dosse), Zehdenick und Zossen.[27] Die Einführung der Städteordnung in diesen Städten erfolgte in den

---

26 Siehe Evamaria Engel/Lieselott Enders/Gerd Heinrich/Winfried Schich (Hrsg.): Städtebuch Brandenburg und Berlin. Stuttgart - Berlin - Köln 2000 (= Deutsches Städtebuch. Handbuch städtischer Geschichte, Neubearbeitung hrsg. von Peter Johanek u.a., 2) mit historischer Einleitung und monographischen Beiträgen zu den brandenburgischen Städten; für das späte 18. und frühe 19. Jahrhundert jetzt auch: Brigitte Meier: Das brandenburgische Stadtbürgertum als Mitgestalter der Moderne. Die kommunale Selbstverwaltung und die politische Kultur des Gemeindeliberalismus. Berlin 2001 (= Veröffentlichungen des Brandenburgischen Landeshauptarchivs, 44); Peter Franke: Stadt- und Bürgerrechtsentwicklungen im 19. Jahrhundert. Das Beispiel Preußen, in: Wolfgang Neugebauer/Ralf Pröve (Hrsg.): Agrarische Verfassung und politische Struktur. Studien zur Gesellschaftsgeschichte Preußens 1700-1918. Berlin 1998. S. 123-143, mit brandenburgischen Beispielen; Ralf Pröve: „Civismus" und „Spießbügertum". Die Preußische Städteordnung von 1808 und stadtrepublikanische Traditionen in Brandenburg, ebd. S. 145-170.

27 Zur Einführung der Städteordnung von 1808 in der Kurmark siehe v. Bassewitz (wie Anm. 3), S. 212-222 und Nachweisung zu S. 238 im Anhang; Meier (wie Anm. 26). Vgl. auch das Verzeichnis der zu Viril- und Kollektiv-Stimmen auf den Kreistagen berechtigten Städte der Mark Brandenburg in: GS 1825, S. 206-209 und S. 233. Demnach erhielten je einen Abgeordneten Angermünde, Bernau, Brandenburg, Charlottenburg, Dahme, Eberswalde, Jüterbog, Lucken-

Jahren 1809 und 1810, zuletzt in Zossen am 24. Januar 1811. Ketzin wurde erst durch Einführung der Städteordnung am 12. Oktober 1809 als Stadt anerkannt. In den vier zum Städteverband der Kurmark gehörenden Orten Greiffenberg, Joachimsthal, Saarmund und Zinna wurde die Städteordnung nicht eingeführt, da man sie für ungeeignet hielt oder die Stadtherren Einspruch erhoben. Sie hatten aber eine eingeschränkte städtische Verwaltung nach besonderen Statuten, ebenso Freyenstein, Plaue und Werneuchen. In Märkisch Buchholz wurde die Städteordnung 1815 wegen Unruhen suspendiert. Die erst seit 1815 zur Provinz Brandenburg gehörenden vormals sächsischen Städte Baruth, Belzig, Brück, Dahme, Jüterbog und Niemegk erhielten die revidierte Städteordnung von 1831. Im alten brandenburgischen Gebiet des Regierungsbezirks wurde die revidierte Städteordnung nur in Märkisch Buchholz und Kremmen eingeführt.[28] Greiffenberg wurde bei der Einführung der Städteordnung von 1853 berücksichtigt. Die rasche Bevölkerungszunahme im Berliner Umland veranlaßte die Verleihung von Stadtrechten an Schöneberg (1898), Rixdorf (1899, seit 1912 Neukölln), Wilmersdorf (1906) und Lichtenberg (1907), die wie Spandau, Charlottenburg und Köpenick 1920 mit Berlin vereinigt wurden. Nowawes wurde 1924 zur Stadt erhoben, 1938 in Babelsberg umbenannt und 1939 mit Potsdam vereinigt. Finow, Königs Wusterhausen und Velten wurden 1935 Stadt. Greiffenberg gab 1922 das Stadtrecht auf, hatte aber seit 1935 wieder eine Stadtverwaltung. Jüngere Städte sind Falkensee (1961), Premnitz (1962), Ludwigsfelde (1965), Hennigsdorf (1993) und Erkner (1998). Havelberg und Strasburg gehören heute nicht mehr zu Brandenburg. Dagegen sind die ehedem außerhalb der Grenzen der Provinz Brandenburg und des Regierungsbezirks Potsdam gelegenen Städte Fürstenberg, Gartz (Oder) und Ziesar jetzt brandenburgisch. Durch Eingemeindung verloren Plaue (seit 1952 bei Brandenburg) und Alt Ruppin (seit 1993 bei Neuruppin) ihre Selbständigkeit.

---

walde, Nauen, Neuruppin, Oderberg, Perleberg, Potsdam, Prenzlau, Pritzwalk, Rathenow, Schwedt, Spandau, Strausberg, Templin, Treuenbrietzen, Wittstock und Wriezen; je einen Abgeordneten die zwei Städte Kyritz und Meyenburg, - Lenzen und Havelberg, - Wusterhausen (Dosse) und Gransee, - Freienwalde und Biesenthal, - Zinna und Baruth, - Strasburg und Brüssow sowie Zehdenick und Lychen; je einen Abgeordneter die drei Städte Wilsnack, Putlitz und Wittenberge, - Kremmen, Fehrbellin und Ketzin, - Friesack, Pritzerbe und Rhinow, - Oranienburg, Altlandsberg und Liebenwalde, - Beelitz, Saarmund und Werder, - Belzig, Brück und Niemegk sowie Greiffenberg, Joachimsthal und Vierraden; je einen Abgeordneten die vier Städte Rheinsberg, Lindow, Alt Ruppin und Neustadt (Dosse), - Köpenick, Storkow, Teupitz und Märkisch Buchholz sowie Mittenwalde, Zossen, Trebbin und Teltow. Beeskow gehörte bis 1835 zum Kreis Lebus im Regierungsbezirk Frankfurt (Oder) und hatte eine Stimme auf dem Kreistag des Kreises Lebus: GS 1826, S. 113. Siehe auch die Liste der auf dem Provinziallandtag im zweiten Stand vertretenen Städte der Kurmark in: GS 1825, S. 195.

1.5. Kommunalverfassung und Kommunalaufsicht im Regierungsbezirk[29]

Die Städteordnung von 1808

Grundlegend für die Rechtsentwicklung der brandenburgischen Städte im 19. und 20. Jahrhundert war die Einführung der „Ordnung für sämmtliche Städte der Preußischen Monarchie" vom 19. November 1808, die als ein Kernstück des Reformwerk des Freiherrn vom Stein gilt.[30] Durch sie trat an Stelle vielfältiger staatlicher Bevormundung eine weitreichende Selbstverwaltung, um den Bürgern „eine thätige Einwirkung auf die Verwaltung des Gemeinwesens beizulegen und durch diese Theilnahme Gemeinsinn zu erregen und zu erhalten".[31] Demgemäß wurde auch der Zugriff des Staates auf die städtische Verwaltung auf eine Aufsicht beschränkt.

Die von der Bürgerschaft gewählte Stadtverordnetenversammlung vertritt die Stadtgemeinde durch Beratung und Beschlußfassung in allen Angelegenheiten des Gemeinwesens der Stadt, vor allem der Finanzen und der Verteilung von Leistungen und Lasten auf die Einwohner. Der Magistrat als ausführende Behörde setzt sich je nach Größe der Stadt aus dem Bürgermeister oder Oberbürgermeister und fünf bis 20 Ratsherren zusammen, die mit Ausnahme der Oberbürgermeister der großen Städte von der Stadtverordnetenversammlung gewählt werden. Für den Posten des Oberbürgermeister in den großen Städten mit 10 000 und mehr Einwohnern hat die Stadtverordnetenversammlung drei Kandidaten zu präsentieren, von denen einer durch landesherrliche Bestätigung zum Oberbürgermeister ernannt wird. Der Magistrat ist die Obrigkeit der Stadt. Er leitet die Verwaltung unter Kontrolle der Stadtverordneten. Einzelne Geschäfte von allgemeiner Bedeutung sind seiner Verwaltung allein übertragen, u.a. das Kassen- und Rechnungswesen. Andere Gemeinschaftsaufgaben, wie Kirchen- und Schulsachen und Armenwesen, sollen unter breiter Beteiligung der Bürgerschaft von Kommissionen und Deputationen verwaltet werden, die von den Stadtverordneten gewählt und vom Magistrat beaufsichtigt werden. Dem Staat bleibt das oberste Aufsichtsrecht über die Städte, ihre Verfassung und ihr Vermögen (§ 1). Ihm stehen dafür Informationsrechte und Genehmigungsvorbehalte zur Verfügung: Er kann die gedruckten Rech-

---

28 GS 1832, S. 198; GS 1839, S. 165.

29 Zur Verwaltungsgeschichte der preußischen Städte und Kreise siehe u.a. Jeserich/Pohl/von Unruh (wie Anm. 1), bes. Bd. 2 S. 416-423, 461-469; Bd. 3 S. 560-644, 691-703; Bd. 4 S. 487-501, 1055-1081. Für die Darstellung der rechtlichen Entwicklung wurden folgende Textsammlungen und Kommentare mit herangezogen: H. Gräff/L. v. Rönne/H. Simon: Ergänzungen und Erläuterungen der Preussischen Rechtsbücher durch Gesetzgebung und Wissenschaft. Unter Benutzung der Justizministerial-Akten und der Gesetz-Revisions-Arbeiten. 2. Aufl., Bd. 4 und 6, Breslau 1843, 1844; G.A. Grotefend/C. Cretschmar (Hrsg.): Preussisch-deutsche Gesetz-Sammlung 1806-1904 in systematischer Anordnung. 4. Aufl. Bd. I 1 und II. Düsseldorf 1904; M. von Brauchitsch: Verwaltungsgesetze für Preußen, neu hrsg. von Bill Drews und Gerhard Lassar, Bd. 1, 24. Aufl., Berlin 1930, Bd. 7, 19. Aufl., bearb. von Hans Helfritz. Berlin 1930. Siehe auch Anm. 26.

30 GS 1806-1810, S. 324-357. Vgl. Anm. 27.

nungsextrakte oder öffentlich darzulegenden Rechnungen der Stadt über die Verwaltung ihres Gemeinvermögens einsehen und vom Magistrat Bericht über die Verwaltung anfordern. Er bestätigt die gewählten Magistratsmitglieder, genehmigt die städtische Satzung sowie neue Statuten und entscheidet über Beschwerden von Bürgern über das Gemeinwesen (§§ 2, 51, 152). Eine Genehmigung für den Haushalt oder einzelne Administrationsfälle ist nicht erforderlich. Entdecken die Stadtverordneten Pflichtwidrigkeiten bei der Verwaltung des Magistrats, müssen sie diese bei der Aufsichtsbehörde anzeigen (§§ 188-189). Findet der Magistrat Anträge der Stadtverordneten für neue Einrichtungen bedenklich, kann er die Entscheidung der Aufsichtsbehörde einholen (§ 172).

Die staatliche Aufsicht wurde durch die Regierung, in höheren Instanzen durch den Oberpräsidenten und den Minister des Innern ausgeübt.[32] Zur Ausübung der Aufsicht konnte sich die Regierung des Landrats bedienen. Theoretisch hatte sich die Aufsicht im wesentlichen auf die formelle Geschäftsführung zu beschränken und darauf zu achten, daß die Verwaltung nach dem Gesetz in ordnungsgemäßer Weise aufrecht erhalten wurde.[33] Praktisch stellten sich die Verhältnisse oft anders dar. Das war teilweise in der Städteordnung selbst begründet. Da sie die Polizei in den Städte zur staatlichen Angelegenheit erklärte, die dem Magistrat übertragen werden konnte, wurde dieser in Wahrnehmung der Ortspolizei in die staatliche Verwaltungshierarchie direkt eingebunden. Im Regierungsbezirk Potsdam (mit Ausnahme Berlins) wurde die Ortspolizei nur in Brandenburg und Potsdam nicht dem Magistrat, sondern einem staatlichen Polizeidirektor übertragen. Wegen mangelnder Definition der Selbstverwaltungsaufgaben und ihrer Abgrenzung zu den polizeilichen Auftragsangelegenheiten der Stadtverwaltung boten sich der Aufsichtsbehörde, die zugleich vorgesetzte Polizeibehörde war, vielfältige Eingriffsmöglichkeiten. Außerdem wirkten patriarchalisch-obrigkeitsstaatliche Traditionen fort, die bei der Aufsichtsbehörde höhere Einsicht voraussetzten und daraus Handlungsbedarf ableiteten. Konfliktpotential innerhalb der Städte und im Verhältnis zu den Aufsichtsbehörden entstand auch dadurch, daß der Staat den Städten mit der finanziellen Eigenverantwortung auch erhebliche Lasten übertragen hatte.[34]

---

31 Vorbemerkung zur Städteordnung, GS 1806-1810, S. 324.

32 Die Städteordnung benennt die Aufsichtsbehörde noch nicht konkret, da sie am Anfang der Reorganisation der Verwaltung steht. Die Zuständigkeit der Regierung wird festgeschrieben in der „Verordnung wegen verbesserter Einrichtung der Provinzial-Behörden“ vom 30. Apr. 1815 (GS 1815, S. 85-92) § 13 und der „Instruktion zur Geschäftsführung der Regierungen“ vom 23. Okt. 1817 (GS 1817, S. 248-282) § 2.

33 So später ausdrücklich der Erlaß des Innenministeriums vom 9. Apr. 1842 (MBliV 1842, S. 107-108, Gräff/Rönne/Simon (wie Anm. 29) Bd. 4, S. 481-482) zur Berechtigung der Regierungen zur Revision der städtischen Verwaltungen: „Die Revisionen müssen sich im Wesentlichen auf die formelle Geschäftsführung beschränken und dazu dienen, der Regierung die Überzeugung zu verschaffen, daß auch wirklich das Gesetz gehandhabt und die Ordnung der Verwaltung aufrecht erhalten werde.“

34 Zu Konflikten zwischen Regierung und Städten siehe Brigitte Meier: Von der Alltagserfahrung der Stadtbürger zur politischen Kultur des Gemeindeliberalismus in brandenburgischen

Der Bedarf an Klarstellung der Zuständigkeiten und Verfahren, aber auch restaurative Tendenzen schlugen sich in zahlreichen Verfügungen und Ergänzungen zur Städteordnung nieder und führten schließlich zum Erlaß der revidierten Städteordnung von 1831. Da deren allgemeine Einführung aber nicht durchsetzbar war, wurde den Städten mit Städteordnung von 1808 die Übernahme der revidierten Städteordnung freigestellt. Im Regierungsbezirk Potsdam erhielt sie deshalb nur in den sechs ehemals sächsischen Städten Baruth, Belzig, Brück, Dahme, Jüterbog und Niemegk sowie in Kremmen und Märkisch Buchholz Geltung.

Ergänzungen und Erläuterungen zur Städteordnung von 1808, die zum Teil von der revidierten Städteordnung aufgenommen worden waren, wurden 1832 durch Veröffentlichung in der Gesetz-Sammlung zusammengefaßt.[35] Unter anderem wurde dadurch der Aufsichtsbehörde das Mittel der Zwangsetatisierung bestätigt: „Wenn die Stadtverordneten-Versammlung sich weigert, dasjenige aufzubringen, was nach einer vom Magistrat aufgestellten, von der Regierung geprüften und bestätigten Nachweisung zur Erhaltung des städtischen Haushalts erforderlich ist, so müssen der Vorsteher und demnächst die Mitglieder der Versammlung durch alle Grade der Exekution zur Erfüllung der Verpflichtung angehalten werden" (Ergänzung zu § 109). Außerdem wird die Regierung ermächtigt, Magistratsstellen auf Kosten der Stadt kommissarisch verwalten zu lassen, wenn die Stadtverordneten beharrlich „unqualifizierte Subjekte" präsentieren (Ergänzung zu § 154).

Die revidierte Städteordnung von 1831

Die revidierte Städteordnung vom 17. Mai 1831[36] stärkte die Stellung des Magistrats, der jetzt nicht mehr nur ausführende Behörde war, gegenüber der Stadtverordnetenversammlung und dehnte die staatliche Aufsicht deutlich aus.

Die Regierung hat die gewählten Bürgermeister und übrigen Magistratsmitglieder zu bestätigen. Sie ist berechtigt, Fähigkeit und Würdigkeit der Kandidaten zu prüfen und bei der Wahl Ungeeigneter Neuwahl anzuordnen. Wird die Besetzung einer Stelle z.B. durch unangemessene Vorschläge verzögert, kann sie die Regierung einstweilen auf Kosten der Stadt kommissarisch verwalten lassen (§ 93). Oberbürgermeister wählt der König unter drei von den Stadtverordneten präsentierten Kandidaten aus (§ 94). Der

---

Städten 1809-1830, in: Klaus Neitmann (Hrsg.): Das brandenburgische Städtewesen im Übergang zur Moderne. Stadtbürgertum, kommunale Selbstverwaltung und Standortfaktoren vom preußischen Absolutismus bis zur Weimarer Republik. Berlin 2001, S. 101-134, hier S. 113-118 (= Veröffentlichungen des Brandenburgischen Landeshauptarchivs, 43); Meier (wie Anm. 26), bes. S. 174-181, 227-235.

35 Zusammenstellung der nachträglichen Bestimmungen, vom 14. Juli 1832, in: GS 1832, S. 181-191, zu § 109 und § 154.

36 GS 1831, S. 10-40.

Normal-Etat aller Besoldungen ist der Regierung zur Prüfung und Bestätigung einzureichen (§ 98). Die Regierung kann die Pensionierung von Stadtbeamten „wegen mangelhafter Dienstführung oder moralischer Gebrechen" veranlassen und bereitet bei Widerspruch die Entscheidung durch das Innenministerium vor (§ 100). Am Verfahren der Suspension, Entsetzung und unfreiwilligen Entlassung von Magistratsmitgliedern ist die Regierung ebenfalls beteiligt. Es gelten die allgemeinen Grundsätze für Staatsdiener (§ 103). Ordnungsstrafen gegen Magistratsmitglieder hat die Regierung auf Antrag des Vorsitzenden im Magistrat festzustellen (§ 108). Der Magistrat kann Beschlüssen der Stadtverordneten in inneren Haushaltangelegenheiten und anderen Dingen, die den Stadtverordneten vorbehalten sind, die Zustimmung versagen, wenn sie nach seiner Überzeugung „dem Gemeinwohle nachtheilig" werden würden, und darüber die Schlichtung oder Entscheidung durch die Regierung erwirken (§ 115). Neue Einrichtungen oder Abänderung und Aufhebung bestehender Einrichten beschließen Magistrat und Stadtverordnete gemeinsam. Kommt keine Einigung zustande, schlichtet oder entscheidet die Regierung (§ 116). Die Stadtverordneten-Versammlung kontrolliert die Verwaltung des Magistrats. Vernachlässigungen oder Pflichtverletzungen des Magistrats oder einzelner Magistratsmitglieder zeigt sie bei der Regierung an, die die Sache auf administrativem Weg untersucht und das Nötige verfügt (§ 126). Bei fortwährender Pflichtverletzung kann die Stadtverordnetenversammlung vom König aufgelöst werden (§ 83).

Ortsstatuten sind mit Gutachten der Regierung und des Oberpräsidenten dem Innenministerium zur Genehmigung vorzulegen (§ 4). Zur Veräußerung sowie zur Gemeinheitsteilung städtischer Grundstücke und Real-Berechtigungen ist die Genehmigung der Regierung erforderlich (§§ 116-117), ebenso zur Aufnahme von Anleihen und zum Kauf von Grundstücken (§ 120). Die Einführung von Gemeindeauflagen (in Form von Gemeindesteuern oder Zuschlägen zu Staatssteuern) ist überhaupt nur zulässig, wenn die Einkünfte aus dem Vermögen der Stadt zur Deckung der Gemeindebedürfnisse nicht ausreichen, und erfordert die Genehmigung der vorgesetzten Staatsbehörden (§§ 121, 122).[37] Wichtig für die Bestimmung der Aufsichtsbefugnisse der Regierung wurde vor allem der sehr weit gefaßte § 139: „Die Ober-Aufsicht des Staats über die Städte wird durch die Regierungen ausgeübt. Diese sind berechtigt und verpflichtet a) sich Ueberzeugung zu verschaffen, ob in jeder Stadt die Verwaltung nach den Gesetzen überhaupt und nach gegenwärtiger Ordnung insbesondere eingerichtet sey; b) dafür zu sorgen, daß die Verwaltung fortwährend in dem vorgeschriebenen Gange bleibe und angezeigte Störungen beseitigt werden; c) die Beschwerden Einzelner über die Verletzung der ihnen als Mitglieder der Gemeine zustehenden Rechte zu untersuchen und zu entscheiden; d) die Stadtgemeine zur Erfüllung ihrer Pflichten

37 Die Zuständigkeit der Ministerien der Finanzen und des Innern wurden durch die Instruktion vom 18. Febr. 1834 zu § 122 geregelt: Gräff/v. Rönne/Simon (wie Anm. 29) Bd. 4, S. 534-536.

anzuhalten, und e) in den Fällen zu entscheiden, welche in dieser Ordnung dahin verwiesen sind. In allen Gemeine-Angelegenheiten geht der Rekurs an die Regierung, und gegen die Entscheidung derselben bleibt der Rekurs an die höheren Staats-Behörden vorbehalten ..." Da die Grundsätze der Kommunalaufsicht in späteren Gesetzen nicht neu bestimmt wurden, orientierten sich die Verwaltungspraxis und Rechtsprechung auch nach Ablösung der revidierten Städteordnung durch die Städteordnung von 1853 über mehr als hundert Jahre an diesen Bestimmungen.[38]

Für die Einrichtung und Aufsicht über städtische Sparkassen wurde 1838 ein eigenes Reglement erlassen.[39] Die Genehmigung für die Gründung einer Sparkasse und ihrer Statuten oblag nach Vorbereitung durch die Regierung dem Oberpräsidenten. Die Aufsicht war nach den allgemeinen Grundsätzen für die Kommunalaufsicht zu führen. Oberpräsident und Regierung wurden aber verpflichtet, den Sparkassen eine fortwährende besondere Aufmerksamkeit zu widmen, sich von der Zweckmäßigkeit und Ordnung des Betriebes zu überzeugen, außerordentliche Kassenrevisionen vorzunehmen und anzuordnen sowie auf Abstellung von Unordnung und Mißbräuchen zu dringen.[40]

Die Städteordnung von 1853

In Nachwirkung der Revolution von 1848/49 sah Artikel 105 der oktroyierten Verfassung vom 31. Januar 1850[41] eine Neuordnung der Vertretung und Verwaltung der Provinzen, Bezirke, Kreise und Gemeinden vor. In den inneren und besonderen Angelegenheiten dieser Verbände sollten die Beschlüsse gewählter Vertreter dieser Verbände

---

38 Dazu kritisch Hugo Preuss: Staatsaufsicht, in: Handwörterbuch der Kommunalwissenschaften, hrsg. von Josef Brix u.a., Bd. 3. Jena 1924, S. 808-813; bloß konstatierend v. Brauchitsch (wie Anm. 29) Bd. 1, S. 277.

39 GS 1839, S. 5-14.

40 Siehe dazu § 53 des Zuständigkeitsgesetzes vom 1. Aug. 1883 (GS 1883, S. 237): Die Aufsicht über die Verwaltung der durch Kreise, Stadtgemeinden und Landgemeinden errichteten Sparkassen wird durch die geordnete Kommunalaufsichtsbehörde geübt. Wo bezüglich dieser Verwaltung in bestehenden Gesetzen oder in Statuten eine ausdrückliche staatliche Genehmigung vorgeschrieben ist, erteilt diese der Regierungspräsident; Verordnung über die Sparkassen sowie die kommunalen Giroverbände und kommunalen Kreditinstitute vom 20. Juli/ 4. Aug. 1932 (GS 1932, S. 241-244, 275), hier § 28: Die Aufsicht wird von den für den einzelnen Gewährsverband zuständigen Kommunalaufsichtsbehörde ausgeübt; geändert durch Verordnung vom 14. März 1933 (GS 1933, S. 41): Die Aufsicht wird von dem Regierungspräsidenten ausgeübt. Zum Erlaß sowie zur Abänderung der Satzung einer Sparkasse sowie zu ihrer Auflösung bedarf es der Genehmigung des Regierungspräsidenten (statt des Oberpräsidenten). Der Regierungspräsident (statt des Oberpräsidenten) ist befugt, bei veränderten Umständen oder bei Vorliegen offenbarer Mißstände die Satzung der Sparkasse zu ändern.

41 GS 1850, S. 17-35, hier S. 33.

durch deren Vorsteher ausgeführt werden. Die demgemäß erlassene „Gemeinde-Ordnung für den preußischen Staat" vom 11. März 1850 wurde aber bereits 1853 mit dem Artikel 105 aufgehoben[42] und konnte keine Wirksamkeit entfalten. Sie lehnte sich an die bisherige Entwicklung an, schuf aber erstmals eine einheitliche Rechtsgrundlage für alle Städte und Gemeinden in Preußen, übertrug die örtliche Polizeiverwaltung auch auf dem Land an die Gemeinden und beseitigte ständische Vorrechte. Der durch die „Kreis-, Bezirks- und Provinzial-Ordnung für den preußischen Staat" vom 11. März 1850 beabsichtigte Aufbau einer bürgerlichen Selbstverwaltung auf höherer Ebene wurde ebenfalls 1853 unterbunden.[43]

An Stelle der Gemeinde-Ordnung von 1850 trat in den brandenburgischen Städten die Städte-Ordnung für die sechs östlichen Provinzen vom 30. Mai 1853.[44] Sie übernahm Teile der revidierten Städteordnung von 1831 und der Gemeinde-Ordnung von 1850. Die Bestimmungen über die Aufsichtsrechte der Regierung entsprachen weitgehend dem Bisherigen: Die Aufsicht des Staates über die städtischen Gemeinde-Angelegenheiten wird von der Regierung, in der höheren Instanz von dem Oberpräsidenten und dem Minister des Innern ausgeübt (§ 76). Ortsstatuten bedürfen der Bestätigung durch die Regierung (§ 11). Bei erheblichen Unregelmäßigkeiten der Stadtverordnetenwahlen hat die Regierung die Wahlen auf erfolgte Beschwerde oder von Amts wegen mit Begründung für ungültig zu erklären (§ 27). Die gewählten Bürgermeister und Beigeordneten in Städten von mehr als 10 000 Einwohnern bedürfen der Bestätigung des Königs. Bürgermeister und Beigeordnete kleinerer Städte sowie alle Ratsherren und besoldeten Magistrats-Mitglieder müssen von der Regierung bestätigt werden. Wird die Bestätigung versagt, so erfolgt Neuwahl. Wird auch diese Wahl nicht bestätigt oder verweigern die Stadtverordneten die Wahl, so ist die Regierung berechtigt, die Stelle einstweilen auf Kosten der Stadt kommissarisch verwalten zu lassen (§ 33).[45] Beschlüsse der Stadtverordneten in Angelegenheiten, die durch das Gesetz dem Magistrat zur Ausführung überwiesen sind, bedürfen dessen Zustimmung. Erfolgt keine Verständigung, ist die Entscheidung der Regierung einzuholen (§ 36). Die Genehmigung der Regierung ist erforderlich zur Veräußerung von Grundstücken; zur Veräußerung oder wesentlichen Veränderung von Sachen, welche einen besondern wissenschaftlichen, histo-

---

42 GS 1850, S. 213-251, GS 1853, S. 238-239.

43 GS 1850, S. 251-265, GS 1853, S. 238-239.

44 GS 1853, S. 261-290.

45 Siehe dazu die Instruktion zur Ausführung der Städteordnung vom 20. Juni 1853 (MBliV 1853, S. 138-144) Abschnitt IX: „Das Recht der Versagung und eventuellen Anordnung einer kommissarischen Verwaltung ist in allen Fällen, wo es das Interesse der Kommunen oder des Staates erheischt, ohne Rücksicht, ob dadurch eine augenblickliche Unzufriedenheit hervorgerufen werden möchte, pflichtmäßig in Ausübung zu bringen." Die Befähigung des Gewählten ist in technischer, sittlicher und politischer Hinsicht zu prüfen: v. Brauchitsch (wie Anm. 29) Bd. 1, S. 291 Anm. 1 e zu § 13 Zuständigkeitsgesetz vom 1. Aug. 1883.

rischen oder Kunstwert haben, namentlich von Archiven[46]; ebenso zu Anleihen, durch welche die Gemeinde mit einem Schuldenbestand belastet oder der bereits vorhandene vergrößert wird, und zu Veränderungen in dem Genusse von Gemeindenutzungen (Wald, Weide, Heide, Torfstich o.ä.) (§ 50). Die Stadtverordneten können die Aufbringung von Gemeindesteuern beschließen, wenn die Einnahmen aus dem städtischen Vermögen nicht hinreichen, um die durch das Bedürfnis oder die Verpflichtungen der Gemeinde erforderlichen Geldmittel zu beschaffen. Für Zuschläge zu direkten und indirekten Staatssteuern ist Genehmigung der Regierung erforderlich, ebenso für direkte oder indirekte Gemeindesteuer. Die Regierung genehmigt das Regulativ über die Erhebung von Kommunalsteuern (§ 53). Die Festsetzung der Besoldung der Bürgermeister und der besoldeten Magistratsmitglieder unterliegt der Genehmigung der Regierung (§ 64). Streit über Pensionen der Bürgermeister und besoldeten Magistratsmitglieder entscheidet die Regierung (§ 65). Wenn die Stadtverordneten einen Beschluß gefaßt haben, der ihre Befugnisse überschreitet, gesetz- oder rechtswidrig ist oder das Staatswohl verletzt, hat die Regierung darüber zu befinden (§ 77). Wenn die Stadtverordneten es unterlassen oder verweigern, die der Gemeinde gesetzlich obliegenden Leistungen auf den Haushaltsetat zu bringen oder außerordentlich zu genehmigen, so läßt die Regierung die Eintragung in den Etat bewirken oder stellt die außerordentliche Ausgabe fest (§ 78).[47]

Die Regierung kann dem Landrat in allen Fällen, die nicht ausdrücklich ihrer Genehmigung oder Entscheidung vorbehalten sind, eine Mitwirkung bei der Aufsicht über die kreisangehörigen Städte auftrage. Alle Berichte, die von Städten von nicht mehr als 10 000 Einwohnern an die Regierung zu erstatten sind, werden durch den Landrat - gegebenenfalls mit seinen Bemerkungen - an die Regierung befördert. Gemäß Verordnung vom 30. April 1815 bleiben die kreisangehörigen Städte der Polizeiaufsicht des Landrats unterworfen.[48]

Durch Gesetz vom 14. August 1876 wurde die Aufsicht über die Bewirtschaftung von Gemeindewaldungen gesondert geregelt und dem Regierungspräsidenten überwiesen.[49]

Im Zuge der Verwaltungsreformen der 1870er und 1880er Jahre und der Bildung des Bezirksausschusses als Beschlußbehörde des Regierungsbezirks erfolgte eine Aufteilung der Kommunalaufsicht der Regierung. Gemäß Zuständigkeitsgesetz vom 1. August 1883[50] verblieb die Aufsicht des Staates über die Verwaltung der städtischen Gemein-

---

46 § 119 der revidierten Städteordnung von 1831 schrieb dafür die Genehmigung des Innenministeriums vor.

47 Laut Instruktion vom 20. Juni 1853 (MBliV 1853, S. 138) Abschnitt X ist dadurch die Befugnis der Regierung gesichert, auch die Gehälter der nicht in § 64 genannten städtischen Beamten zu prüfen und nötigenfalls auf einen angemessenen Betrag bringen zu lassen.

48 Instruktion vom 20. Juni 1853 (MBliV 1853, S. 138) Abschnitt XVI.

49 GS 1876, S. 373-376. Siehe die Akten der Regierung Potsdam über nichtstaatliche Forsten: BLHA, Rep. 2A III F Nr. 18378/1 - Nr. 18993.

50 GS 1883, S. 237-292.

deangelegenheiten grundsätzlich beim Regierungspräsidenten (an Stelle des aufgelösten Kollegiums der Abteilung I), in höherer und letzter Instanz beim Oberpräsidenten (§ 7). Der Bezirksausschuß wirkte jetzt aber in wichtigen Bereichen mit: Die Bestätigung der Wahlen von Gemeindebeamten durch den Regierungspräsidenten kann nur unter Zustimmung des Bezirksausschusses versagt werden (§ 13). Über die Gültigkeit der Wahlen zu Gemeindevertretungen beschließt jetzt die Gemeindevertretung, gegen deren Beschluß beim Bezirksausschuß als erster Instanz im Verwaltungsstreitverfahren Klage erhoben werden kann (§§ 10, 11, 21). Der Bezirksausschuß beschließt über die der Aufsichtsbehörde vorbehaltene Bestätigung von Ortsstatuten und sonstigen die städtischen Gemeindeangelegenheiten betreffenden Gemeindebeschlüssen (§ 16). Er entscheidet über die zwischen dem Gemeindevorstand und der Gemeindevertretung entstehenden Meinungsverschiedenheiten, wenn von einem Teil auf Entscheidung angetragen wird und die Angelegenheit nicht auf sich beruhen bleiben kann, oder an Stelle der Gemeindebehörde im Falle von Beschlußunfähigkeit (§ 17). Die oben angeführten §§ 11, 27, 36, 50, 53, 64 und 65 der Städteordnung von 1853 sind dementsprechend abgeändert.

Das Recht, Beschlüsse der Gemeindevertretung beanstanden zu lassen, die deren Befugnisse überschreiten oder die Gesetze verletzen, verbleibt beim Regierungspräsidenten. Der Beanstandungsgrund Verletzung des Staatswohls fällt weg (§ 15). Zu prüfen ist nur die Gesetzlichkeit, nicht die Zweckmäßigkeit des Beschlusses. Unter Gesetzen sind allerdings alle Normen des geschriebenen Rechts zu verstehen, insbesondere auch Ortsstatuten und gegenüber der Gemeinde wirksame staatliche Anordnungen.[51] Veräußerung oder wesentliche Veränderung von Sachen, welche einen besonderen wissenschaftlichen, historischen oder Kunstwert haben, insbesondere von Archiven, bedürfen der Genehmigung des Regierungspräsidenten (§ 16). Zwangsetatisierung verfügt der Regierungspräsident (§ 19). Einer offensichtlichen Verkomplizierung der Zuständigkeiten stand positiv gegenüber, daß durch die vier vom Provinzialausschuß gewählten ehrenamtlichen Mitglieder des Bezirksausschusses auch ein Element der Selbstverwaltung in die Kommunalaufsicht einbezogen wurde, vor allem aber der Aufbau einer unabhängigen Verwaltungsgerichtsbarkeit.[52]

Weitere Abänderungen erfuhr die Städteordnung, die bis 1933 in Geltung blieb, u.a. durch das Kommunalabgabengesetz vom 14. Juli 1893, das Kommunalbeamtengesetz vom 30. Juli 1899 und die Wahlgesetzgebung der Weimarer Republik.[53] Umfang und

---

51 Vgl. v. Brauchitsch (wie Anm. 29) Bd. 1, S. 239.

52 Vgl. als handliche Übersicht: Die Zuständigkeit der Preußischen Verwaltungsgerichts- und Beschlußbehörden. Nach den Gesetzen und den dazu ergangenen Ausführungsbestimmungen, Tabellen usw. zusammengestellt im Bureau des Königlichen Oberverwaltungsgerichts. Berlin 1911, bes. S. 7-44. Zur Überlieferung des Bezirksausschusses Potsdam (Rep. 31A) im BLHA siehe Übersicht II (wie Anm. 1), S. 251-253.

53 Vgl. v. Brauchitsch (wie Anm. 29) Bd. 7 zum Kommunalrecht, Stand 1929, hier S. 313-433 Text der Städteordnung in der damals gültigen Fassung mit Kommentar.

Ausübung der Kommunalaufsicht der Regierung waren dadurch wenig betroffen. Weit wichtiger war, daß die Kommunalverwaltung innerhalb des bestehenden rechtlichen Rahmens durch eine sehr erhebliche Ausweitung der Leistungsverwaltung neue Dimensionen annahm.

Die Kreisverwaltung[54]

Beabsichtigte Reformen der Kreisverfassung und -verwaltung wurden im Zuge der Stein-Hardenbergschen Reformen nicht umgesetzt. Der Landrat war und blieb die wichtigste Instanz der Verwaltung auf unterer Ebene. In der Neuordnung des staatlichen Verwaltungsaufbaus seit 1815 kam es lediglich zu einer revidierten Grenzziehung der Kreise und einer Festlegung der Zuständigkeiten des Landrats, der als Staatsbeamter der Regierung unterstand. Ein weiterer Schritt wurde mit der „Kreisordnung der Kur- und Neumark Brandenburg" vom 17. August 1825 durch die Einrichtung von Kreistagen vollzogen.[55] Durch sie entstand in Anlehnung an ältere kreisständische Traditionen eine beschränkte Kreiskommunalverwaltung in Verbindung mit der staatliche Kreisverwaltung. Die Kreistage sollten die Kreisverwaltung des Landrats in Kommunal-Angelegenheiten begleiten und unterstützen. Der Landrat war verpflichtet, den Kreistag mindestens einmal im Jahr einzuberufen. Er führte den Vorsitz des Kreistags und führte auch seine Beschlüsse aus. Die Ausführung bedurfte der Zustimmung der vorgesetzten Regierung (§ 19). 1841 erhielten die Kreistage auch das Recht, Ausgaben „zu gemeinnützigen Einrichtungen und Anlagen, welche in den Interesses des gesammten Kreises beruhen", oder „zur Beseitigung eines den Kreis bedrohenden Nothstandes" zu beschließen. Scllten dazu Beiträge der Kreis-Eingesessenen erhoben werden, bedurfte es der Zustimmung der Regierung.[56]

Entscheidende Neuerungen für den ländlichen Bereich brachte die Kreisordnung für die östlichen Provinzen vom 13. Dezember 1872, die am 1. Januar 1874 in Kraft trat.[57] Wenig später erlassene abändernde Gesetze, v.a. die Provinzialordnung für die östlichen Provinzen vom 29. Juni 1875, das Verwaltungsgerichtsgesetz vom 3. Juni 1875 und das Zuständigkeitsgesetz vom 26. Juli 1876, wurden in der Neufassung der Kreisordnung vom 19. März 1881[58] berücksichtigt. Die Kreise blieben als staatliche Verwal-

---

54 Vgl. Anm. 1 und Uwe Schaper (Hrsg.): Kurzübersicht über die Archivbestände der Kreise, Städte und Gemeinden im Land Brandenburg. Frankfurt am Main u.a. 2001 (= Quellen, Findbücher und Inventare des Brandenburgischen Landeshauptarchivs, 10), hier S. 9-64: Wolfgang Blöß: Verwaltungs- und Archivgeschichte der brandenburgischen Kreise seit 1815 im Überblick.

55 GS 1825, S. 203-209.

56 Verordnung vom 25. März 1841: GS 1841, S. 53. Vgl. dazu GS 1845, S. 159-160, GS 1848, S. 192 und GS 1853, S. 238-239.

57 GS 1872, S. 661-716.

58 GS 1881, S. 155-175.

tungsbezirke mit einem Landrat an der Spitze bestehen. Außerdem bildete jeder Kreis einen Kommunalverband zur Selbstverwaltung seiner Angelegenheiten. Der gewählte Kreistag vertrat den Kreiskommunalverband und hatte über die Selbstverwaltungsangelegenheiten des Kreises zu beraten und zu beschließen. Die Verwaltung der Angelegenheiten des Kreises und die Wahrnehmung von Geschäften der allgemeinen Landesverwaltung lagen beim Kreisausschuß. Der Kreisausschuß bestand aus dem Landrat und sechs vom Kreistag aus den Kreisangehörigen gewählten Mitgliedern. Er hatte die Beschlüsse des Kreistags vorzubereiten und auszuführen, die Kreisangelegenheiten zu verwalten, die Beamten des Kreises zu ernennen und deren Geschäftsführung zu leiten und zu beaufsichtigen sowie diejenigen Geschäfte der allgemeinen Landesverwaltung zu führen, welche ihm durch Gesetz übertragen wurden. Der Landrat führte als Organ der Staatsregierung die Geschäfte der allgemeinen Landesverwaltung im Kreise und leitete als Vorsitzender des Kreistages und des Kreisausschusses die Kommunalverwaltung des Kreises. Die Aufsicht über die kommunale Selbstverwaltung der Kreise übertrug die Kreisordnung dem Regierungspräsidenten (unter Mitwirkung des Bezirksausschusses), in höherer und letzter Instanz dem Oberpräsidenten (§ 177). Die Aufsichtsbehörden hatten darüber zu wachen, daß die Verwaltung den Vorschriften der Gesetze gemäß geführt und in geordnetem Gange erhalten werde. Dazu waren sie befugt, über alle Gegenstände der Verwaltung Auskunft zu erfordern, die Einsendung der Akten, insbesondere auch der Haushaltsetats und der Jahresrechnungen zu verlangen, sowie Geschäfts- und Kassenrevisionen an Ort und Stelle zu veranlassen (§ 177a). Als Mittel der Kommunalaufsicht stand dem Regierungspräsidenten v.a. die Anweisung zur Beanstandung von Beschlüssen des Kreistages und die zwangsweise Etatisierung gesetzlicher Leistungen zu (§§ 178, 180).

Durch die Kreisordnung von 1872 wurde außerdem die gutsherrliche Polizei aufgehoben (§ 46). Behufs Verwaltung der Polizei und Wahrnehmung anderer öffentlicher Angelegenheiten wurde jeder Kreis, mit Ausnahme der Städte, in Amtsbezirke eingeteilt (§ 47). Die Aufsicht des Staates über die Verwaltung der Angelegenheiten der Landgemeinden und Gutsbezirke wurde gemäß Zuständigkeitsgesetz von 1883 in erster Instanz von dem Landrat, in höherer und letzter Instanz von dem Regierungspräsidenten geübt.[59] Diese Zuständigkeitsregelung behielt auch die Landgemeindeordnung für die östlichen Provinzen vom 3. Juli 1891 bei.[60]

Kommunalverwaltung und Kommunalaufsicht seit 1933

Seit 1933 kam es zu gravierenden Veränderungen des Kommunalverwaltungsrechts, die teils Ergebnis der längst überfälligen und lange vorbereiteten Verwaltungsreform, teils

59 GS 1883, S. 237-292, hier § 24.
60 GS 1891, S. 233-278, zur Kommunalaufsicht §§ 139-140.

Konsequenzen der nationalsozialistischen Machtergreifung waren.[61] Zunächst wurde durch die „Verordnung zur Vereinfachung und Verbilligung der Verwaltung" vom 3. September 1932 dem Landrat ab 1. April 1933 die Aufsicht des Staates über die Selbstverwaltung der kreisangehörigen Städte mit nicht mehr als 10 000 Einwohnern übertragen.[62] Mit dem preußischen Gemeindeverfassungsgesetz vom 15. Dezember 1933[63] erhielt der Landrat auch die Aufsicht über kreisangehörige Städte mit mehr als 10 000 Einwohnern. In Folge dieser Bestimmungen gab die Regierung Potsdam 1933 und 1934 einen Teil der laufenden Akten zur Kommunalaufsicht über die kreisangehörigen Städte an die jeweiligen Kreisverwaltungen ab.[64]

Das preußische Gemeindeverfassungsgesetz vom 15. Dezember 1933 schuf erstmals in Preußen einen einheitlichen Rechtszustand für alle Stadt- und Landgemeinden. Gemäß nationalsozialistischem Führerprinzip bedeutete das aber weitgehende Abschaffung der Selbstverwaltung und direkte Einflußnahme der Partei. Der Leiter der Gemeinde trägt die volle und ausschließliche Verantwortung für die Verwaltung der Gemeinde (§ 4 Abs. 2). Er trifft alle Entscheidungen in voller und ausschließlicher Verantwortung. Die Bürgermeister, Ersten Beigeordneten und hauptamtlichen Kämmerer der kreisfreien Städte beruft und entläßt der Minister des Innern. Die übrigen Beigeordneten sowie die Bürgermeister und Beigeordneten der kreisangehörigen Städte beruft und entläßt der Regierungspräsident. Die Berufung der Bürgermeister erfolgt nach Fühlungnahme mit dem Gauleiter (§ 34). Die Gemeinderäte werden durch die Aufsichtsbehörde auf Vorschlag des Gauleiters berufen (§ 41). Sie haben ausschließlich beratende Funktion. Die Aufsicht des Staates über die Städte, die einem Landkreis nicht angehören, führt der Regierungspräsident; die Aufsicht über die anderen Gemeinden führt der Landrat (§ 58). Die Aufsichtsbehörde hat sicherzustellen, daß die Gemeinde im Einklang mit den Zielen der Staatsführung gesetzmäßig, wirtschaftlich, sparsam und sauber verwaltet wird (§ 59). Dafür stehen ihr umfangreiche Rechte zur Verfügung: v.a. ein umfassendes Informations- und Prüfungsrecht, das Recht, Ent-

---

61 Siehe Albert von Mutius: Kommunalverwaltung und Kommunalpolitik, in: Jeserich/Pohl/v. Unruh (wie Anm. 1) Bd. 5, S. 1055-1081.

62 GS 1932, S. 283-293, hier § 16 Abs. 1 Satz 1. Vgl. Ausführungs-Anweisung vom 25. März 1933 (MBliV 1933, S. 328-350) Nr. 38-41.

63 GS 1933, 442-474.

64 Abgabelisten in: BLHA, Rep. 2A I Kom Nr. 182. Abgegeben wurden Akten folgender Betreffe: Personalakte des Bürgermeisters; Mittlere und Unterbeamte; Wahl der Stadtverordneten; Pensionierung städtischer Beamter; Gemeindehaushalt und Verwaltungsberichte; Jahresrechnung und Prüfung der städtischen Kassen; Verwaltung des städtischen Vermögens; Verkauf städtischer Grundstücke; Grenzen des Gemeindebezirks und Einverleibung von Grundstücken; Gemeindesteuerangelegenheiten; Hundesteuer; Erhebung des Bürgerrechtsgeldes; Einquartierungsbestimmungen; Ortssatzungen; Beschwerden über Magistratsmitglieder; Beschwerden im Allgemeinen; Separation der städtischen Feldmark; Waisenräte; Vermessungsarbeiten; Besoldung, Ruhegehalt; Fürsorge für Beamte und Hinterbliebene.

schließungen und Anordnungen des Leiters der Gemeinde aufzuheben oder ersatzweise anzuordnen, das Recht, einen Beauftragten zur Wahrnehmung aller oder einzelner Obliegenheiten des Leiters der Gemeinde einzusetzen, und die Verhängung von Strafen gegen den Leiter der Gemeinde bis zur Höhe von 1000 RM (§§ 33, 58-68).

Auf finanziellem Gebiet schuf gleichzeitig das Gemeindefinanzgesetz vom 15. Dezember 1933[65] neue Verhältnisse. Die Finanzverwaltung der Gemeinden und ihrer Eigenbetriebe unterlagen damit der Wirtschaftlichkeits-, Organisations-, Ordnungs-, Betriebs- und Kassenprüfung durch die Aufsichtsbehörden. Für die Prüfung der dem Regierungspräsidenten unterstehenden Gemeinden wurde ein Gemeindeprüfungsamt bei der Regierung eingerichtet. Die Tätigkeit der Gemeindeprüfungsämter leitete der Innenminister im Einvernehmen mit dem Finanzminister (§§ 122-138). Außerdem legt das Gesetz Informationsrechte und Genehmigungsvorbehalte für die Aufsichtsbehörde fest.

Das Gemeindeverfassungsgesetz wurde bald von der nicht weniger autoritären Deutschen Gemeindeordnung vom 30. Januar 1935[66] abgelöst. Weiterhin führt der berufene Bürgermeister die Verwaltung in voller und ausschließlicher Verantwortung. Die berufenen Gemeinderäte haben lediglich beratende Funktion. Die Aufsichtsbehörde hat sicherzustellen, daß die Gemeinden im Einklang mit den Gesetzen und den Zielen der Staatsführung verwaltet werden (§ 106). Sie kann sich demgemäß jederzeit über alle Angelegenheiten der Gemeinde unterrichten, Prüfungen vornehmen, Entschließungen und Anordnungen des Bürgermeisters aufheben oder anordnen und einen Beauftragten bestellen, der einzelne oder alle Aufgaben der Gemeinde auf deren Kosten wahrnimmt (§§ 108-113). Aufsichtsbehörde bleiben in Preußen für die kreisangehörigen Gemeinden der Landrat, für die Stadtkreise der Regierungspräsident.[67] Zahlreiche weitere Maßnahmen zur Einschränkung der Kommunalverwaltung durch verschärfte Kontrollen sowie die Errichtung von staatlichen Sonderbehörden und parteiabhängigen berufsständischen Organisationen setzten die Beseitigung der Selbstverwaltung fort. Deutlichsten Ausdruck fand diese Entwicklung im Führererlaß vom 28. August 1939 und dem zugehörigen Erlaß des Reichsinnenministeriums zur Vereinfachung der Verwaltung im gemeindlichen Bereich vom 30. August 1939. Damit wurde die Aufsichtsbefugnis staatlicher Stellen über die Kommunalverwaltung durch Weisungsrecht ersetzt.[68] Ungeklärte Zuständigkeiten und Kompetenzkonflikte, das Beharrungsvermögen eingespielter Verwaltungen sowie die Notsituation des Krieges führten aber dazu, daß den Gemeinden ein Teil ihrer Selbständigkeit erhalten blieb.

---

65 GS 1933, S. 442-474.

66 RGBl 1935 I, S. 49-64.

67 Verordnung zur Durchführung der Deutschen Gemeindeordnung, vom 22. März 1935, in: RGBl 1935 I, S. 393-400, hier § 33.

68 RGBl 1939 I, S. 1535-1537; MBliV 1939, S. 1811-1816.

2. Geschichte, Bearbeitung und Erschließung des Bestandes

Übernahme

Ein Teil des Bestandes befand sich bereits vor 1945 in dem damals für die Provinz Brandenburg zuständigen Geheimen Staatsarchiv in Berlin.[69] Die Regierung Potsdam hatte seit 1877 Akten und Karten dorthin abgegeben, erhebliche Mengen älterer Akten aber auch eigenmächtig kassiert. Die vom Geheimen Staatsarchiv während des 2. Weltkriegs ausgelagerten Akten gelangten 1949/50 in das Brandenburgische Landeshauptarchiv. Etwa 100 Aktenbände der Abteilung I zur Lebensmittelversorgung im 1. Weltkrieg sowie ein erheblicher Teil der Akten der Abteilung für Kirchen- und Schulwesen befinden sich noch im Geheimen Staatsarchiv Preußischer Kulturbesitz in Berlin-Dahlem, wo der Bestand die Bezeichnung X. HA, Rep. 2B trägt.[70] Auch ein umfangreicher älterer Teil der Plankammer der Regierung Potsdam ist dort verblieben.[71] Kriegsverluste sind offenbar nicht oder nur in geringem Umfang entstanden. Allerdings muß angenommen werden, daß politisch brisante Akten aus der Zeit der nationalsozialistischen Herrschaft in deren Endphase gezielt vernichtet wurden.

Der weitaus größte Teil der erhaltenen Akten und Teile der Plankammer der Regierung sind 1949 aus dem ehemaligen Regierungsgebäude in das damals entstehende Brandenburgische Landeshauptarchiv übernommen worden. Kleinere Abgaben gelangten in den folgenden Jahren aus Nachfolgebehörden ins Archiv und wurden dem Bestand provenienzgerecht zugeordnet. So kamen 1956 etwa 80 laufende Meter (lfm) Wasserbauakten aus der Wasserstraßendirektion Potsdam. Die Ordnungs- und Verzeichnungsarbeiten an den Akten der Regierung Potsdam im Brandenburgischen Landeshauptarchiv begannen 1950.

Bewertung, Ordnung und Verzeichnung

Die abschließende Bewertung, Ordnung und Findbucherstellung erfolgte unter der Leitung von Dr. Rudolf Knaack in den 1960er und 1970er Jahren.[72] Die Akten der Abteilung I, Präsidialabteilung (ohne Personalakten), umfaßten vor der Bewertung etwa 960 lfm. Davon wurden 73,5 lfm kassiert, vor allem aus den Aktengruppen Siedlungs-

69 Siehe dazu Reinhard Lüdicke: Übersicht über die Bestände des Geheimen Staatsarchivs zu Berlin-Dahlem, 3. Teil. Leipzig 1939, S. 11-14.

70 Siehe Übersicht des GStA I (wie Anm. 1), S. 15-40; Jürgen Kloosterhuis: Die Tektonik des Geheimen Staatsarchivs Preußischer Kulturbesitz, in: Jürgen Kloosterhuis (Hrsg.): Archivarbeit für Preußen. Berlin 2000, S. 71-257, hier S. 155 (= Veröffentlichungen aus den Archiven Preußischer Kulturbesitz, Arbeitsberichte 2).

71 GStA PK, XI. HA Plankammer Potsdam. Gedrucktes Findbuch: Winfried Bliß (Bearb.): Die Plankammer der Regierung Potsdam. Spezialinventar 1651 bis 1850. Köln - Wien 1981 (= Veröffentlichungen aus den Archiven Preußischer Kulturbesitz, 18).

72 Maßgeblich daran beteiligt waren Rita Stumper, Elisabeth Schulze und Helga Sang.

und Wohnungswesen (I S) und Kommunalangelegenheiten (I Kom). Aus der Aktengruppe I Kom wurden 1973 etwa 216 Bände im Umfang von ca. 5 lfm kassiert. Dabei handelte es sich um Akten über Urlaubsbewilligungen, Versorgungsanwärter, Kassensachen und Steuersachen (z.B. Steuerabzug, Verteilungsschlüssel für Steuern), Zweimonatsbilanzen der Sparkassen, ältere Akten zu Pensionierungen, geringfügige Beschwerdesachen, Disziplinarverfahren gegen Gemeindebeamte sowie Fürsorgesachen für Witwen und Beamte. Der Gesamtbestand umfaßt jetzt nach Neuverpackung etwa 3 000 lfm Akten, davon etwa 1020 lfm der Abteilung I, und etwa 4 600 Karten und Pläne.
Die Ordnung des Bestandes richtet sich im allgemeinen nach der Struktur der Behörde um 1932, also dem in langer, kontinuierlicher Entwicklung erreichten Stand vor den einschneidenden Veränderungen der nationalsozialistischen Zeit. Brüche in der Ordnung der Abteilung I, die durch die Registraturentwicklung bedingt sind, wurden entsprechend dem Verwaltungsstrukturprinzip behutsam bereinigt. Dabei wurden Geschäftsverteilungspläne von 1929, 1934 und 1943 zugrundegelegt, deren Gruppen zum Teil geringfügig ergänzt werden mußten, um alle vorhandenen Materien einordnen zu können. Die in den Registraturen der Regierung entwickelte Gliederung von Aktengruppen ist nach Möglichkeit beibehalten.[73] Eine strikte Trennung zwischen den Hauptgruppen allgemeine Kommunal-Sachen, Kreise und Städte wurde in der Registratur nicht immer beachtet: Unter allgemeinen Kommunal-Sachen findet sich auch Material zu einzelnen Kreisen und Orten, gegebenenfalls unter einem übergeordneten Orts- oder Sachbetreff. In der Hauptgruppe Kreise liegt auch Material zu einzelnen Städten und Gemeinden, u.U. aus der Zeit vor der Stadtwerdung einer Landgemeinde. Soweit Ortsnamen im Aktentitel angegeben sind, hilft das Ortsregister. Die Verzeichnung des Bestandes richtet sich nach den Ordnungs- und Verzeichnungsgrundsätzen für die staatlichen Archive der Deutschen Demokratischen Republik von 1964.[74] Auf eine vollständige Vereinheitlichung der Aktentitel wurde verzichtet.

In das vorliegende Findbuch sind am jeweiligen Ort Verweise auf die im Bestand der Personalakten der Abt. I der Regierung (Rep. 2 A I Pers.) vorliegenden Personalakten von städtischen Beamten aufgenommen.

Zusätzliche veröffentlichte Findhilfsmittel

Die Akten der Aktengruppe Rep. 2A I Kom sind auch in einigen neueren Spezialinventaren mitberücksichtigt und zum Teil tiefer erschlossen. Hinzuweisen ist auf Frank Schmidt: Zwangsarbeit in der Provinz Brandenburg 1939-1945. Spezialinventar der

73 Dazu ausführlich Rudolf Knaack: Ordnungsarbeiten am Bestand der Regierung Potsdam, in: Archivmitteilungen 12 (1962) Heft 1, S. 7-14.

74 Staatliche Archivverwaltung im Ministerium des Innern der Deutschen Demokratischen Republik (Hrsg.): Ordnungs- und Verzeichnungsgrundsätze für die staatlichen Archive der Deutschen Demokratischen Republik. Potsdam 1964.

Quellen im Brandenburgischen Landeshauptarchiv. Frankfurt am Main u.a. 1998, S. 29-32 (= Quellen, Findbücher und Inventare des Brandenburgischen Landeshauptarchivs 6), Lorenz Friedrich Beck (Bearb.): Brandenburgisches Landeshauptarchiv: Überlieferung aus der preußischen Provinz Brandenburg. München 1999, S. 181-184 (= Inventar zur Geschichte der deutschen Arbeiterbewegung in den staatlichen Archiven der Bundesrepublik Deutschland, hrsg. von der Historischen Kommission zu Berlin, Reihe B, Bd. 4), und Stefi Jersch-Wenzel/Reinhard Rürup (Hrsg.): Quellen zur Geschichte der Juden in den Archiven der neuen Bundesländer, Bd. 3: Staatliche Archive der Länder Berlin, Brandenburg und Sachsen-Anhalt. München 1999, S. 127-285: Brandenburgisches Landeshauptarchiv Potsdam, bearb. von Christine Klose, hier S. 213.

3. Gliederung des Gesamtbestandes

I Präsidialabteilung (ca. 1020 lfm)

I P: Präsidialregistratur (ca. 46 lfm): 1. Regierungssachen. 2. Kreis- und andere Behördensachen. 3. Staatsverfassungs-, Hoheits- und allgemeine Landesangelegenheiten. 4. Innere und Polizeiangelegenheiten. 5. Geistliche und Schulsachen. 6. Militär. 7. Finanzverwaltung, Domänen-, Forst- und Steuer-Sachen. 8. Justiz- und Prozeß-Sachen.

I KR: Kassen- und Rechnungswesen (ca. 20 lfm): 1. Allgemeine Kassen- und Rechnungs-Sachen. 2. Etats-Sachen der Verwaltung des Innern. 3. Kassen- und Rechnungsprüfung. 4. Verwaltung der Kreiskassen. 5. Grundvermögens-, Hauszins- und Schlachtsteuer. 6. Ruhegehalt, Witwen- und Waisenversorgung (Allgemeines und Personen A-Z).

I RHK: Regierungshauptkasse (ca. 5 lfm): 1. Buchhalterei 1, Domänenverwaltung. 2. Buchhalterei 2, Hochbauverwaltung. 3. Buchhalterei 3a, Verwaltung der Reichswasserstraßen. 4. Buchhalterei 6 und 6a, Allgemeine Landesverwaltung, Polizeiverwaltung, Kriegssachschäden. 5. Buchhalterei 7, Verwaltung der geistlichen, Unterrichts- und Wissenschaftsangelegenheiten. 6. Buchhalterei 8, Allgemeine Finanzverwaltung.

I Pol: Polizei- und politische Angelegenheiten (ca. 84 lfm): 1. Polizeiverwaltung. 2. Polizeiverordnungen. 3. Politische Polizei. 4. Streik-Sachen. 5. Presse-Sachen. 6. Polnische Bewegung. 7. Vereins- und Versammlungswesen. 8. Wahl-Sachen. 9. Juden-Sachen. 10. Kirchen- und Schul-Sachen. 11. Flaggen, Hoheitszeichen. 12. Militär- und Mobilmachungs-Sachen. 13. Sicherheitspolizei. 14. Paß-, Melde- und Fremdenwesen. 15. Gemeindepolizei. 16. Nachrichtenblatt der Regierung Potsdam. 17. Müllabfuhr. 18. Münz-Sachen. 19. Luftfahrt-Sachen. 20. Telegrafen- und Rundfunk-Sachen. 21. Schutz der trigonometrischen Punkte, Landesaufnahme. 22. Öffentliche Uhren. 23. Sittenpolizei. 24. Schutz der Sonn- und Feiertage. 25. Veranstaltungen. 26. Tierschutz.

I St: Staatsangehörigkeit und Verschiedenes (ca. 114 lfm): 1. Staatsangehörigkeits-Sachen. 2. Auswärtige Staaten-Sachen. 3. Personenstands-Sachen. 4. Namensänderungen. 5. Rang-Sachen, Titel, Orden, Rettungsmedaillen. 6. Statistik, Bevölkerungslisten. 7. Nicht zum Ressort der Regierung Potsdam gehörende Sachen.

I V: Verkehr, Straßen, Brücken (ca. 67 lfm). 1. Polizeiverordnungen. 2. Straßen, Wege, Brücken. 3. Verkehrsabgaben, Zölle. 4. Droschkenwesen, Personenbeförderung auf Wasserfahrzeugen. 5. Kraftfahrzeugverkehr. 6. Post-Sachen. 7. Eisenbahnen und Straßenbahnen.

I HG: Handel und Gewerbe (ca. 95 lfm). 1. Allgemeines. 2. Handels- und Gewerbeverwaltung. 3. Gewerbe-, Kaufmanns- und Arbeitsgerichte, Schlichtungsausschüsse. 4. Handelskammern, Gewerbekammern, Industrie- und Handelskammern, Handwerkskammern. 5. Gewerbesteuer. 6. Stempel-Sachen. 7. Gewerbsentschädigungen, Zwangs- und Bannrechte, Gewerbezwangsablösungen. 8. Fabriksachen, Berg- und Hüttenwesen, Ziegeleien, Wollmagazin-Sachen. 9. Genehmigung und Überwachung gewerblicher Anlagen. 10. Anlagen für brennbare Flüssigkeiten (Tankstellen). 11. Handwerks-Sachen. 12. Einzelne Gewerbe. 13. Handels-Sachen. 14. Börsen, Banken, Sparkassen, Kaufmannschaften. 15. Aktiengesellschaften. 16. Vereine, Genossenschaften. 17. Arbeits- und Gesundheitsschutz, Arbeitszeit, Löhne. 18. Privatversicherungen. 19. Bewilligung von Prämien für die Ausbildung Taubstummer. 20. Berufs- und Fachschulen. 21. Verschiedenes. 22. Aktenverzeichnisse.

I Kom: Kommunalangelegenheiten (ca. 175 lfm). 1. Allgemeine Kommunalsachen: Verfassung und Verwaltung, Personal; Vermögensverwaltung; Abgaben, Lasten; Sparkassen, Kommunalbanken, Sparkassen- und Giroverband; Grundstücks-Sachen; Begräbnisplätze; Wasserversorgung und Entwässerung; Geheime Kommunal-Sachen. 2. Kreise. 3. Städte.

I S: Siedlungs- und Wohnungswesen (ca. 39 lfm). 1. Landesplanung. 2. Bebauungspläne, Straßenanlagen, Straßenpflaster, Bürgersteige. 3. Vorortsbauordnungen. 4. Wohnungsfürsorge, Wohnungszwangswirtschaft, Miets-Sachen. 5. Wohnungsstatistik. 6. Hauszinssteuerhypotheken. 7. Aufsicht über Genossenschaften. 8. Stadtschaften. 9. Landesdarlehen. 10. Enteignungen. 11. Kleingärten. 12. Reichsheimstätten. 13. Erhebung von Wohnungsbauabgaben. 14. Verkehr mit Grundstücken. 15. Kleinsiedlungen. 16. Ansiedlungsgenehmigungen. 17. Reichsbaudarlehen. 18. Not- und Behelfswohnungen. 19. Reichsbürgschaften für den Kleinwohnungsbau. 20. Baustoff-Sachen, Baustoffbewirtschaftung. 21. Wohnsiedlungsgebiete. 22. Gesetz über einstweilige Maßnahmen zur Ordnung des deutschen Siedlungswesens vom 3. Juli 1934. 23. Volkswohnungen. 24. Wohnungsbau im und nach dem 2. Weltkrieg. 25. Industrieverlagerung.

I SW: Soziale und Wohlfahrtsangelegenheiten (ca. 42 lfm). 1. Armen- und Unterstützungs-Sachen. 2. Stiftungen. 3. Wohlfahrtspolizei. 4. Fürsorge-Sachen. 5. Wirtschaftliche Demobilmachung. 6. Erwerbslosenfürsorge. 7. Landarbeiter- und Werkwohnungsbau. 8. Familienunterstützung. 9. Jugendwohlfahrt. 10. Volkswohlfahrt. 11. Kriegsbeihilfen. 12. Kriegergräber. 13. Kranken-, Unfall- und Invalidenversicherung. 14. Staatsgut Groß Besten (Bestensee). 15. Tagebuch.

I Med: Medizinalangelegenheiten (ca. 18 lfm). 1. Allgemeine Medizinalangelegenheiten. 2. Medizinalverwaltung. 3. Hebammen. 4. Verschiedene Medizinalberufe. 5. Säuglings- und Kleinkinderpflege. 6. Krankheiten, Epidemien. 7. Kranken- und Heilanstalten, Bäder. 8. Arzneiwesen, Apotheken. 9. Leichenwesen, Gemütszustandsuntersuchungen, Gerichtsärztlicher Ausschuß.

I Vet: Veterinärangelegenheiten (ca. 19 lfm). 1. Allgemeine Veterinärangelegenheiten. 2. Kreistierärzte. 3. Tierärzte. 4. Veterinäruntersuchungsamt Potsdam. 5. Tierseuchenpolizei. 6. Schlachtvieh- und Fleischbeschau. 7. Tierärztliche Lebensmittelüberwachung. 8. Hufbeschlagwesen. 9. Abdeckereiwesen. 10. Tierschutz. 11. Viehversicherungen. 12. Verschiedenes. 13. Tagebücher, Aktenverzeichnisse.

I LW: Land- und Wasserwirtschaft, Wasserbau (ca. 117 lfm). 1. Landwirtschafts-Sachen. 2. Feldpolizei. 3. Forst- und Jagdpolizei. 4. Fischerei-Sachen. 5. Kultur- und Wasserbau-Sachen, Strom- und Schiffahrtspolizei.

I Hb: Hochbauangelegenheiten (ca. 61 lfm). 1. Bauverwaltung, Personal-Sachen. 2. Öffentliche Bauten, Staatsbauten. 3. Bauunterstützungen. 4. Denkmalpflege, kommunale (historische) Bauten. 5. Museen. 6. Natur- und Heimatschutz, Verunstaltungen. 7. Baupolizei. 8. Feucrpolizei, Feuerschäden.

I Kat: Katasterangelegenheiten (ca. 35 lfm). 1. Allgemeine Katasterangelegenheiten. 2. Katasterverwaltung. 3. Personal-Sachen. 4. Vermessungs- und Karten-Sachen. 5. Steuer-Sachen. 6. Handakten. 7. Verschiedenes.

I Ldj: Landjahrangelegenheiten (ca. 3 lfm). 1. Allgemeine Landjahr-Sachen. 2. Landjahrlager.

I Pers.: Personalakten (ca. 80 lfm)

II Abteilung für Kirchen- und Schulwesen (ca. 664 lfm)
II Pers.: Lehrerpersonalakten (ca. 126 lfm)

III Abteilung für direkte Steuern, Domänen und Forsten
III D: Domänenregistratur (ca. 618 lfm)

III F: Forstregistraur (ca. 606 lfm)
III F Pers.: Forstpersonalakten (ca. 42 lfm)

IV Abteilung für indirekte Steuern (ca. 2 lfm)

Karten (ca. 4600): Übersichtskarten. - Grenzkarten (Landesgrenzen). - Gemarkungskarten, Ortspläne, Parzellierungspläne. - Torfkarten. - Gewässer und Wasserbauwerke. - Straßen und Wege. - Eisenbahnkarten. - Baurisse. - Forstkarten.

4. Amtsdrucksachen und Hilfsmittel

Amtsblätter und Nachrichtenblatt

Das Amtsblatt der Regierung erschien von 1811 bis 1944.[75] Für die Geschichte der Regierung und des Regierungsbezirks stellt es eine unerschöpfliche Fundgrube von hohem Quellenwert dar. Hier finden sich zahlreiche Verfügungen und Informationen von amtlicher und nichtamtlicher Seite, die in den erhaltenen Akten nicht oder nur mit großem Aufwand auffindbar sind.

1929 bis 1945 gab die Regierung auch das „Nachrichtenblatt der Regierung Potsdam" heraus, das zur verwaltungsinternen Information der Regierung und nachgeordneter Behörden bestimmt war.[76]

Amtsdrucksachen, zeitgenössische Handbücher und Hilfsmittel der Verwaltung

Die Regierung hat im Zuge ihrer Tätigkeit eine Vielzahl von Verfügungen, Instruktionen, Handreichungen und Informationen im Druck herausgegeben, die sich in den Akten der Regierung selbst oder nachgeordneter Behörden sowie in der Bibliothek des Brandenburgischen Landeshauparchivs und anderer Einrichtungen finden. Daneben gibt es auch Veröffentlichungen von Mitgliedern der Regierung, die in amtlichem Auftrag oder aus privater Initiative aus amtlichen Unterlagen erarbeitet worden sind und wichtige Informationen zur Tätigkeit der Regierung und zur Geschichte des Regierungsbezirks bieten.

Hinzuweisen ist auf die Sammlung von Polizeiverordnungen: „Die im Regierungs-Bezirk Potsdam bestehenden Polizei-Verordnungen". Im amtlichen Auftrage zusam-

75 Bibliographische Angaben siehe unter 5. Abkürzungen.
76 1. Jahrgang Nr. 1 (18. Apr. 1929) - 17. Jahrgang Nr. 2 (3. Febr. 1945), in: BLHA, Rep. 2 A I Pol Nr. 2589 - Nr. 2595 und Nr. 3545 - Nr. 3548.

mengestellt von C.H.W. Wichert. Potsdam 1853, und folgende Auflagen bis 1885.[77] Dazu erschien eine Fortsetzung von A. Rößler: „Sammlung der Polizeiverordnungen und polizeilichen Vorschriften für den Regierungsbezirk Potsdam", Berlin 1896, 4. Aufl. 1916.[78] Statistisch-topographische Beschreibungen und Ortsverzeichnisse liegen in größerer Zahl vor.[79] Über den Regierungsbezirk im Jahr 1931, Kultur, Wirtschaft, Bauwesen und Verwaltung informiert ein von Oberregierungs- und Baurat Carl Rudolph herausgegebener Sammelband.[80] Außerordentlich hilfreich für Fragen der Verwaltungsorganisation und aller Gesetze und Verordnungen von allgemeinerer Bedeutung ist das erstmals 1881 vom Potsdamer Regierungpräsidenten Robert Graf Hue de Grais herausgegebene „Handbuch der Verfassung und Verwaltung in Preußen und dem Deutschen Reich", das bis 1930 in 25 Auflagen erschien.[81] Gute Dienste leistet auch das zweibändige „Handwörterbuch der Preußischen Verwaltung" von Rudolf von Bitter.[82]

---

77 2. Aufl., Potsdam 1856; Nachtrag, Potsdam 1866; 3. Aufl., Potsdam 1874; 4. Aufl., Potsdam 1875; 5. Aufl., Berlin 1880; 6. Aufl. Potsdam 1885 (seit der 4. Aufl. unter dem Titel: Die Polizei-Verordnungen des Regierungs-Bezirks Potsdam).

78 2. Aufl., Berlin 1902; 3. Aufl. Berlin 1907; 4. Aufl., Berlin 1916.

79 Siehe u.a.: F.W.A. Bratring: Statistisch-topographische Beschreibung der gesamten Mark Brandenburg, 3 Bde. Berlin 1804, 1805, 1809, kritisch durchgesehene und verbesserte Neuausgabe von Otto Büsch und Gerd Heinrich. Berlin 1968 (= Veröffentlichungen der Historischen Kommission zu Berlin, Bd. 22); Heinrich Berghaus: Landbuch der Mark Brandenburg und des Markgraftums Nieder-Lausitz in der Mitte des 19. Jahrhunderts oder geographisch-historisch-statistische Beschreibung der Provinz Brandenburg, 3 Bde. Brandenburg 1854-1856; Ortschafts-Verzeichniß des Regierungs-Bezirks Potsdam nach der neuesten Kreiseintheilung vom Jahre 1817, mit Bemerkung des Kreises, zu welchem der Ort früher gehörte, der Qualität, Seelenzahl, Confession, kirchliche Verhältnisse, Besitzer und Addreß-Oerter. Berlin o.J.; Ortschafts-Statistik des Regierungs-Bezirks Potsdam mit der Stadt Berlin, bearb. im Auftrage der Königlichen Regierung zu Potsdam ... von Richard Boeckh. Berlin 1861; Alphabetisches Verzeichnis sämtlicher im Regierungsbezirk Potsdam belegenen Ortschaften und Ortsteile ... nach amtlichen Quellen unter Leitung des Regierungs-Sekretärs Mauer bearbeitet. Potsdam 1897; Gemeindelexikon für den Freistaat Preußen. Bd. III: Provinz Brandenburg, bearb. vom Preußischen Statistischen Landesamt. Berlin 1932; siehe auch Bibliographie zur Geschichte der Mark Brandenburg (wie Anm. 83), Bd. 1 Nr. 868, 909-919, 922-923, 972-986, 990-991.

80 Carl Rudolph (Hrsg.): Der Regierungsbezirks Potsdam. Berlin 1931 (= Deutschlands Städtebau 8).

81 1. Aufl., Berlin 1881; Neuauflagen in kurzer Folge bis 22. Aufl., Berlin 1914; 23. Aufl., Berlin 1926; 24. Aufl., Berlin 1927; 25. Aufl., Berlin 1930; seit der 23. Aufl. hrsg von Guiskard Graf Hue de Grais und Hans Peters.

82 Leipzig 1906; 2. Aufl. Leipzig 1911; 3. Aufl. hrsg. von Bill Drews und Franz Hoffmann. Berlin/Leipzig 1928.

Hilfsmittel und Literatur

Wichtige Hilfsmittel zur Arbeit mit den Akten der Regierung Potsdam sind in der Reihe der Veröffentlichungen des Brandenburgischen Landeshauptarchivs erschienen: Die "Bibliographie zur Geschichte der Mark Brandenburg"[83] und das „Historische Ortslexikon für Brandenburg"[84]. Historische Karten sind im „Historischen Atlas der Provinz Brandenburg"[85] und im „Historischen Handatlas von Brandenburg und Berlin"[86] veröffentlicht. Aus der reichhaltigen Literatur können hier nur neuere Gesamtdarstellungen angegeben werden, die jeweils weiterführende Literaturangaben enthalten. Einen neuen Gesamtüberblick über die Geschichte Brandenburgs bietet die von Ingo Materna und Wolfgang Ribbe herausgegebene „Brandenburgische Geschichte".[87] Ebenfalls heranzuziehen ist „Berlin und die Provinz Brandenburg im 19. und 20. Jahrhundert", hrsg. von Hans Herzfeld und Gerd Heinrich.[88] Kurze Informationen zu einzelnen Orten bieten das „Handbuch der Historischen Stätten Deutschlands", Bd. 10: Berlin und Brandenburg[89] und Georg Dehio[90]. Für die Städte siehe jetzt das „Städtebuch Brandenburg und Berlin".[91] Verwaltungsgeschichtliche Literatur ist im behördengeschichtlichen Teil der Einleitung genannt.[92]

---

83 Bibliographie zur Geschichte der Mark Brandenburg, Teil I-IV, bearb. von Hans-Joachim Schreckenbach, Teil V: Altmark, bearb. von Helmut Schönfeld unter Mitarbeit von Hans-Joachim Schreckenbach, Teil VI: Berichtigungen und Nachträge, Orts- und Personenregister, bearb. von Horst L. Petrak, Weimar 1970-1997 (= Veröffentlichungen des Brandenburgischen Landeshauptarchivs, 8-10, 12, 20, 32).

84 Historisches Ortslexikon für Brandenburg, Teil I-XI, bearb. von Lieselott Enders, Peter P. Rohrlach und Joachim Schölzel, Weimar 1970-1997 (= Veröffentlichungen des Brandenburgischen Landeshauptarchivs, Bd. 3, 7, 11, 13, 14, 16, 18, 21, 25, 26, 31).

85 Hrsg. von der Historischen Kommission für die Provinz Brandenburg und die Reichshauptstadt Berlin. Berlin 1929-1939. Neue Folge, Berlin 1962.

86 Hrsg. von G. Heinrich, H. Quirin, K. Schroeder und W. Scharfe, 60 Lieferungen und 7 Nachträge. Berlin 1962-1980 (=Veröffentlichungen der Historischen Kommission zu Berlin).

87 Siehe Anm. 1.

88 Siehe Anm. 1.

89 Hrsg. von Gerd Heinrich, 3. Aufl. Stuttgart 1995.

90 Georg Dehio Handbuch der Deutschen Kunstdenkmäler: Brandenburg, bearb. von Gerhard Vinken u.a. München - Berlin 2000; Berlin, bearb. von Sibylle Badstübner-Gröger, Michael Bollé, Ralph Paschke u.a., 2. Aufl. München - Berlin 2000.

91 Siehe Anm. 26.

92 Siehe v.a. Anm. 1.

5. Abkürzungen

Amtsblatt Potsdam: 1811-1815 Amtsblatt der Königlichen Kurmärkischen Regierung, 1816-1822 Amtsblatt der Königlichen Regierung zu Potsdam, 1822-1918 Amtsblatt der Königlichen Regierung zu Potsdam und der Stadt Berlin, 1918-1923 Amtsblatt der Regierung zu Potsdam und der Stadt Berlin, 1923-1926 Amtsblatt für den Regierungsbezirk Potsdam und die Stadt Berlin, 1926-1930 Amtsblatt für den Regierungsbezirk Potsdam, 1930-1942 Amtsblatt der Preußischen Regierung in Potsdam, 1942-1944: Amtsblatt der Regierung in Potsdam

BLHA: Brandenburgisches Landeshauptarchiv

GS: Gesetz-Sammlung für die Königlichen Preußischen Staaten (seit 1907: Preußische Gesetzsammlung)

GS 1806-1810: Sammlung der für die Königlichen Preußischen Staaten erschienen Gesetze und Verordnungen von 1806 bis zum 27sten Oktober 1810. Berlin 1822

GStA PK: Geheimes Staatsarchiv Preußischer Kulturbesitz

MBliV: Ministerial-Blatt für die gesamte innere Verwaltung in den Königlich Preußischen Staaten (seit 1908: Ministerial-Blatt für die Preußische innere Verwaltung; seit 1936: Ministerial-Blatt des Reichs- und Preußischen Ministeriums des Innern)

RGBl: Reichsgesetzblatt

Bestand Regierung Potsdam,
Kommunalangelegenheiten
(Rep. 2 A I Kom)

Zitierhinweis:

In Veröffentlichungen: Brandenburgisches Landeshauptarchiv Potsdam,
Rep. 2 A I Kom Nr. [= fortlaufende Nummer in der linken Spalte des Findbuchs],
oder in ausführlicher Form: Rep. 2 A Regierung Potsdam I Kom Nr.
Bei Bestellung im Archiv: Rep. 2 A I Kom Nr.
Bei den mitverzeichnete Personalakten: Rep. 2A I Pers. Nr. oder Rep. 2 A Regierung Potsdam I Pers. Nr.
Als Abkürzung für das Brandenburgische Landeshauptarchiv wird BLHA empfohlen.

1. Allgemeine Kommunal-Sachen

1.1. Verfassung und Verwaltung, Personal

1.1.1. Landtage

1	Durchführung von Landtagsversammlungen und Nachrichten über dort behandelte Angelegenheiten	1809-1838
2	Wahlen sowie Instruktionen über die Befugnisse der Deputierten der Provinz	1811
3	Verminderung der Zahl der Nationalvertreter und Hinzuziehung der ausgeschiedenen Mitglieder zu dem Geschäften bei besonders starkem Arbeitsanfall	1812-1815
	Berechnung, Verteilung und Einziehung der Kosten für die Durchführung der Provinzial- und Kommunallandtage	
4	Bd 1	1827-1828
5	Bd 2	1828-1829
	Bd 3 fehlt	
6	Bd 4	1831-1834
7	Bd 5	1835-1843
8	Bd 6	1844-1851
9	Bd 7	1852-1869
10	Bd 8	1870-1892
	Einziehung der Diäten und Reisekosten für die Deputierten des 4. Kommunallandtages	
11	Bd 1	1829-1830
12	Bd 2	1831
	Beschlüsse der Kurmärkischen Kommunallandtagsversammlungen	
13	Bd 1	1827-1829
14	Bd 2	1830-1831
15	Bd 3	1831-1832
16	Bd 4	1832-1833
17	Bd 5	1833-1834
18	Bd 6	1834-1835
19	Bd 7	1835-1836
20	Bd 8	1836-1837
21	Bd 9	1837-1839
22	Bd 10	1840-1841

23	Bd 11	1842-1843
24	Bd 12	1844-1848
25	Bd 13	1850-1854
26	Bd 14	1855-1859
27	Bd 15	1860-1862
28	Bd 16	1863-1873
29	Verhandlungen des Provinziallandtags der Mark Brandenburg und des Markgrafentums Niederlausitz	1828-1873
	Verhandlungen des Rheinischen Provinziallandtages	
30	Bd 1	1844-1876
	Bd 2-3 fehlen	
31	Bd 4	1883-1885
32	Bd 5	1885-1886
33	Bd 6	1887-1888
34	Verhandlungen des Sächsischen Provinziallandtages	1827-1874
35	Verhandlungen des Westfälischen Landtages Enthält u.a.: „Landtagsabschiede für die Provinzial-Stände der Provinz Westfalen in der Zeit von 1854-1873".	1827-1873
36	Verhandlungen des Provinziallandtages des Herzogtums Schlesien, der Grafschaft Glatz und des Markgrafentums Oberlausitz	1827-1874
37	Verhandlungen des Provinziallandtages im Herzogtum Pommern und Fürstentum Rügen	1828-1873
38	Verhandlungen des Provinziallandtages der Provinz Preußen Enthält u.a.: Zusammenstellung sämtlicher Kreise und Städte der Provinz Preußen mit Angaben der Größe, Einwohnerzahl und Bevölkerungsdichte, 1853.	1828-1871
39	Verhandlungen des Provinziallandtages der Provinz Posen	1829-1871

1.1.2. Provinzialordnung

	Wahl der Abgeordneten zum Provinziallandtag gemäß § 10 der Provinzialordnung vom 29. Juni 1875 Bd 1 fehlt	
40	Bd 2	1904

41 Brandenburgischer Provinzialausschuß 1876-1930

Verhandlungen des Brandenburgischen Provinziallandtages (13.-26. Sitzungsperiode)
Bd 1 fehlt
42 Bd 2 1887-1900

43 Verhandlungen des Brandenburgischen Provinziallandtages (45. Tagung) 1917

44 Übergabe von Fonds an den Brandenburgischen Provinzialverband 1876-1877

45 Etats und Verwaltungsberichte des Provinzialverbandes 1880-1942

46 Hauptvoranschlag der Verwaltung des Provinzialverbandes von Brandenburg für 1933 1933

47 Haushaltsplan des Provinzialverbandes von Brandenburg für das Rechnungsjahr 1935 1935

48 Anlagen zur Haushaltssatzung des Provinzialverbandes von Brandenburg für das Rechnungsjahr 1936 1936

49 Provinziallandtagswahlen und Kreistagswahlen am 20. Februar 1921 1921-1922

50 Übertragung von Selbstverwaltungs- und Auftragsangelegenheiten auf die Provinz 1922

51 Provinzialrat 1935-1940

1.1.3. Kreis- und Gemeindeverfassung und -verwaltung, Personal

Angelegenheiten der Landgemeinden *siehe auch 3. Städte*

52 Entwurf zu einer Kreis-Kommunalordnung 1823-1824
Enthält u.a.: Verzeichnisse der zur Kreisstandschaft berechtigten Rittergüter und Verzeichnisse der Dörfer, Güter und Bewohner.

53 Redaktion der Dorf-Kommunalordnung 1823-1836

Rep. 2 A Regierung Potsdam I Kom

54	Entwürfe von Kreisordnungen und Zusammensetzung von Kreisvertretungen	1862-1872
	Ausführung der Kreisordnung vom 13. Dez. 1872, Kreisorganisation, Amtsbezirke, Amtsausschüsse. Allgemeines	
55	Bd 1	1875-1911
56	Bd 2	1911-1944
	Kreisorganisation, Amtsbezirke, Amtsausschüsse	
	Bd 1-2 fehlen	
57	Bd 3	1911-1943
	Veränderungen in dem Amtsbezirksverzeichnis	
	Bd 1 fehlt	
58	Bd 2	1878-1880
59	Verzeichnis der Amtsbezirke im Regierungsbezirk Potsdam	1914
60	Verzeichnis der Amtsbezirke im Regierungsbezirk Potsdam, Ortsklassenverzeichnis	1914-1928
61	Verzeichnisse der Amtsbezirke, der Eigenamtsbezirke, kreisangehörigen Städte und kreisangehörigen Gutsbezirke in den Kreisen des Regierungsbezirks Potsdam	1936-1939
61/1	Verzeichnis der Städte, der Amts- und Gutsbezirke in den Kreisen des Regierungsbezirks Potsdam	1939
62	Ernennung der Kreisverordneten	1816-1820
63	Zulassung des Besitzers Böhme von Damsdorf (Kreis Jüterbog-Luckenwalde) zu den Kreistagen	1833-1835
64	Bestimmungen über die Kreistage	1873-1933
	Kreistage	
65	Bd 1	1873-1919
66	Bd 2	1920-1933
67	Bestimmungen über die Kreisausschüsse und Stadtausschüsse	1874-1941

Kreisausschüsse
Bd 1 fehlt
68 Bd 2 1896-1931
69 Bd 3 1932-1943

Bestimmungen über die Landräte und Kreisdeputierten
70 Bd 1 1813-1868
71 Bd 2 1873-1944

Landräte und Kreisdeputierte
72 Bd 1 1913-1929
73 Bd 2 1930-1945

Verhältnisse der Schulzen und Schulzenämter
Enthält u.a.: Anstellung, Entlassung, Dienstführung, Besoldung und Beschwerden.
74 Bd 1 1810-1819
75 Bd 2 1820-1835
76 Bd 3 1836-1842
77 Bd 4 1843-1860
78 Bd 5 1861-1887

Bestimmungen über die Anstellung der Ortsschulzen, der Ortsvorsteher und Schöffen
79 Bd 1 1899-1912
80 Bd 2 1913-1945
Enthält u.a.: Aufstellung der Kreise des Regierungsbezirks Potsdam von 1937 mit Angabe der Wirtschaftsstruktur und Höhe der Kreiszuschüsse.

Anstellung der Ortsschulzen bzw. Bürgermeister und Beigeordneten in den Landgemeinden
81 Bd 1 1890-1934
82 Bd 2 1934-1941
83 Bd 3 1942-1944

Reform der Kreisordnung, insbesondere im Rahmen der allgemeinen Vewaltungsreform
84 Bd 1 1919-1929
85 Bd 2 1930

Ausführung der Landgemeindeordnung vom 29. Dez. 1891
86 Bd 1 1891-1902
87 Bd 2 1924-1931

88	Preußischer Landgemeindeverband	1911-1930
89	Verband der preußischen Landkreise und der deutsche Landkreistag	1916-1930
90	Aufhebung der Kreis-Gärtnerstellen und Disposition über deren Etablissements	1809-1824
91	Bestimmungen über die Anstellung der Gemeindeunterbeamten und Kreisbeamten	1892-1938
92	Durchführung des Gesetzes über die Wiederherstellung des Berufsbeamtentums	1933
94	Nachweisung der Verhältnisse der Landgemeinden und selbständigen Gutsbezirke im Regierungsbezirk Potsdam	1888
95	Wahl der Gemeindeversammlungen und Gemeindevertretungen. Allgemeines	1891-1933
	Wahl der Gemeindeversammlungen und Gemeindevertretungen	
96	Bd 1	1891-1929
97	Bd 2	1929-1930
98	Konstituierung der ländlichen Gemeindebezirke	1825-1854
99	Konstituierung der ländlichen Gemeindeverbände	1846-1859
100	Organisation der Gemeindeverwaltungen sowie Grenzberichtigungen	1859-1881
101	Öffentliche Bekanntmachungen der Veränderungen von Gemeindebezirksgrenzen gemäß § 1 des Gesetzes über die Landgemeindeverfassung vom 14. Apr. 1856	1859-1882
102	Bezirksveränderungen und Inkommunalisierungen. Allgemeines	1871
	Vereinigung von ländlichen Gemeinde- oder Gutsbezirken, Einverleibung einzelner Grundstücke in die Kommunalverbände der Dorfgemeinden sowie Bildung neuer Gemeinden. Allgemeines	
103	Bd 1	1890-1938
104	Bd 2	1927-1942

	Eingemeindungen und Grenzänderungen	
	Bd 1 fehlt	
105	Bd 2	1936-1939
106	Bd 3	1937-1939
	Bd 4 fehlt	
107	Bd 5	1940
	Änderung der Berliner Grenzen	
108	Bd 1	1934-1937
109	Bd 2	1937-1939
110	Flurbereinigung	1933-1938
	Auflösung der Gutsbezirke. Allgemeines	
	Bd 1 fehlt	
111	Bd 2	1927-1942
112	Auflösung der Gutsbezirke	1919-1923
	Auflösung der Gutsbezirke	
113	Bd 1	1928
114	Bd 2	1928-1940
115	Vorschläge zur Aufrechterhaltung der Forstgutsbezirke	1928-1937
116	Durchführung der Auseinandersetzungsverhandlungen im Zuge der Auflösung der Gutsbezirke	1930-1932
117	Veröffentlichung amtlicher Bekanntmachungen	1927-1941
118	Verschiedene Angelegenheiten der Kreise, Landgemeinden und Gutsbezirke	1925-1940

1.1.4. Stadtverfassung und -verwaltung

	Ein- und Durchführung der neuen Städteordnung	
119	Bd 1	1809
120	Bd 2	1809
121	Bd 3	1809-1810
122	Bd 4	1810-1811
123	Bd 5	1812-1814

123/1	Bd 6 Enthält u.a.: Interims-Instruktion für die Bezirksvorsteher in den kleinen Städten des ostpreußischen Regierungsdepartments.	1814-1819
124	Bd 7	1820
125	Bd 8	1831-1838
126	Bd 9	1838-1843
127	Bd 10	1844-1847
128	Bd 11	1848-1865
129	Einreichung der Generalübersichten von den Arbeiten zur Einführung der neuen Städteordnung	1809-1810
130	Anzeigen der Magistrate über die Anzahl der Bürger, Magistratsmitglieder und Kommissionen in den Städten	1810-1811
131	Berichte über die Anzahl der Magistratsmitglieder in den Städten des Regierungsbezirkes Potsdam	1847
132	Berichte der Magistrate über die Anzahl der Magistratsmitglieder und der Stadtverordneten in den Städten	1875-1876
133	Begutachtung des Entwurfs einer neuen Städteordnung	1816-1830
134	Einführung der revidierten Städteordnung in mehreren Städten des Regierungsbezirks Potsdam	1831
	Ein- und Durchführung der revidierten Städteordnung in mehreren Städten des Regierungsbezirks Potsdam	
135	Bd 1	1831-1847
136	Bd 2	1848-1855
137	Statutarische Gesetze der Städte	1833-1837
138	Anfragen über zweifelhafte Stellen der Städteordnung	1834-1842
	Ausführung der Städteordnung vom 30. Mai 1853, Wahl und Einführung der Bürgermeister und der übrigen Magistratsmitglieder. Allgemeines	
139	Bd 1	1853-1861
140	Bd 2	1862-1892
141	Bd 3	1895-1929
142	Bd 4	1930-1935
	Bd 5 fehlt	

143	Bd 6	1938-1942
144	Bd 7	1943-1945
	Bürgermeister und Magistratsmitglieder in den Städten	
145	Bd 1	1882-1911
146	Bd 2	1911-1929
147	Bd 3	1930-1933
148	Bd 4	1934-1935
149	Bd 5	1935-1936
150	Bd 6	1937
151	Bd 7	1938-1940
151/1	Verzeichnis der Bürgermeister und I. Beigeordneten der Städte des Regierungsbezirks Potsdam. Stand vom 15. Februar 1937 Enthält u.a.: Angabe der Mitgliedschaft in der NSDAP.	1937
	Abänderung der Städteordnung vom 30. Mai 1853	
152		1860-1861
153		1861
154	Städteordnung	1890-1895, 1914
155	Verhandlungen des Abgeordnetenhauses über den Entwurf einer Städteordnung	1876, 1890
	Anträge auf Einführung der Städteordnung in den Landgemeinden	
156	Bd 1	1890-1901
157	Bd 2	1900-1903
158	Bd 3	1903-1906
159	Bd 4	1906-1911
160	Bd 5	1911-1922
161	Erlaß der Hauptsatzungen der Gemeinden	1935-1940
162	Absendung von Deputationen mehrerer Städte an den König zum Krönungsfest am 18. Jan.	1831
163	Entziehung und Wiederverleihung der bürgerlichen Ehrenrechte	1843-1857

	Instruktion für die Geschäftsführung der Magistrate in den Städten	
164	Bd 1	1833-1836
165	Bd 2	1836-1861
167	Berichte über den Fortgang der Einführung der Gemeindeordnung in den Städten des Regierungsbezirks Potsdam	1851-1852
168	Ausführung der Gemeindeordnung vom 11. März 1850	1852
169	Veröffentlichung der Beschlüsse der Stadtverordnetenversammlungen	1844-1846
170	Öffentlichkeit der Stadtverordnetensitzungen	1847-1848
171	Wahl der Stadtverordneten. Allgemeines	1881-1933
	Wahl der Stadtverordneten Enthält u.a.: Wahlergebnisse. Bd 1-2 fehlen	
172	Bd 3	1900-1924
173	Bd 4	1929-1933
174	Abänderung des § 8 der Städteordnung betreffend Wahlrecht der Forensen und juristischer Personen	1911
175	Ergebnisse der Neuwahlen der kommunalen Vertretungskörperschaften Enthält: Ergebnisse der Provinziallandtags-, Kreistags- und Stadtverordnetenwahlen vom 12. März 1933.	März 1933
	Stadtausschüsse *siehe I Kom Nr. 67*	
176	Stadtverwaltungsgerichte, vorher Stadtausschüsse. Allgemeines	1933-1942
177	Stadtverwaltungsgerichte	1934-1942
179	Anfertigung von Stadtchroniken durch die Magistrate sowie die Heranschaffung fehlender alter Manuskripte	1813-1845
180	Aufbewahrung der Urkunden und Akten in den Städten Enthält u.a.: Verzeichnisse von Urkunden. - Archivwesen in Westfalen.	1833-1887

181 Aufbewahrung der städtischen Akten und Urkunden 1876-1878

182 Abgabe der Akten der Regierung Potsdam betreffend die Städte unter 10.000 und über 10.000 Einwohner an die Landräte 1933-1934

183 Bereisung der Städte zur Kontrolle der Gemeindeverwaltungen 1821-1851

184 Revision der Gemeindeverwaltung und Beschwerden über die Gemeindeverwaltung. Allgemeines 1887-1923
Enthält u.a.: Registraturplan für Amts- und Stadtverwaltungen nebst Anleitung zur Neueinrichtung einer Registratur, von F. Schräer, 1902.

Gemeindeverwaltungen
185 Bd 1 1893-1912
186 Bd 2 1912-1927
Enthält u.a.: Registraturplan für ländliche Gemeinden und Gutsverwaltungen, 1905.

187 Verhältnisse zwischen den Magistraten und den Landwehroffizieren sowie die Einberufung der militärpflichtigen Magistratsmitglieder zur Landwehr 1833-1846

188 Verfahren bei Ausstellung von Vollmachten durch die Kommunalbehörden zu materiellen Verfügungen über das Vermögen der Stadtgemeinden, namentlich in Auseinandersetzungssachen 1852

188/1 Schaffung von Organen zum Schutz der landwirtschaftlichen Interessen in den Städten 1867-1875

189 Ortsstatuten auf Grund des § 11 der Städteordnung vom 30. Mai 1853. Allgemeines 1881-1937

190 Ortsstatuten auf Grund des § 11 der Städteordnung vom 30. Mai 1853 1882-1923

Änderungen der Gemeinde- und Gutsbezirksgrenzen sowie die Einverleibung von Grundstücken
191 Bd 1 1881-1938
Enthält u.a.: Namensänderung der Stadt Nowawes in Babelsberg.
192 Bd 2 1935-1941

	Umgemeindungen am Nonnendamm bei Spandau	
193	Bd 1	1904-1907
194	Bd 2	1908-1909
195	Enteignungen. Allgemeines	1915-1945
196	Verwaltungsstreitsachen in Kommunalangelegenheiten. Allgemeines	1884-1886
	Verhandlungen der Brandenburgischen Städtetage	
197	Bd 1	1886-1898
198	Bd 2	1899-1908
199	Bd 3	1908-1913
200	Bd 4	1913-1933
201	Bd 5	1941-1944
	Allgemeine städtische Angelegenheiten	
202	Bd 1	1925-1929
203	Bd 2	1930-1934
204	Bd 3	1934-1945
205	Sicherung der kommunalen und privaten Archive	1930
206	Einziehung von Provinzialumlagen	1931-1933
208	Beflaggung der öffentlichen Gebäude Enthält u.a.: Übersichtsplan von Wittstock.	1926-1933
	Handakten über das Gemeindeprüfungsamt	
208/1		1927-1938
209		1935-1937
	Zeitungsausschnitte über Kommunalangelegenheiten	
210		1912-1913
211		1928-1929
	Handakten des Oberregierungsrats von Hoffmann über die allgemeine Kommunalaufsicht Bd 1-4 fehlen	
212	Bd 5	1939-1942
213	Bd 6	1944

1.1.5. Personal

215	Anstellung entlassener Magistratsmitglieder	1833-1859
216	Dienstkaution der Rechnungs- und Kassenbeamten bei den Magistraturen und bei den zum Ressort der I. Abteilung der Regierung gehörenden Kassen	1812-1828
217	Anstellung und Entlassung der städtischen unteren Beamten	1831-1851
218	Vermehrung des Kommunal-Unterbeamtenpersonals	1842
	Anstellung der mittleren und unteren Beamten des Magistrats in den Städten. Allgemeines	
219	Bd 1	1881-1899
220	Bd 2	1900-1912
221	Bd 3	1912-1928
222	Bd 4	1928-1937
223	Bd 5	1938-1945
	Anstellung der mittleren und unteren Beamten in den Städten	
	Bd 1 fehlt	
224	Bd 2	1898
	Bd 3 fehlt	
225	Bd 4	1900-1905
	Bd 5 fehlt	
	Bd 6 fehlt	
226	Bd 7	1913-1920
227	Bd 8	1921-1925
228	Bd 9	1925-1928
229	Bd 10	1928-1934
230	Bd 11	1935-1938
231	Bd 12	1939-1942
232	Bd 13	1943-1945
233	Summarische Übersicht der den staatlichen Subalternbeamten II. Klasse und den Unterbeamten gleichgestellten Kommunalbeamten	1911
234	Anstellung der unteren Beamten des Magistrats. Beschäftigung von Schwerbeschädigten	1927-1928

	Zentralverband der Gemeindebeamten und der Polizeisergeanten Preußens „Kameradschaft", Bund der Polizeibeamten Preußens	
235	Bd 1	1891-1912
236	Bd 2	1912-1931
237	Anstellung und Versorgung der Kommunalbeamten Enthält u.a. Druckschrift: Denkschrift über die Lage der Gemeindebeamten Preußens, Berlin 1907.	1907
237/1	Verband der Kommunalbeamten und Angestellten Preußens e.V., Bezirksgruppe Brandenburg-West	1930-1931
238	Berichte der Unterbehörden über die Beteiligung der Gemeindebeamten an Konsumvereinen	1900
239	Prüfung der mittleren Kommunalbeamten	1906-1930
243	Durchführung der Anstellungsgrundsätze bei den Gemeinden und Gemeindeverbänden. Allgemeines	1932-1944
	Durchführung der Anstellungsgrundsätze bei den Gemeinden und Gemeindeverbänden	
244	Bd 1	1931-1934
245	Bd 2	1934-1935
246	Bd 3	1936
247	Bd 4	1937
248	Bd 5	1936-1937
249	Bd 6	1937-1938
250	Bd 7	1939-1940
251	Bd 8	1940-1944
252	Handakte des Regierungsinspektors Bassy über Anstellungsgrundsätze	1919-1942
	Berücksichtigung invalider Militärpersonen bei Besetzung städtischer Posten sowie Einreichung von Nachweisungen bei Anstellung von Invaliden durch die Magistrate	
253	Bd 1	1820-1832
254	Bd 2	1833-1838
255	Bd 3	1838-1843
256	Bd 4	1843-1847
257	Bd 5	1848-1852
258	Bd 6	1852-1864

259	Angelegenheiten der Militärpensionäre	1883-1897
260	Anstellung verabschiedeter Offiziere im Kommunaldienst	1909-1933
266	Verzeichnis der den Versorgungsanwärtern vorbehaltenen Stellen	1935-1940
267	Nachweisung über die Zahl der für Militäranwärter, Anwärter des Reichsarbeitsdienstes und Versorgungsanwärter freigehaltenen Beamtenstellen	1942-1944
273	Nachweisung über die mit Versorgungsanwärtern besetzten Stellen 1934-1935	1935-1936
274	Nachweisung über die mit Versorgungsanwärtern besetzten Stellen 1936	1936-1937
	Beschäftigung von Schwerbeschädigten	
277	Bd 1	1931-1937
278	Bd 2	1938-1944
279	Sammlung über die Beschäftigten von Schwerkriegsbeschädigten in den Städten	1929
280	Sammlung zu der Nachweisung der von den Städten und Kreisen im Regierungsbezirk Potsdam beschäftigten Schwerbeschädigten	1930-1934
281	Durchführung des Gesetzes zur Wiederherstellung des Berufsbeamtentums in den Städten. Allgemeines	1933-1936
282	Durchführung des Gesetzes zur Wiederherstellung des Berufsbeamtentums	1933-1935
	Unterbringung „alter Kämpfer der Bewegung"	
	Bd 1 fehlt	
283	Bd 2	1934-1935
	Abordnungen von Personal in bombardierte Städte	
284	Bd 1	1942-1943
285	Bd 2	1943
286	Bd 3	1943-1944
287	Bd 4	1944
288	Bd 5	1944-1945

	Abordnungen von Beamten und Angestellten in den Osten	
289	Bd 1	1940-1942
290	Bd 2	1940
291	Bd 3	1940-1941
292	Bd 4	1941
293	Bd 5	1942
294	Bd 6	1942-1943
295	Bd 7	1943-1945
296	Gesamtabrechnung der vorgeschossenen Dienstbezüge für die in den Osten abgeordneten Beamten und Angestellten	1940-1942
297	Personalbedarf aus den Städten für den Osten und Westen	1940
298	Namhaftmachung von Beamten für die Verwendung in den eingegliederten Ostgebieten	1941
299	Personalbedarf für den Osten	1941-1942
300	Abordnung von Beamten und Angestellten der Kreisverwaltungen Niederbarnim und Teltow und der Stadtverwaltung Brandenburg (Havel) in den Osten	1940-1941
301	Abordnungen von Bautrupps in den Osten	1942-1943
	Anwendung des Gesetzes vom 25. Apr. 1835 über Beleidigungen auf die Kommunalbeamten	
302	Bd 1	1835-1842
303	Bd 2	1843-1847
304	Ressortverhältnisse bei den auf Grund des § 16 der Verordnung vom 24. Jan. 1844 von Kommunalbeamten eingelegten Rekursen	1857
305	Disziplinarangelegenheiten der Beamten der Gemeinden und Gemeindeverbände. Allgemeines	1932-1937
306	Nebenerwerb der Kommunalbeamten in den Städten	1905
	Versicherungspflicht der Kommunalbeamten in den Städten (Angestelltenversicherung)	
307	Bd 1	1912-1914
308	Bd 2	1915-1921
309	Bd 3	1922-1931
310	Bd 4	1932-1937

311	Bd 5	1938-1939
312	Bd 6	1939-1941
313	Beschwerden in verschiedenen Gemeindeangelegenheiten	1881-1939
	Anstellung der Waisenräte in den Städten und Kreisen für Angelegenheiten der Waisen- und Vormundschaftspflege. Allgemeines	
314	Bd 1	1895-1910
315	Bd 2	1911-1918
316	Waisenräte. Allgemeines Bd 2	1909
	Anstellung der Waisenräte Bd 1-2 fehlen	
317	Bd 3	1903-1918
317/1	Tranksteuer-Benefizien für die Magistratspersonen in den ehemals sächsischen Städten	1820-1828
318	Berechtigung der Magistratsmitglieder zur Erhebung von Sporteln	1842-1852
319	Pensionierung städtischer Beamter. Allgemeines	1851-1918
320	Pensionierung städtischer Beamter	1881-1911
321	Verbesserung von Schulstellen und Lehrergehältern	1856-1877
322	Bestimmungen über die Bewilligung der Diäten und Fahrkosten der Magistratsbeamten	1857-1871
	Neuregelung der Bezüge der Gemeindebeamten und ihrer Hinterbliebenen in den Städten. Allgemeines	
323	Bd 1	1920-1929
324	Bd 2	1930-1936
325	Bd 3	1936-1938
326	Bd 4	1938-1941
326/1	Bd 5	1941-1945
	Neuregelung der Bezüge der Gemeindebeamten und ihrer Hinterbliebenen in den Städten	
327	Bd 1	1920-1922
328	Bd 2	1922-1923
329	Bd 3	1924-1929

330	Bd 4	1930-1934
331	Bd 5	1935-1938
332	Bd 6	1939-1941
333	Bd 7	1941-1943
	Besoldungsaufwand der Stadtgemeinden	
334		1922
334/1		1923
	Besoldungsaufwand der Stadtgemeinden	
335	Bd 1	1931
336	Bd 2	1931
337	Nachweisungen über die Besoldung der leitenden Kommunalbeamten der Städte	1930-1931
338	Besoldung der Sparkassenleiter. Allgemeines	1934-1938
339	Einstufung von Bürgermeisterstellen in Städten unter 10.000 Einwohner	1937-1939
	Überführung von überalterten Zivilanwärtern und Dauerangestellten in das Beamtenverhältnis	
6372		1938
6373		1938
346	Dauerangestellte in Gemeinden und Gemeindeverbänden	1938-1942
347	Betreuung der Behördenbediensteten aus dem Freimachungsgebiet im Westen	1939-1944
	Witwen- und Waisenfürsorge für städtische Beamte, Unfallfürsorge	
348	Bd 1	1883-1929
349	Bd 2	1887-1933
352	Durchführung des Betriebsrätegesetzes vom 4. Febr. 1920 und der Preußischen Ausführungsverordnung vom 3. März 1920. Allgemeines	1920-1935
353	Durchführung des Betriebsrätegesetzes vom 4. Febr. 1920	1920-1924

1.1.6. Etablissements- und Ortsnamen, Ortschaftsverzeichnisse, Statistik

	Beilegung besonderer Namen für neu entstandene Etablissements	
354	Bd 1	1809-1821
355	Bd 2	1822-1826
356	Bd 3	1827-1836
357	Bd 4	1837-1841
358	Bd 5	1842-1844
359	Bd 6	1845-1848
360	Antrag des Bankiers Alexander Itzig zu Prenzlau auf Benennung eines auf der Prenzlauer Feldmark neu zu errichtenden Vorwerks mit dem Namen Alexanderhof	1840-1855
	Beilegung besonderer Namen für neu entstandene Etablissements	
361	Bd 7	1849-1855
362	Bd 8	1856-1860
363	Bd 9	1861-1872
364	Statistische Nachweisungen der Etablissementsneubildungen in den Jahren 1808-1818	1818-1819
365	Nachweisung durch die landrätlichen Behörden über die auf dem platten Lande 1808-1818 entstandenen neuen Familienhäuser, die Bewohner und deren Nahrungserwerb	1818-1819
366	Bezeichnung der Dörfer und Flecken mit ihrem Namen, dem Namen des Kreises und des Landwehrregiments für die Anfertigung von Ortstafeln	1820-1869
367	Nachweisung der neu entstandenen und benannten Wohnplätze und Anlagen (Etablissements) im Regierungsbezirk Potsdam Enthält u.a.: Gründung von Etablissements, z.B. Mühlen, Ziegeleien, Ackergehöfte, Vorwerke, Gipsöfen. - Ortsnamenverzeichnisse.	1851-1900
	Verhandlungen und Zeichnungen über die im Jahre 1864 im Regierungsbezirk Potsdam entstandenen oder neu benannten baulichen Anlagen (Ziegeleien, Kalköfen und Etablissements)	
368	Bd 1	1863-1864
368/1	Bd 2	1864

	Bestimmungen über die neu anzulegenden Etablissements	
	Bd 1 fehlt	
369	Bd 2	1863-1929
370	Bd 3	1930-1936
371	Bd 4	1936-1944
	Enthält u.a. (für alle Bände): Nachweisungen über die neu entstandenen Anlagen. - Ortsnamensänderungen. - Benennung der Straßen, Plätze und Brücken.	
	Ortsbenennungen, Benennung von Straßen, Plätzen und Brücken	
372	Bd 1	1897-1902
373	Bd 2	1903-1913
374	Bd 3	1913-1944
	Verzeichnisse von in anderen Regierungsbezirken gelegenen Ortschaften	
	Bd 1 fehlt	
375	Bd 2	1818-1819
376	Bd 3	1819-1824
377	Bd 4	1824-1847
	Topographische Verzeichnisse der Kreise für die landrätlichen Behörden zur Zusammenstellung einer gründlichen und vollständigen Topographie von ganz Preußen	
377/1		1816-1828
377/2		1817-1818
	Anfertigung eines neuen Ortschaftsregisters des Regierungsbezirks Potsdam und die Herausgabe von Kreiskarten	
378	Bd 1	1837-1841
379	Bd 2	1842-1857
380	Bd 3	1858-1859
381	Bd 4	1860
382	Bd 5	1860-1866
383	Bd 6	1867-1871
384	Nachweisungen über die Anzahl der Mühlen und Feuerstellen in den Städten und ländlichen Ortschaften sowie über die während des Krieges zerstörten und unbrauchbar gewordenen Brücken	1809-1816
385	Statistik	1924-1941
	Enthält u.a.: Ergebnisse der Volks- und Berufszählungen von 1939 in den Stadt- und Landgemeinden.	
386	Allgemeine Beschreibung der Stadt- und Landkreise	1944

1.1.7. Landes-, Kreis- und Bezirksgrenzen

387	Kurmärkische Enklaven im Gebiet nichtpreußischer Staaten	1809
388	Verordnungen gegen die unbefugte Veränderung der Landesgrenzen Enthält u.a.: Instandhaltung der Grenzzeichen.	1847-1924
389	Landesgrenzsachen im allgemeinen	1904-1923
	Regulierung der Landesgrenze zwischen dem herzoglich anhaltischen Landesgebiet und dem Kreise Zauch-Belzig	
390	Bd 1	1832-1865
391	Bd 2	1866-1937
392	Regulierung der Grenzen auf dem zwischen dem Dorfe Gaarz und dem lüneburg- und hannoverschen Gebiete liegenden Brandlebenschen Werder	1821-1824
393	Berichtigung der preußisch-hannoverschen Landesgrenze zwischen Schnackenburg und Lütkenwisch	1839-1841
394	Austausch der in der Kurmark liegenden mecklenburg-schweriner Ortschaften Rossow, Schönberg, Netzeband und der mecklenburg-strelitzer Orte Fürstenberg sowie Steinförde gegen die preußischen Ortschaften Lindow und Krumbeck, Verkehr auf der Elbe und Oder	1810-1816
395	Antrag des Grafen von Königsmark auf Tausch der mecklenburgischen Ortschaften Netzeband, Rossow und Schönberg mit Ortschaften Pankow, Redlin, Jännersdorf, Telschow, Drenkow, Suckow und Porep	1821
	Erneuerung der Grenze zwischen Mecklenburg-Strelitz und dem im Kreis Ruppin gelegenen Zechliner Amtsdorf Altglobsow sowie zwischen Burow und Buchholz	
396	Bd 1	1824-1843
397	Bd 2	1877-1929
398	Grenzregulierung zwischen den Feldmarken des Dorfes Altthymen im Kreise Templin und des mecklenburgischen Dorfes Godendorf	1831-1862

	Regulierung der Hoheitsverhältnisse über die Dörfer Suckow, Porep und Drenkow zwischen der Regierung Potsdam und der Regierung von Mecklenburg-Schwerin Bd 1-2 fehlen	
399	Bd 3	1863-1889
400	Bd 4	1903-1928
401	Regulierung der Grenze zwischen Mecklenburg und den preußischen Ortschaften Sagast und Muggerkuhl	1832-1833
402	Erneuerung der Landesgrenze zwischen der mecklenburg-strelitzischen Meierei Buschhof und den brandenburgischen Ortschaften Zempow und Sewekow	1837
403	Feststellung der Landesgrenzen zwischen Preußen und Mecklenburg-Strelitz unterhalb Bredereiche	1840-1841
	Feststellung der Landeshoheitsverhältnisse der Mühlen und deren Bewohner zu Quaßlin, Dresenow und Wilsen	
404	Bd 1	1850-1879
405	Bd 2	1882-1912
	Erneuerung der Landesgrenze zwischen den Kreisen Ost- und Westprignitz und dem Großherzogtum Mecklenburg-Schwerin	
406	Bd 1	1863-1885
407	Bd 2	1885-1910
	Landesgrenze zu Mecklenburg-Strelitz am Narchower- und Pälitz-See	
408	Bd 1	1863-1902
409	Bd 2	1903-1934
410	Landesgrenze zu Mecklenburg-Schwerin zwischen Warnow und Krinitz an der Meyn	1865-1891
411	Hoheitsrechte über den Clansee an der Grenze zu Mecklenburg-Strelitz	1865-1866, 1929
412	Regulierung der oberen Havel und der Grenze (Landesgrenze an der Sichelhavel und am Schwedt-See) von Fürstenberg (Havel) bis Zehdenick	1875-1905
413	Regulierung der Staatsgrenze zu Mecklenburg-Strelitz bei der Mühle Kolbatz im Kreise Templin	1877-1923

414	Regulierung der Landesgrenze zu Mecklenburg-Strelitz zwischen Hasselförde, Triepkendorf, Mechow, Rutenberg und Beenz sowie Thomsdorf und Carwitz	1881-1892
415	Regulierung der Landesgrenze zwischen Jännersdorf und Wahlstorf	1885-1926
416	Regulierung der Landesgrenze zwischen Katerbow und dem Gute Netzeband	1887-1914
417	Landesgrenze zwischen der mecklenburgischen Domanialmeierei Grauenhagen und dem zu Preußen gehörenden Fürstenwerderschen See	1888-1892
418	Regulierung der Landesgrenze zu Mecklenburg-Strelitz auf der Strecke vom Torgelow-See bis zu der Stelle, wo die Gebiete von Mechow, der Stadt Lychen und der Grafschaft Boitzenburg zusammenstoßen	1893-1900
419	Regulierung der Landesgrenze zwischen den Gütern Großmenow im Kreise Ruppin und Kleinmenow im Großherzogtum Mecklenburg-Strelitz und dem Forstamt Steinförde	1901-1912
420	Feststellung der Landesgrenze zwischen fiskalischen Wiesenparzellen der Gemarkung Hammelspring und der zum Gute Barsdorf gehörenden Wiese auf dem linken Havelufer	1901-1913
421	Feststellung der Landesgrenze zwischen den mecklenburg-schweriner Gutsfeldmarken Mentin und Griebow und der preußischen Feldmark Sagast sowie Baarz und Gaarz im Kreise Westprignitz	1912-1931
422	Landesgrenze bei Neu Sagast und Gut Muggerkuhl im Kreise Westprignitz und Neu-Ruhn in Mecklenburg-Schwerin	1921-1924
423	Landesgrenze auf dem Wentow-See zwischen Preußen (Kreis Templin) und Mecklenburg	1922
424	Durchführung des Gesetzes über Groß-Hamburg und andere Gebietsbereinigungen vom 26. Jan. 1937 zu Mecklenburg im Hinblick auf die Grenze	1937-1939
425	Regulierung der Landesgrenze zwischen dem Ländchen Bärwalde und dem Territorium von Kursachsen	1771-1812

426	Berichtigung der Landesgrenze zwischen der Zossener Forst und dem ersten und zweiten Anteil der neusächsischen Grafschaft Baruth	1801-1832
427	Kommissionsakte des Geheimen Kriegs- und Domänenrats von Könen und des Kriegs- und Domänenrats von Winterfeld in der Landesgrenzsache mit Kursachsen wegen der Markgrafenheide	1802-1811
428	Kommissionsakte des Regierungsrats Weil und des Forstmeisters Schulz über die Regulierung der Landesgrenze zwischen der Feldmark Wollin und dem sächsischen Dorf Groß Briesen	1806-1812
429	Differenzen zwischen Sachsen und Brandenburg wegen Torfgräbereien im Sawallischen Luch, Amt Trebatsch, im Hinblick auf die Grenzen, Hütungs- und andere Befugnisse	1810-1811
430	Kommissionsakte des Regierungsrats Weil über die Regulierung der Grenzen zwischen Plessow und Klaistow	1811-1812
	Regulierung der Landesgrenze nach Kursachsen zwischen dem von Rochowschen Gute Golzow und dem Dippmannsdorfer Forst sowie von der Temnitz bis Zossen Bd 1-2 fehlen	
431	Bd 3	1812-1813
432	Kommissionsakten des Geheimen Regierungsrats Heinsius, des Regierungsrats Weil und des Forstmeisters Schulz über die Regulierung der Landesgrenze von der Temnitz bei Golzow bis Hackenhausen, zwischen der Zossener Forst und der Herrschaft Baruth und bei den Arnstedter Gütern Hackenhausen und Möllendorf	1811-1812
433	Regulierung der Landesgrenze zwischen dem preußischen Dorfe Groß Beuchow und den sächsischen Besitzungen	1812-1814
434	Geheime Zurücksendung von Akten durch das Staatsarchiv an das Ministerium für auswärtige Angelegenheiten über Landesstreitigkeiten zwischen der Mark Brandenburg und Sachsen	1818
435	Grenzstreitigkeiten zwischen dem Königreich Westfalen und dem preußischen Staat wegen eines im Nuthefließ versenkten Kahns bei dem Grünberger Forstrevier	1809

436	Verlangen des westfälischen Geschäftsträgers nach Entsagung jeden Anspruchs auf die Landeshoheit über die zur Stadt Schnakkenburg gehörenden und am Elbufer gelegenen Wiesen	1811-1812
437	Ansprüche der westfälischen Behörden auf die Fischereien am rechten Elbufer sowie auf weitere dem preußischen Staat zustehende Nutzung	1811-1814
438	Ausgleich der Departementsgrenze mit der Regierung zu Stettin	1816-1870
439	Wiederherstellung der altgeschichtlichen Provinzial- und Kreisgrenzen	1828-1831
	Prüfung der Grenzen des Regierungsbezirks Potsdam und der Kreisgrenzen sowie die Überprüfung der Grenztafeln	
440	Bd 1	1833- 1881
441	Bd 2	1882- 1919
442	Bildung eines Kreises aus den Bestandteilen der ehemaligen Herrschaft Schwedt	1895

1.1.8. Wappen und Siegel

	Bestimmungen über Dienstsiegel der Magistrate und Ortsbehörden	
	Bd 1 fehlt	
443	Bd 2	1882-1938
	Ortswappen und Siegel	
443/1	Bd 1	1827-1882
444	Bd 2	1882-1901
445	Bd 3	1902-1911
446	Bd 4	1912-1930
447	Bd 5	1931-1937
448	Bd 6	1938-1941

1.2. Vermögensverwaltung

1.2.1. Allgemeines

	Bestimmungen über das Kreisvermögen, Kreishaushaltsvoranschläge und Kreisverwaltungsberichte	
449	Bd 1	1829-1833
450	Bd 2	1874-1904
451	Bd 3	1905-1945
	Kreisvermögen	
452	Bd 1	1888-1910
453	Bd 2	1910-1936
454	Nachweisungen über den Schuldenstand der Kreise	1904
455	Berichte über die Verschuldung der Kreise, Städte und Landgemeinden für 1905	1905
456	Kreisständehäuser	1868
	Statistische Nachrichten über die Einnahmen und Ausgaben der Kreisverbände und deren Vermögens- und Schuldenstand	
	Bd 1 fehlt	
457	Bd 2	1880-1882
458	Durchführung des Gesetzes über die Überweisung weiterer Dotationsrenten an die Provinzialverbände vom 2. Juni 1902	1902-1911
	Dotation der Kreisverbände gemäß dem Gesetz vom 20. Apr. 1873	
	Bd 1 fehlt	
459	Bd 2	1900-1923
460	Überweisung von Beträgen aus landwirtschaftlichen Zöllen an die Kommunalverbände. Allgemeines	1886-1891
461	Überweisung von Beträgen aus landwirtschaftlichen Zöllen an die Kommunalverbände	1886-1895
462	Verwendung der aus landwirtschaftlichen Zöllen eingehenden Beträge	1890-1891

462/1 Ritterakademie in Brandenburg (Havel) 1859-1862
Enthält u.a.: Aufbringung der Unterhaltungskosten durch die Kreise.

463 Benutzung und Verwaltung des städtischen Vermögens, städtische Bauten. Allgemeines 1870-1921

464 Benutzung und Verwaltung des städtischen Vermögens 1881

Höhere Lehranstalten in den Städten
465 Bd 1 1917-1931
466 Bd 2 1932-1944

1.2.2. Verwaltungsberichte, Etats- und Rechnungs-Sachen

467 Etats- und Rechnungswesen in den Landgemeinden. Allgemeines 1891-1944

Etats- und Rechnungswesen in den Landgemeinden
468 Bd 1 1902-1929
469 Bd 2 1930-1939

470 Verwaltung des Vermögens der Landgemeinden 1907-1908

471 Revision der Gemeindekassen und Gemeinderechnungen 1893-1928

472 Einreichung von Verhandlungen über Kassenrevisionen und von Kassenabschlüssen durch die Magistrate 1811-1812

473 Jährliche Einreichung von Rechnungsextrakten über die Verwaltung des städtischen Vermögens durch die Magistrate 1810-1852

474 Revision der städtischen Rechnungen durch die Magistrate 1834-1835

Revision der städtischen Kassen. Allgemeines
475 Bd 1 1821-1842
476 Bd 2 1843-1887

478 Rechnungsentlastung und Prüfung der städtischen Kassen. Allgemeines 1882-1943

479 Instruktionen über das Kassenwesen der Stadtgemeinden 1880-1894

	Stadtkassen	
	Bd 1 fehlt	
482	Bd 2	1911-1931
483	Zurückzahlung eines im Jahre 1777 geliehenen Darlehns von 100.000 Rtlr. aus der Städtekasse und deren Verteilung an die durch die Zeitereignisse am meisten betroffenen kleinen Städte durch die Kreditinstitute	1821-1827
485	Städtische Kassen unter der Aufsicht des Magistrats und der Stadtverordneten	1840-1846
486	Verfahren bei Kündigung von Bankobligationen durch die Magistrate	1840-1843
487	Ermittlung der finanziellen- und Schuldenzustände der Gemeinden	1851-1852
488	Übersicht der Einnahmen und Ausgaben der Stadt- und Fleckengemeinden	1870
	Instruktionen über die Einrichtung des Etats, Kassen- und Rechnungswesens	
	Bd 1 fehlt	
489	Bd 2	1865-1881
490	Berichte auf die Verfügung vom 1. Febr. 1857 über die Instruktion über das städtische Haushalts-, Kassen- und Rechnungswesen	1857-1863
491	Einreichung der Haushaltspläne und Verwaltungsberichte	1863-1881
	Kommunalhaushaltspläne und Verwaltungsberichte. Allgemeines	
492	Bd 1	1883-1912
493	Bd 2	1913-1929
	Bd 3 fehlt	
494	Bd 4	1935-1936
495	Bd 5	1936-1938
496	Bd 6	1939-1940
497	Bd 7	1941-1943
498	Bd 8	1943-1945
	Kommunalhaushaltspläne und Verwaltungsberichte	
	Bd 1-3 fehlen	
499	Bd 4	1927-1930

500	Bd 5	1931-1933
501	Bd 6	1932-1934
502	Bd 7	1934-1935
503	Bd 8	1936-1937
504	Bd 9	1938
505	Bd 10	1939-1940
506	Bd 11	1940-1943
507	Bd 12	1943-1945
508	Liquidierung der englischen Gasgesellschaft	1915-1918
509	Sammelanzeigen über das Gemeindevermögen Enthält u.a.: Vermögen, Industriebelastung und Auslandsverschuldung der Gemeinden.	1926
510	Nachweisung der aufgenommenen Anleihen der Städte, Gemeindehaushalt, Fehlbeträge	1929-1930
510/1	Finanzlage der Gemeinden und Gemeindeverbände	1938
511	Durchführung des Arbeitsbeschaffungsprogramms in den Landkreisen, Städten und Gemeinden	1933-1934
	Finanzielle Leistungen der Gemeinden an die NSDAP und ihre Gliederungen	
512	Bd 1	1934-1936
513	Bd 2	1936-1937
514	Bd 3	1937-1939
515	Bd 4	1940-1943
516	Neuverschuldung der Stadt- und Landkreise	1934
517	Beihilfen an Gemeinden und Gemeindeverbände aus staatlichen und sonstigen öffentlichen Mitteln. Allgemeines	1930-1937
	Beihilfen an Gemeinden und Gemeindeverbände aus staatlichen und sonstigen öffentlichen Mitteln	
519	Bd 1	1931-1934
520	Bd 2	1935-1937
521	Erklärung von Gemeinden zu Notstandsgemeinden	1934
522	Kreditausschußangelegenheiten	1930-1932

Rep. 2 A Regierung Potsdam I Kom

523	Reichsfinanzstatistik. Allgemeines	1931-1944
524	Reichsfinanzstatistik	1931-1942
525	Halbjahresausweise zur Reichsfinanzstatistik	1931-1936
526	Durchführung der Gemeindefinanzverordnung. Allgemeines	1932-1945
527	Durchführung der Gemeindefinanzverordnung	1933-1945
528	Gemeindeprüfungsämter für die Städte	1934
	Durchführung des Gemeindeumschuldungsgesetzes. Allgemeines	
529	Bd 1	1933-1937
530	Bd 2	1937-1943
531	Durchführung des Gemeindeumschuldungsgesetzes	1938-1945
532	Kriegsbeitrag der Gemeinden. Allgmeines	1939-1944
533	Kriegsbeitrag der Gemeinden	
	Bd 1	1939-1940
	Bd 2	1941-1944
535	Kreisfürsorge für Umsiedler. Allgemeines	1940-1945
	Kreisfürsorge für Umsiedler	
536	Bd 1	1940-1941
537	Bd 2	1941
538	Bd 3	1941-1942
539	Bd 4	1942
540	Bd 5	1942-1943
541	Bd 6	1943-1945
541/1	Streitfälle zwischen Kirchengemeinden und politischen Gemeinden im Regierungsbezirk Potsdam wegen finanzieller Leistungen an Kirchengemeinden	1941
542	Landesverkehrsverbände und Fremdenverkehr. Allgemeines	1933-1941
543	Landesverkehrsverbände und Fremdenverkehr	1933-1945
544	Ablösung öffentlicher Anleihen der Stadtgemeinden und Gemeindeverbände sowie der Landgemeinden. Allgemeines	1925-1930

	Ablösung öffentlicher Anleihen der Stadtgemeinden und Gemeindeverbände sowie der Landgemeinden	
545	Bd 1	1925
546	Bd 2	1925-1926
547	Bd 3	1926-1937
	Aufwendungen der Gemeinden und Gemeindeverbände für die Kriegswohlfahrtspflege und deren Erstattung durch das Reich	
548	Bd 1	1926-1927
549	Bd 2	1928
550	Stand der Anleiheablösung der Städte, Kreise und Landgemeinden	1927-1929
551	Geschäftskreis und Tätigkeit des Treuhänders für die Ablösung der Markanleihen der Stadtgemeinden	1925-1926
552	Geschäftskreis und Tätigkeit des Treuhänders für die Ablösung der Markanleihen der Landkreise und Landgemeinden	1925-1927
553	Goldwert der Inflationsanleihen	1926-1927
554	Aufwertungskalender für Gläubiger und Schuldner	1925-1928
555	Finanzangelegenheiten der Gemeinden Enthält u.a.: Haushaltspläne und Steuerverteilungsbeschlüsse.	1926-1935
556	Durchführung der Gemeindehaushaltsverordnung. Allgemeines	1934-1940
	Handakten des Regierungsinspektors Guhl mit Verfügungen über Finanzen und Steuern der Gemeinden	
557		1935-1938
557/1		1940-1945

1.3. Abgaben, Lasten

1.3.1. Allgemeines

558	Beilagen zu den Nachweisungen des Grundvermögens in der Mittelmark, Uckermark und Prignitz Enthält u.a.: Abgaben an Geistliche und Schullehrer. - Hufen- und Giebelschoß und andere Abgaben. - Grundflächen. - Saatflächen. - Viehstatistik. - Größe und Ertrag der Forsten. - Gebäude.	1797-1814

	Aufhebung der Leistungen und Abgaben der Kommunen in den Mediatstädten an ihre Grundherrn	
	Bd 1 fehlt	
559	Bd 2	1809-1831
560	Berichte auf Grund des Zirkulars vom 17. Mai 1810 über den Abzug der Kommunalbeiträge von der Besoldung der Staatsbeamten und die Ablieferung an die Stadtkassen	1810-1811
	Abzug der Kommunalbeiträge von der Besoldung der Staatsbeamten und Ablieferung an die Stadtkasse	
559/1	Bd 1	1810-1811
561	Bd 2	1811-1814
562	Bd 3	1815-1878
563	Bestimmungen über Abzüge vom Gehalt der bei Gläubigern verschuldeten Beamten und Pensionäre	1812
564	Kommunalabgaben in sämtlichen Städten	1814-1837
	Die direkte Kommunalbesteuerung der Städte	
565	Bd 1	1814-1840
566	Bd 2	1842-1877
	Feststellung der Grundsätze bei der Verteilung der Kommunallasten auf dem platten Lande und die ländlichen Kommunalverhältnisse	
567	Bd 1	1815-1840
568	Bd 2	1841-1846
569	Bd 3	1847-1871
570	Bd 4	1872-1876
571	Nachweisungen über die finanzielle Lage der Kreise	1817-1818
573	Rückerstattung der Kommunalsteuer für das in den Militärspeiseanstalten verwendete Fleisch	1824-1884
574	Städtische Kommunalverwaltung	1829
575	Vergleich der Kommunalabgaben mehrerer Städte	1831
576	Aufbringung der Kreislasten und die Kreis-Kommunalhilfe	1831-1841
577	Grundsätze zur Regulierung der Kommunalabgaben	1833

578	Einstellung von Nachforschungen über die Verbreitung unwahrer Gerüchte über Abgabenerhöhungen	1840
	Veränderungen im Remissionswesen und Ausarbeitung eines neuen Remissionsreglements Bd 1 fehlt	
579	Bd 2	1842-1846
580	Mitteilung an die Provinzialstände über die bestehenden Abgaben und Steuern	1841
581	Ausführung der von einem Teil der aufgelösten Nationalversammlung beschlossenen Steuerverweigerung Enthält u.a.: Steuerverweigerung in Neuruppin.	1848-1849
582	Aufhebung der subsidiarischen Verbindlichkeit der servispflichtigen Städte zur Tragung der Kriminalkosten	1850-1853
583	Anwendung des administrativen Strafverfahrens bei Hinterziehungen städtischer Gefälle	1853-1860
	Beitragsleistungen zu Provinzial-, Kreis- und Ortskommunal- sowie zu Kirchen- und Schulzwecken durch die Eingesessenen	
584	Bd 1	1856-1866
585	Bd 2	1871-1878
585/1	Bd 3	1879-1884
	Beitragsleistungen zu Provinzial-, Kreis- und Ortskommunal- sowie zu Kirchen- und Schulzwecken	
586	Bd 1	1883-1884
587	Bd 2	1891-1892
588	Korrespondenz zur Übersicht der Einnahmen und Ausgaben der Stadtgemeinden	1869-1873
589	Heranziehung der juristischen Personen zu den Kommunalsteuern der Landgemeinden	1877
	Erhebung der Gemeindesteuern und Beschwerden darüber. Allgemeines Bd 1 fehlt	
590	Bd 2	1905-1907
591	Bd 3	1907-1925

	Erhebung der Gemeindesteuern und Beschwerden darüber	
	Bd 1 fehlt	
592	Bd 2	1905-1910
593	Bd 3	1910-1938
594	Steuerfreiheit der öffentlichen Versicherungsträger	1910
595	Genehmigungen zur Erhebung von Kreisabgaben	1897-1903
596	Kreis- und Provinzialabgaben. Allgemeines	1906-1941
	Kreis- und Provinzialabgaben	
597	Bd 1	1906-1924
598	Bd 2	1925-1942
	Genehmigung zur Erhebung von Kreisabgaben über 50%	
	Bd 1-2 fehlen	
599	Bd 3	1906-1922
600	Finanzämter und Finanzamtsbezirke	1924-1929
	Kommunalbesteuerung der Städte	
601	Bd 1	1854-1873
602	Bd 2	1873-1881
603	Bd 3	1878-1887
604	Berichte auf Grund der Zirkularverfügung vom 26. Nov. 1880 über die von den Eisenbahnunternehmungen gezahlten Gemeindeabgaben	1880-1881
	Erhebung der Gemeindesteuern und Beschwerden darüber. Allgemeines	
	Bd 1-2 fehlen	
605	Bd 3	1881-1890
606	Bd 4	1891-1894
607	Bd 5	1894-1895
608	Bd 6	1895-1899
609	Bd 7	1900-1906
610	Bd 8	1906-1911
611	Bd 9	1911-1920
612	Bd 10	1921-1935
	Bd 11 fehlt	
613	Bd 12	1938-1944

614	Durchführung der Novelle zum Kommunalabgabengesetz. Allgemeines	1913-1914
	Erhebung der Gemeindesteuern und Beschwerden darüber Bd 1-8 fehlen	
615	Bd 9	1925-1928
616	Bd 10	1929-1932
617	Bd 11	1932-1934
618	Bd 12	1935-1941
	Soll der Beträge an Grundvermögensteuer und Gewerbesteuer Bd 1 fehlt	
619	Bd 2	1926-1927
622	Erhebung über Realsteuern	1932
625	Osthilfeentschuldungsbriefe der Gemeinden und Städte	1934-1936
	Gegenseitige Besteuerungsrechte des Reiches, der Länder und Gemeinden. Allgemeines	
626	Bd 1	1925-1941
627	Bd 2	1942-1944
	Gegenseitige Besteuerungsrechte des Reiches, der Länder und Gemeinden	
628	Bd 1	1927-1945
629	Bd 2	1941-1945
630	Berechnungsbogen und Zahlungsanweisungen aus den Verwaltungskostenzuschüssen der Reichsbahn und Reichspost	1931-1935
631	Handakten über das Finanzausgleichsgesetz	1923-1939
632	Preußischer Finanzausgleich	1938-1942

1.3.2. Einzelne Abgaben

633	Einkommensteuer, Umsatzsteuer und sonstige Reichssteuern in den Städten. Allgemeines	1925-1945
634	Einkommensteuer in den Städten	1926-1930

635 Kriegsbeitrag der Gemeinden 1939-1944
Enthält u.a.: Zusammenstellungen über den von den Stadt- und Landkreisen ausgezahlten Reichsanteil an den Kosten des Familienunterhalts.

Verteilung des Anteils der Reichseinkommensteuer und sonstiger Steuern auf die Kreise, Städte und Landgemeinden. Allgemeines
636 Bd 1 1920-1926
637 Bd 2 1926-1945

Verteilung des Anteils der Reichseinkommensteuer, Umsatzsteuer usw. auf die Kreise, Städte, Landgemeinden und Gutsbezirke
Bd 1-9 fehlen
638 Bd 10 1925-1926
639 Bd 11 1926-1928
640 Bd 11a 1926-1928
641 Bd 12 1928-1930
642 Bd 13 1931-1932
643 Bd 14 1932-1933
644 Bd 15 1933-1934
645 Bd 16 1935
646 Bd 17 1936-1939
647 Bd 18 1937-1938

648 Reichssteuerverteilung auf die Kreise, Städte, Landgemeinden und Gutsbezirke 1944-1945

Berichte über die Verteilung der Reichseinkommensteuer, Umsatzsteuer usw. auf die Kreise, Städte, Landgemeinden und Gutsbezirke
Bd 1 fehlt
649 Bd 2 1922

650 Sonderausschüttung von Steuerüberweisungen in Schuldverschreibungen 1934-1935

651 Mitteilung der Verteilungspläne durch die Finanzämter für die Feststellung der Anteile an dem Einkommensteuersoll 1922-1931
Enthält u.a.: Steuerveranlagung von Firmen.

Verteilungsschlüssel für die Reichssteuerüberweisungen
653 für das Rechnungsjahr 1926 1926-1927
663 für das Rechnungsjahr 1936 1936-1937

	Zahlungsanweisungen bei der Reichssteuerüberweisung	
667	für das Rechnungsjahr 1926	1926-1927
677	für das Rechnungsjahr 1936	1936-1937
680	Verteilungsschlüssel für die Schlüsselzuweisungen für das Rechnungsjahr 1939 Enthält u.a.: Übersichtsplan von Petershagen an der Ostbahn, 1925.	(1925) 1939-1940
687	Verteilungsschlüssel und Kassenanweisungen der Schlüsselzuweisungen für den Provinzialverband Mark Brandenburg	1940-1945
687/1	Unterlagen zur Herstellung einer Denkschrift über die Reichsgrenzhilfe Enthält u.a.: Angaben über Einwohnerzahl, Landwirtschaft, Siedlungsgröße, Jugendpflege, Handel und Gewerbe, Wohnungsbau, Schulwesen, Steuern, Verkehr.	1928-1929
688	Zahlung von 300 bzw. 100 Rtlr. für Etablissements in kantonfreien Städten	1796-1821
689	Auszahlungssperre für Kapitalien nach dem Herzogtum Warschau Enthält u.a.: Legate und Nachlässe; Ausfuhr von Geld und Pfandbriefen nach Polen.	1809-1815
691	Erhebung von Gebühren durch die Magistrate für die Erteilung des Bürgerrechts	1810
	Erhebung von Stempelgebühren und Sporteln durch die Magistrate für die Erteilung des Bürgerrechts und Vereidigung der Bürger	
692	Bd 1	1810-1842
693	Bd 2	1842-1854
694	Entrichtung von Abgaben außer den üblichen Bürgerrechtsgeldern bei der Erwerbung des Bürgerrechts	1835-1852
695	Erhebung des Bürgerrechtsgeldes und Beschwerden darüber	1851-1892
696	Verweigerung der Beiträge zu den städtischen Repräsentationskosten durch die Magistrate	1810

697	Erhebung des Torsperrgeldes in den Städten und das Öffnen und Schließen der Tore in den Festungen	1810-1816
698	Bestimmungen über den Wachtdienst	1810-1830
699	Beschwerden mehrerer Einwohner und Kommunen wegen zu viel erhobenen Hufen- und Giebelschosses	1815-1819
700	Erhebung des Metzkorn-Geldes von den Windmühlen	1815-1816
701	Landesübliche Prinzessinnensteuer bei Vermählungen von Prinzessinnen des königlichen Hauses	1817
	Gesuch und Klage des Schiffahrtsinspektors Kraatz wegen Vergütung der für Getreideverschiffung im Jahre 1807 geleisteten Frachtvorschüsse	
702	Bd 1	1820-1821
703	Bd 2	1821-1833
704	Bd 3	1833-1837
704/1	Richtlinien zum Erlaß des Schosses	(1816) 1822-1826
705	Einführung einer aus einem Zuschlag zur Mahl- und Schlachtsteuer bestehenden Kommunalabgabe	1821-1844
706	Erhebung eines Zuschlages von 25% zur Mahl- und Schlachtsteuer, zur klassifizierten Einkommenssteuer und zur Klassensteuer	1854-1869
	Beseitigung der Mahl- und Schlachtsteuer und Einführung der Klassensteuer	
707	Bd 1	1863-1871
708	Bd 2	1872-1874
709	Berichte über das Aufkommen an Klassen- und Kriegssteuer	1851
710	Erhebung der Staatsklassensteuer sowie Abänderung der Gesetze vom 1. Mai 1851 und 25. Mai 1873. Allgemeines	1874-1876
711	Vorschuß aus der Kommunal- oder Stadtkasse für die mit der Bezahlung des Salzquantums in Rückstand gebliebenen Bürger	1828
712	Besteuerung des Brennmaterials	1848

713	Einführung eines Einzugsgeldes für die ländlichen Gemeinden sowie Belegung derjenigen Haus- und Wohnungsinhaber mit einer Kommunalsteuer, die nicht zur Gemeinde gehörenden Personen eine Wohnung gewähren	1858-1864
714	Frage der Kommunalbesteuerung des Einkommens aus Grundbesitz und aus dem Gewerbebetrieb der Forensen, insbesondere Besteuerung der juristischen Personen, der Aktiengesellschaften und der Kommanditgesellschaften auf Aktien	1873

1.3.3. Militärabgaben, Kriegsschulden

715	Prozeß der ritterschaftlichen Stände der Uckermark gegen das Ämter-Korpus wegen zu hoher Belastung bei Aufbringung der außerordentlichen Kriegslasten	1787-1816
715/1	Die durch das Uckermärkische Kreisdirektorium veranlaßten Naturallieferungen und Geldzahlungen der in seinem Bereich liegenden Orte und Vorwerke beim Einmarsch der französischen Truppen	1808-1810
	Regulierung des Einquartierungswesens	
716	Bd 1	1810-1842
717	Bd 2	1842-1872
718	Bestimmung der Grundsätze über die Aufteilung der Aufbringung der vom Lande zu liefernden Armeebedürfnisse auf Provinzen, Kreise und Kommunen und über den Ausgleich solcher Leistungen	1812-1817
	Naturallieferungen zur Bekleidung der Krümper. 1. Lieferung	
719	Bd 1	1813
720	Bd 2	1813-1814
721	Bd 3	1815
	Lieferungen zur Bekleidung und Armierung der zusammenzuziehenden Truppen. 2. Lieferung	
722	Bd 1	1813
723	Bd 2	1813
724	Bd 3	1813
725	Bd 4	1814-1815
726	Bd 5	1815-1818

727	Rückständige Beiträge des Magistrats zu Berlin zur Mobilmachung des III. Armeekorps	1814
	Lieferung von Bekleidungsmaterialien zur Ausrüstung neuer Bataillone. 3. Lieferung	
728	Bd 1	1813
729	Bd 2	1815-1818
	Lieferung von Schuhen und Stiefeln für die Armee	
730	Bd 1	1813-1814
731	Bd 2	1814-1815
	Tuch-, Leinwand- und Sockenlieferung für die Armee. 4. Lieferung	
732	Bd 1	Sept.-Okt. 1813
733	Bd 2	Okt.-Nov. 1813
734	Bd 3	Nov.-Dez. 1813
735	Bd 4	Jan.-Apr. 1814
736	Bd 5	Mai-Dez. 1814
737	Bd 6	1815
738	Bd 7	1814-1816
739	Bd 8	1816-1820
739/1	Abschlüsse der Truppenbekleidungsgelderkasse	1813-1816
740	Anwendung des Quotisations-Prinzips bei der Verteilung der Lieferungsgegenstände zwischen der Stadt Berlin und der Kurmark	1813-1814
741	Festsetzung des Verhältnisses der vorpommerschen Kreise zu denen der Kurmark bei den allgemeinen Lieferungen und Requisitionen	1813
742	Lieferungen in das Magazin zu Köpenick nach dem Vertrag vom 16. Okt. 1814	1814-1822
743	Denunziationen gegen verschiedene Frauen von Militärpersonen, die auf ihren Reisen Quartier, Verpflegung und Transportmittel verlangt haben	1814
744	Übersichten vom Geldbedarf des Militärgouvernements für die Bekleidung	1814

745	Bekanntmachung der königlichen Anerkennung der Leistungen und Aufopferungen der Bevölkerung und Behörden während des Krieges 1813-1815	1815
747	Abrechnung der im Jahre 1813 für die Truppenbekleidung vereinnahmten Gelder	1817-1822
748	Auflösung des Comités der Stände und Errichtung der Generalkommission zur Regulierung des Provinzial- und Kommunalkriegsschuldenwesens	1811-1820
749	Regulierung des Schuldenwesens sämtlicher Kreise der Provinz	1813-1817
	Regulierung des Provinzialschuldenwesens und die Einberufung der Stände	
750	Bd 1	1817
751	Bd 2	1818
752	Bd 3	1818-1823
753	Bd 4	1826-1827
754	Bd 5	1827-1830
755	Bd 6	1831-1832
	Bd 7 fehlt	
756	Bd 8	1833-1835
	Bd 9 fehlt	
757	Bd 10	1842-1846
758	Bd 11	1847-1853
759	Erhebung indirekter Abgaben durch die Städte zur Tilgung ihrer Schulden und Aufbringung außerordentlicher Lasten	1814-1832
	Verteilung des aus den Vorschüssen der Kommunalakzise gebildeten Fonds von jährlich 16.316 Rtlr. 13 Sg. 6 Pf. an hilfsbedürftige Städte des Regierungsbezirks Potsdam als Unterstützung zu den von ihnen aufzubringenden Beiträgen zur Provinzialschuld	
760	Bd 1	1822-1823
761	Bd 2	1824-1331
762	Bd 3	1832-1847
763	Bd 4	1848-1852
764	Einreichung einer Übersicht über die Stadtschulden durch die Magistrate	1810-1815

	Aufbringung der kurmärkischen Kriegsschuldenbeiträge durch die Städte	
765	Bd 1	1822-1823
766	Bd 2	1823
767	Bd 3	1823-1829
768	Bd 4	1830-1835
	Klassifikation der kurmärkischen Städte wegen der Aufbringung ihres Beitrages zur Provinzialschuld	
769	Bd 1	1822-1836
770	Bd 2	1836-1843
	Klassifikation der kurmärkischen Städte wegen der Aufbringung ihres Beitrages zur Provinzialkriegsschuld	
771	Bd 1 Enthält u.a.: Bevölkerung, Größe, Grundeigentum und Betrag der Staats- und Kommunalabgaben der zur Provinz Brandenburg gehörigen Städte; Klassifikation der Grundstücke; Aufbringung der Kriegsschulden, Klassen- und Kriegsschuldensteuer und Amortisation; Zugehörigkeit der Städte zu den Kriegsschuldensteuerverbänden.	1840-1841
772	Bd 2	1841-1853
773	Bd 3	1871-1881
774	Erhebung einer Prozentabgabe vom Grundwert bei Besitzveränderungen der Grundstücke in den Städten als Kommunalabgabe	1838-1847
	Klassifikation der kurmärkischen Städte wegen der Aufbringung ihres Beitrages zur Provinzialkriegsschuld	
775	Bd 1	1851
776	Bd 2	1852-1853
777		1861
778	Auskunft über die unverbrieften Kriegsschulden der Altmark	1834
779	Unentgeltliche Kriegsleistungen der Gemeinden im Laufe des Krieges gegen Frankreich auf Grund des § 3 des Gesetzes vom 11. Mai 1851	1872
780	Nachweisungen über die unentgeltlichen Kriegsleistungen im Laufe des Krieges gegen Frankreich auf Grund des § 3 des Gesetzes vom 11. Mai 1851	1872-1874

781	Prozeß wegen der Kriegssteuerrückstände von der Hagens zu Rhinow	1862-1892
	Verteilung der Einquartierungslast	
782		1881-1892
783		1915-1918
784	Kriegsanleihen	1914-1917

1.3.4. Direkte Steuern

	Auszahlung der den Städten nach dem Grundsteuerentschädigungsgesetz vom 21. Mai 1861 zustehenden Grundsteuerentschädigungssummen	
785	Bd 1	1868
786	Bd 2	1868-1869
787	Bd 3	1869
788	Grundvermögenssteuer und Hauszinssteuer. Allgemeines	1923-1944
789	Grundvermögenssteuer und Hauszinssteuer	1929-1945
793	Gewerbesteuer. Allgemeines	1920-1945
794	Gewerbesteuer	1928-1932

1.3.5. Indirekte Steuern

795	Indirekte Gemeindesteuern, Gebühren, Beiträge, Hand- und Spanndienste, Kurtaxen. Allgemeines	1920-1945
796	Veröffentlichung und Befristung von Steuerordnungen	1932-1933
797	Ankündigungssteuer. Allgemeines	1921-1930
798	Bürgersteuer. Allgemeines	1930-1946
799	Bürgersteuer	1930-1945
800	Gesellschaftssteuer. Allgemeines	1927-1929

	Gesellschaftssteuer	
801	Bd 1	1928-1929, 1934
802	Bd 2	1930-1934
803	Bier- und Getränkesteuer. Allgemeines	1923-1944
804	Bier- und Getränkesteuer	1927-1939
805	Grunderwerbssteuer. Allgemeines	1920-1943
806	Grunderwerbssteuer	1928-1939
807	Beherbergungssteuer Enthält u.a.: Nacht- oder Hockersteuer, Steuer auf übermäßigen Verzehr.	1920-1925
808	Steuer vom Grundstückszubehör. Allgemeines	1923-1939
809	Erhebung der Hundesteuer auf dem platten Lande	1834-1867
809/1	Erhebung der Hundesteuer und Beschwerden darüber	1896-1920
810	Erhebung der Hundesteuer und Beschwerden darüber. Allgemeines	1828-1943
811	Erhebung der Hundesteuer und Beschwerden darüber	1889-1941
812	Jagdsteuer. Allgemeines	1922-1943
813	Jagdsteuer	1927-1937
	Vorausleistungen für die Wegeunterhaltung, Kraftfahrzeugsteuer	
814	Bd 1	1925-1928
815	Bd 2	1928-1930
816	Bd 3	1929-1945
819	Schankerlaubnissteuer. Allgemeines	1920-1943
820	Vergnügungssteuer. Allgemeines	1919-1944
	Vergnügungssteuer	
821	Bd 1	1921-1925
822	Bd 2	1925-1928
823	Bd 3	1928-1943

823/1	Ausschuß für die Befreiung von der Vergnügungssteuer	1922-1936
824	Wertzuwachssteuerordnungen	1910
825	Wertzuwachssteuer. Allgemeines	1920-1945
826	Wertzuwachssteuer	1918-1945

1.4. Sparkassen, Kommunalbanken, Sparkassen- und Giroverband

827	Statuten sämtlicher im Regierungsbezirk Potsdam bestehenden Sparkassen	1848-1867
	Bestimmungen über Sparkassen	
	Bd 1-3 fehlen	
828	Bd 4	1860-1873
829	Bd 5	1874-1887
830	Bd 6	1888-1900
831	Bd 7	1900-1904
832	Bd 8	1904-1909
833	Bd 9	1910-1915
834	Bd 10	1916-1922
835	Bd 11	1923-1926
836	Bd 12	1927-1931
837	Bd 13	1929-1935
	Sparkassen	
	Bd 1-3 fehlen	
838	Bd 4	1899-1901
	Bd 5 fehlt	
839	Bd 6	1902-1908
840	Bd 7	1908-1912
841	Bd 8	1912-1915
842	Bd 9	1915-1919
843	Bd 10	1919-1925
844	Bd 11	1926-1931
845	Bd 12	1931-1934
846	Bd 13	1935-1937
847	Grundzüge zu einem Gesetz über die kommunalen Sparkassen	1895-1899
848	Privatsparkassen	1878-1899

849	Nutzbarmachung der Sparkassen für den landwirtschaftlichen Personalkredit	1884-1892
850	Verband der kommunalen Sparkassen der Provinz Brandenburg	1889-1894
851	Spezialberichte über Inhaberpapiere bei den Sparkassen	1890-1900
852	Einführung von Amortisationshypotheken bei den Sparkassen	1893-1899
853	Einführung von Amortisationsdarlehen	1894-1898
854	Spezialberichte der Landräte über die Benutzung der bei der Veranlagung zur Ergänzungssteuer ermittelten Werte bei Beleihungen durch die Sparkasse	1895
855	Berichte der Landräte und Magistrate über die Gewährung von Sparkassendarlehen an eingetragene Genossenschaften	1895-1899
856	Beabsichtigte Einführung von Sparmarkenbüchern sowie regelmäßiges Abholen der Spareinlagen durch Boten	1893-1899
857	Depositen- und Scheckverkehr der Sparkassen mit der Zentralgenossenschaftskasse	1897-1898
858	Aufbewahrung von Wertpapieren bei Stadtsparkassen	1918
859	Zulassung von Sparkassen als Hinterlegungsstellen für Wertpapiere	1930-1937
	Aufwertungsbilanzen der Sparkassen	
860	Bd 1	1927
861	Bd 2	1929
862	Anteile der Sparkassen am Betriebskapital der Brandenburgischen Provinzialbank und Girozentrale in Berlin	1928-1931
863	Vorgänge über die Finanzkrise im Juli und Aug. 1931	1931
864	Zusammenlegung von Sparkassen	1931-1935
865	Kommunalbanken	1921-1931
866	Liquiditätsreserve der Sparkassen	1929-1933

867	Jahresergebnisse der Sparkassen 1924 im Regierungsbezirk Potsdam	1924-1925
868	Jahresergebnisse der Sparkassen 1925 im Regierungsbezirk Potsdam	1926
869	Jahres-, Quartals- und Zweimonatsergebnisse der Sparkassen 1924 und 1925	1925
870	Jahresergebnisse der Sparkassen in Preußen von 1922 bis 1925, 1928 bis 1929 und 1931 Enthält u.a.: Nachweisung über den Geschäftsbetrieb und die Ergebnisse der Sparkassen im Regierungsbezirk Potsdam für das Berichtsjahr 1928.	1925-1933
	Zweimonatsbilanzen der Sparkassen nach dem Stande vom	
872	31. Okt. 1925 - 30. Apr. 1926	1925-1926
873	31. Dez. 1925	1926
878	31. Dez. 1926 - 30. Apr. 1927	1927
879	30. Juni - 31. Dez. 1927	1927-1928
883	31. Dez. 1928	1929
889	31. Dez. 1929	1930
896	31. Dez. 1930	1931
902	31. Dez. 1931	1932
908	31. Dez. 1932	1933
914	31. Dez. 1933 - 30. Apr. 1934	1934
916	31. Dez. 1934 - 30. Apr. 1935	1935
917	30. Juni 1935 - 31. Dez. 1935	1935-1936
918	31. Aug. - 31. Dez. 1936	1936-1937
919	Nachweis der Hypothekendarlehen in den Zweimonatsbilanzen	1930-1932
920	Patenhilfe für Ostpreußen und Darlehn durch die Girozentrale für die Ostmark	1929-1930
	Bestimmungen über die Stadt- und Kreissparkassen	
921	Bd 1	1891
922	Bd 2	1932-1935
923	Bd 3	1935-1936
924	Bd 4	1936-1937
925	Bd 5	1937-1939
926	Bd 6	1939-1941
927	Bd 7	1942-1945

	Monatsausweise (-bilanzen) der Sparkassen nach dem Stande vom	
944	Juli - Okt. 1937	1937
946	Nov. 1938 - Febr. 1939	1938-1939
948	Juni - Okt. 1939	1939
949	Aug. 1940 - März 1941	1940-1941
950	Jan. - Okt. 1942	1942
	Stadt- und Kreissparkassen	
928	Bd 1	1932-1934
929	Bd 2	1934
930	Bd 3	1934-1935
931	Bd 4	1935
	Bd 5 fehlt	
932	Bd 6	1936
933	Bd 7	1936-1937
934	Bd 8	1936-1937
935	Bd 9	1938
936	Bd 10	1939
937	Bd 11	1940-1943
938	Bd 12	1944-1945
939	Auswertung der Liquiditätsnachweisungen der Sparkassen	1933-1934
	Liquiditätsnachweisungen der Sparkassen	
940	Bd 1	1933
941	Bd 2	1933
942	Bd 3	1934
951	Vereinfachung der Organisation des Sparkassenwesens	1941-1943
952	Giroverband der kommunalen Verbände der Provinz Brandenburg. Allgemeines	1913-1917
	Giroverband der kommunalen Verbände der Provinz Brandenburg	
953	Bd 1	1917-1921
954	Bd 2	1922-1928
955	Bd 3	1929-1934

	Giroverband der kommunalen Verbände der Provinz Brandenburg Enthält u.a.: Satzungen und Anleihen.	
956	Bd 1	1930-1937
957	Bd 2	1937-1939
958	Bd 3	1940-1945
959	Zwischenbilanz des Giroverbandes	1921-1928
960	1. Geschäftsbericht der Brandenburgischen Provinzialbank und Girozentrale - öffentliche Bankanstalt - für die Zeit vom 1. Juli bis 31. Dez. 1927	1928
961	2. Geschäftsbericht der Brandenburgischen Provinzialbank und Girozentrale - öffentliche Bankanstalt - für die Zeit vom 1. Jan. bis 31. Dez. 1928	1929
962	3. Geschäftsbericht der Brandenburgischen Provinzialbank und Girozentrale - öffentliche Bankanstalt - für die Zeit vom 1. Jan. bis 31. Dez. 1929	1930
963	14. Geschäftsbericht des Verbandes brandenburgischer Kommunalverbände für das kommunale Spar-, Bank- und Kassenwesen für die Zeit vom 1. Jan. bis 30. Juni 1927 und Geschäftsbericht der Brandenburgischen Provinzial-, Girobank und Girozentrale für die Zeit vom 1. Juli bis 31. Dez. 1927	1928
964	19. Geschäftsbericht des Verbandes brandenburgischer Kommunalverbände für das kommunale Spar-, Bank- und Kassenwesen (Brandenburgischer Sparkassen- und Giroverband) in Berlin für 1932	1933
965	28. Jahresbericht des Brandenburgischen Sparkassen- und Giroverbandes in Berlin für 1941	1942

1.5. Grundstücks-Sachen

1.5.1. Allgemeines

	Besitzerleichterung und freier Gebrauch des Grundeigentums nach Aufhebung des Gutsuntertänigkeitsverhältnisses nach dem Edikt vom Okt. 1807	
967	Bd 1	1807-1831
968	Bd 2	1832-1852

968/1	Übertragung des Eigentums an Laßbauernhöfen an die rechtmäßigen Inhaber	1809-1810
969	Durch den Krieg verwüstete Bauern- und Kossätenhöfe und Grundstücke	1810
970	Einreichung vergleichender Nachweisungen über die bäuerlichen Ackernahrungen Enthält u.a.: Parzellierungen.	1837-1856
972	Größere kommunale Vermessungsarbeiten. Allgemeines	1879-1924
	Nachweisungen über größere kommunale Vermessungsarbeiten Bd 1-5 fehlen	
973	Bd 6	1896-1929
974	Nachweisungen über den Besitz von Auenrechten und Straßengerechtigkeiten in den Kreisen des Regierungsbezirks Potsdam	1891
974/1	Fideikommisse	1895-1911

1.5.2. Parzellierungen, Dismembrationen

	Bedenken über die unbeschränkte Aufteilung ländlicher Grundstücke und deshalb angeforderte Gutachten	
975	Bd 1	1825
976	Bd 2	1826-1830
977	Bd 3	1831-1837
978	Bd 4	1837-1842
	Bd 5 fehlt	
979	Bd 6	1846-1854
980	Bd 7	1858-1864
981	Bd 8	1865-1869
982	Berichte auf die Verfügung vom 26. März 1844 über die von Spekulanten zerstückelten bäuerlichen Güter	1844
	Übersichten der in den Jahren 1865-1867 ausgeführten Dismembrationen ländlicher Grundstücke Bd 1-7 fehlen	
983	Bd 8	1867-1868

	Dismembrationen auf Grund des Gesetzes vom Jan. 1845 und der Kreisordnung vom 13. Dez. 1872 sowie Ausführung der Instruktion vom 7. Febr. 1874	1845-1865
984	Bd 1	1864-1877
985	Bd 2	

1.5.3. Separationen

	Aufhebung der Gemeinheiten	
986	Bd 1	1809-1830
987	Bd 2	1831-1859
988	Bd 3	1860-1872
989	Entwurf der Verordnung und Instruktion über die Einschränkung und Aufhebung bestehender Gemeinheiten	1818
990	Literaturangaben über Gemeinheitsteilungen und Abschätzungen mit besonderer Rücksicht auf die Mark Brandenburg	1817
991	Übergabe der Separationssachen an das Generalkommissariat nach den Bestimmungen des Gesetzes über die Einführung der Gemeinheitsteilungsordnung	1821-1829
	Verzeichnisse der seit 1769 durchgeführten Gemeinheitsteilungen und Dienstaufhebungen	
	Bd 1 fehlt	
992	Bd 2	1821-1823
993	Bd 3	1824-1829
994	Bd 4	1830-1836
995	Bd 5	1839-1844
996	Bd 6	1845-1873
997	Bd 7	1874-1877
998	Separation der städtischen Feldmark. Allgemeines	1900-1907

1.5.4. Grundstücksverkauf

1000	Erwerb und Veräußerung von Grundstücken durch Gemeinden und die Verwaltung und Rechnungslegung über das Vermögen in ländlichen Gemeinden	1858-1868
1002	Verkauf städtischer Grundstücke	1900-1905

1003	Verkauf städtischer Grundstücke Enthält u.a.: Errichtung von Genesungsheimen für Militärpersonen in den einzelnen Städten des Regierungsbezirks.	1897-1923
1004	Parzellierung und Verkauf städtischer Grundstücke	1845-1872

1.5.5. Rittergutsmatrikel

1005	Gesuche um Verleihung der Rittergutsqualität, Gerichtsbarkeit, Landes- und Kreisstandschaft sowie Löschung von Gütern in der Rittergutsmatrikel. Allgemeines	1828-1883
1006	Gesuche um Verleihung der Rittergutsqualität, Gerichtsbarkeit, Landes- und Kreisstandschaft sowie Löschung von Gütern in der Rittergutsmatrikel	1865-1902
	Gesuche um Verleihung der Rittergutsqualität, Landes- und Kreisstandschaft sowie Löschung von Gütern in der Rittergutsmatrikel Bd 1-4 fehlen	
1007	Bd 5	1911-1928
1008	Ausübung der mit einem Gute verbundenen Ehrenrechte, namentlich der Polizeigerichtsbarkeit	1837-1864
1009	Übersicht über die Zahl und den Umfang der verschiedenen Güterkategorien des Regierungsbezirks Potsdam	1853-1862
	Rittergutsmatrikel und hundertjähriger Besitzstand. Allgemeines	
1010	Bd 1	1853-1883
1011	Bd 2	1906, 1933
	Abänderung der Rittergutsmatrikel (Matrikel von den land- und kreistagsfähigen Rittergütern im Regierungsbezirk Potsdam) Bd 1-9 fehlen	
1012	Bd 10	1902-1908
1013	Bd 11	1909-1922
1014	Bd 12	1923-1932
1015	Bd 13	1932-1944
1017	Matrikel der landtagsfähigen Rittergüter der Westprignitz	1828-1931

1.6. Begräbnisplätze

1017/1 Einschränkung des Begrabens der Leichen in den Kirchen und Gewölben und Verlegung der Kirchhöfe und Begräbnisplätze nach außerhalb der Stadt, zu frühzeitiges Begraben der Leichen, Bekleiden der Toten mit wollenen und feinen Waren an sowie das Verbot des Ausstellens von Leichen mit ansteckenden Krankheiten 1786-1853

Anlegung von Begräbnisplätzen und das Begraben der Leichen. Allgemeines

1018 Bd 1 1874-1880

1019 Bd 2 1881-1885

1020 Bd 3 1885-1889

1021 Bd 4 1889-1920

1022 Bd 5 1923-1931

1023 Feuerbestattung. Allgemeines 1911-1923

1.7. Wasserversorgung und Entwässerung

Bestimmungen über Wasserversorgungsanlagen und Kanalisationen sowie landwirtschaftliche Verwertung der Abwässer

1024 Bd 1 1891-1904

Bd 2 fehlt

1025 Bd 3 1937-1943

Wasserversorgungsanlagen, Rieselfelder und Kanalisationen

Bd 1 fehlt

1026 Bd 2 1911-1927

Enthält u.a.: Generalgutachten über die Berliner Wasserversorgung.

1027 Bd 3 1928-1943

Enthält u.a.: Wasserwerk Gransee, Havelberg und Potsdam.

1028 Bd 4 1943-1944

1029 Kontrolle über den Eingang der Untersuchungsergebnisse der Wasseewerke, Kläranlagen usw. 1928-1936

1030 Zentrale Wasserversorgungsanlagen. Allgemeines 1899-1921

	Zentrale Wasserversorgungsanlagen	
1031	Bd 1	1900-1902
1032	Bd 2	1903-1905
1033	Bd 3	1905-1941
1034	Abgabe von Akten über Wasserversorgungs- und Entwässerungsanlagen an den Polizeipräsidenten in Berlin Enthält auch: Landpolizeiliche Genehmigung von Wasserwerken und Rieselfeldern.	1920-1925
	Wasseranschlüsse für Toilettenanlagen	
1034/1	Bd 1 Enthält u.a.: Gefährdung der Trinkwasserleitung Berlins und seiner Vororte. - Vorrichtungen gegen das Rückfließen der Abwässer in die Reinwasserleitung.	1900-1904
1035	Bd 2	1904-1908
1036	Bd 3 Enthält u.a.: Druckschriften über Hydranten und die Herstellung von Rohranschlüssen.	1909-1926
1037	Abwässeranlagen und Entwässerungsanlagen	1902-1942
1038	Jahresberichte über Flußwasseruntersuchungen und Rechnungssachen des Flußwasseruntersuchungsamts in Berlin-Dahlem	1937-1942
1039	Überschwemmung des Großbeerener Grabens durch Berliner Rieselwässer	1930-1933
1040	Reinhaltung der Gewässer. Allgemeines	1930-1938
	Reinhaltung der nicht schiffbaren Gewässer	
1041	Bd 1	1907-1934
1042	Bd 2	1935-1943
1043	Wasserwirtschaftliche Planung	1936-1937

1.8. Geheime Kommunal-Sachen

	Geheime Kommunalangelegenheiten	
1044	Bd 1 Enthält u.a.: Militärische Objekte im Regierungsbezirk Potsdam.	1934-1936

1045 Bd 2 1937-1938
Enthält u.a.: Nachweisung der jüdischen und „jüdisch versippten" Beschäftigten in den Kommunalverwaltungen. - Änderung von Ortsnamen slawischen Ursprungs. - Militärische Objekte.

1046 Bd 3 1938
Enthält u.a.: Verzeichnisse der wehrwirtschaftlich wichtigen Gemeindebetriebe im Regierungsbezirk und in den Kreisen. - Einberufung von Beamten zu bewaffneten SS-Einheiten. - Heranziehung von Technikern aus der Kreis- und Kommunalverwaltung für „staatspolitisch wichtige" Tiefbauarbeiten. - Übungen der Wehrmacht im Aug.-Sept. 1938.

1047 Bd 4 1938-1939
Enthält u.a.: Rundverfügungen über die Einstellung öffentlicher Bauvorhaben. - Großbauten in Landes- und Provinzialhauptstädten. - Zeichnung von Reichsanweisungen und Reichsanleihen, 1938.

1048 Bd 5 1939-1943
Enthält u.a.: Vordringliche Bauprojekte in Städten und Gemeinden, 1939. - Ausnahmen von Bauverbot. - UK-Stellungen. - Übernahme von gehobenen und mittleren Verwaltungsbeamten in den Verwaltungsdienst der Luftwaffe. - Mobilmachungsvorbereitungen im Bereich der Gemeinden. - Übernahme kommunaler Betriebe in „wehrwirtschaftliche Betreuung". - Meldungen der Kreise über die Personenstärke in der Kreis- und Gemeindeverwaltung. - Einberufung von Angehörigen des öffentlichen Dienstes zu bewaffneten SS-Einheiten. - Schaffung von Bordellen für Ausländer (mit Listen über die Anzahl der Fremdarbeiter). - Erfassung von Beamten und Angestellten des Jahrgangs 1910. - Festnahme des Bürgermeisters und Pfarrers Braune in Lobetal. - Erweiterung der deutschen Stahlwerke in Kirchmöser und Eingliederung von Kirchmöser in den Stadtkreis Brandenburg. - Sicherung der Liquidität der Sparkassen.

1049 Geheime allgemeine Kommunalangelegenheiten 1939-1944
Enthält u.a.: Rundverfügungen über Mobilmachungsmaßnahmen im gemeindlichen Bereich, Neuordnung des Besoldungsrechts, Verbot der Veröffentlichung von statistischen Ergebnissen, Behandlung des Grundbesitzes von ausländischen Juden und Angehörigen der im Kriegszustand mit Deutschland befindlichen Staaten, Erfassung von Kulturgut aus besetzten Gebieten, Veröffentlichung von Enteignungserlassen, Verleihung von Eh-

renbürgerrechten an Offiziere, UK-Stellung von politischen Beamten der allgemeinen und inneren Verwaltung, Übernahme ehemaliger Kirchenbeamter und Geistlicher in den Staats- und Gemeindedienst, Kräftebedarf für Wehrmacht und Rüstungswirtschaft, Fliegerangriffe auf deutsche Gemeinden und Behandlung sowjetischer Kriegsgefangener.

2. Kreise

2.1. Kreis Angermünde

2.1.1. Verfassung und Verwaltung, Personal

	Organisation des Kreises	
	Bd 1 fehlt	
1050	Bd 2	1903-1926
1051	Bd 3	1920, 1926-1942
1052	Kreisausschuß	1878-1937
	Kreistage	
	Bd 1-4 fehlen	
1053	Bd 5	1905-1911
1053/1	Bd 6	1912-1920
1054	Bd 7	1921-1927
1055	Bd 8	1928-1932
1056	Bd 9 Enthält u.a.: Ergebnis der Kreistagswahl vom 12. März 1933.	1933
1057	Bereisung des Kreises durch den Oberpräsidenten und Gauleiter Wilhelm Kube Enthält: Zeitungsausschnitte.	1934
1058	Einführung gewählter Gemeindevertretungen in Liepe und Lunow	1873
1059	Gemeindeversammlungen und Gemeindevertretungen	1924-1930
1060	Ortsstatuten nach § 11 der Städteordnung vom 30. Mai 1853	1897-1914
1061	Zusammenlegung der Gemeindekolonien Forst Joachimsthal und Forst Grimnitz mit der Gemeinde Alt Grimnitz zu einem Kommunalverbande sowie die Polizeiverwaltung für das Dorf Grimnitz	1836-1860
1062	Einrichtung eines gemeinschaftlichen Kommunalverbandes der Büdneretablissements zu Neuehütte mit der Papierfabrik Weitlage sowie die Anstellung und Besoldung des Schulzen	1839-1843
	Kommunalverein der Kolonisten in Meichow	
1063	Bd 1	1840-1854

	Bd 2 fehlt	
1064	Bd 3	1864-1871
1065	Regulierung der Kommunalverhältnisse der Büdneretablissements zu Meyenburg	1844
1066	Übertragung der polizeiobrigkeitlichen Gewalt und der Rittergutsqualität an die Güter Schmelze und Mellin und deren Vereinigung mit der Kolonie Mellin	1860-1880
1067	Ausführung der neuen Gemeindeordnung vom 11. März 1850 im Kreise Enthält u.a.: Bildung, Größe und Einwohnerzahl der Gemeindebezirke.	1850-1852
	Einverleibung einzelner Grundstücke und Etablissements in die Kommunalverbände der Dorfgemeinden und Bildung neuer Gemeinden. Ein- und Umgemeindungen	
1068	Bd 1	1856-1893
1069	Bd 2	1894-1929
1070	Bd 3	1930-1939
1071	Bd 4	1938-1944
1072	Maßnahmen zur Hebung der Verwaltungskraft kreiseigener Gemeinden Enthält u.a.: Eingemeindungen.	1939
1073	Auflösung der Gutsbezirke	1928-1935
	Auflösung der Gutsbezirke	
1074	Bd 1	1928
1075	Bd 2 Enthält: Auflösungsplan 1-44.	1928
1076	Bd 3 Enthält: Auflösungsplan 45-48.	1928
1077	Auflösung der Forstgutsbezirke Enthält u.a.: Auflösungspläne, Hauptzusammenstellung, Erläuterungsbericht.	1929-1931
1078	Ortschaftsverzeichnis des Kreises Enthält u.a.: Karten und Pläne, Ortsnamenssachen, Benennung von Ansiedlungen.	1872-1939

1079	Gemeinschaftliche Angelegenheiten der Landgemeinden Enthält u.a.: Kommunalabgaben, Veräußerung von Gemeindegrundstücken.	1908-1935
	Anstellung und Dienstführung der Ortsschulzen, Gemeindevorsteher, Bürgermeister und Schöffen	
	Bd 1 fehlt	
1080	Bd 2	1845-1857
1081	Bd 3	1858-1868
1082	Bd 4	1869-1911
1083	Bd 5	1911-1939
1084	Bd 6	1940-1944
1085	Beschwerden über die Ortsschulzen	1892-1912
1086	Beschwerden über verschiedene Gemeindeangelegenheiten	1882-1938
	Anstellung der unteren Beamten	
1087	Bd 1	1820-1939
1088	Bd 2	1940-1944
1089	Beschwerden über untere Beamte	1894-1909
	Besoldung, Ruhegehalt, Witwen- und Waisenversorgung der Kreiskommunalbeamten	
1090	Bd 1	1920-1937
1091	Bd 2	1937-1945

2.1.2. Kreisvermögen, Verwaltungsberichte, Etats- und Rechnungssachen

1091/1	Fiskalische Beiträge zu den Kreisabgaben	1874-1884
	Kreishaushaltsanschläge, Verwaltungsberichte und Kreisvermögen	
	Bd 1-4 fehlen	
1092	Bd 5	1912-1924
1093	Bd 6	1924-1934
1094	Bd 7	1934-1936
1095	Bd 8	1936-1937
1096	Bd 9	1938-1945
1097	Kreisständehaus in Angermünde	1867

	Haushalts- und Wirtschaftspläne des Kreises sowie Nachträge	
1098	für das Rechnungsjahr 1914	1914
1099	für die Rechnungsjahre 1926-1933	1926-1933
1100	für das Rechnungsjahr 1928	1928
1101	für die Rechnungsjahre 1928-1943	1928-1943
1102	für das Rechnungsjahr 1931	1931
1103	für das Rechnungsjahr 1932	1932
1104	für das Rechnungsjahr 1932	1932
1105	für das Rechnungsjahr 1933	1933
1106	für das Rechnungsjahr 1934	1934
1107	für das Rechnungsjahr 1938	1938
1108	für das Rechnungsjahr 1940	1940
1109	für das Rechnungsjahr 1940	1940
1111	Haushaltssatzung des Kreises für das Rechnungsjahr 1941	1941
1112	Ordnungsprüfung der Jahresrechnungen 1935/36 der Kreisverwaltung	1935-1936
1113	Bericht über die Ordnungsprüfung der Jahresrechnungen 1935/36 der Kreisverwaltung	1935-1936
1114	Bericht über die unvermutete Kassenprüfung bei der Kreiskommunalverwaltung	1939
	Außerordentliche Kassenprüfungen in den Städten des Kreises	
	Bd 1 fehlt	
1115	Bd 2	1843-1862
1116	Bd 3	1863-1873
1117	Etats- und Rechnungswesen in den Landgemeinden	1925-1945

2.1.3. Abgaben

1118	Aufbringung und Verteilung sämtlicher Gemeindelasten sowie die Gemeindeverwaltung und das Kassenwesen in Gramzow	1861-1873
	Gemeindesteuerangelegenheiten	
	Bd 1-8 fehlen	
1119	Bd 9	1922-1934
	Kreis- und Provinzialabgaben	
1120	Bd 1	1907-1927

1121	Bd 2	1928-1932
1122	Bd 3	1932-1939
1123	Verteilung des Anteils der Reichseinkommensteuer auf den Kreis, die Städte und Landgemeinden sowie Gutsbezirke des Kreises	1921-1922

2.1.4. Sparkassen

	Kreissparkasse Bd 1-2 fehlen	
1124	Bd 3	1888-1909
1125	Bd 4	1909-1921
1126	Bd 5	1922-1930
1127	Bd 6	1930-1936
1128	Bd 7	1936-1938
1129	Bd 8	1938-1939
1130	Bd 9	1940-1942
1131	Bd 10	1943-1944

2.1.5. Grundstücks-Sachen

1132	Genehmigungen zum An- und Verkauf von Grundstücken und Unterbringung von Kapitalien der Gemeinden	1858-1895
1133	Aufhebung der Pachtung der sogenannten Ratshufe zu Niederfinow	1860-1863

2.1.6. Begräbnisplätze

	Anlegung von Begräbnisplätzen Enthält u.a.: Friedhofsordnungen, Gebühren.	
1134	Bd 1	1886-1929
1135	Bd 2	1930-1938

2.1.7. Wasserversorgung

1136	Be- und Entwässerungen	1911-1944

2.2. Kreis Beeskow-Storkow

2.2.1. Verfassung und Verwaltung, Personal

	Organisation des Kreises Bd 1-2 fehlen	
1137	Bd 3	1912-1929
1138	Bd 4	1930-1937
1139	Bd 5	1936-1944
1140	Kreisausschuß	1874-1937
1141	Wahl der Kreistagsabgeordneten des 2. und 3. Standes im Kreise sowie deren Diäten und Reisekosten	1836-1844
	Kreistage Bd 1-4 fehlen	
1142	Bd 5	1903-1911
1143	Bd 7	1921-1929
1144	Bd 8	1929-1933
1145	Gemeindeversammlungen und Gemeindevertretungen	1894-1933
1146	Regulierung der Kommunalverhältnisse mehrerer auf dem sogenannten Kietz bei Beeskow gelegenen Etablissements	1841-1842
1147	Ausführung der neuen Gemeindeordnung vom 11. März 1850 Enthält u.a.: Bildung von Gemeindebezirken.	1850-1852
	Einverleibung einzelner Grundstücke oder Etablissements in die Kommunalverbände der Dorfgemeinden sowie Bildung neuer Gemeinden. Ein- und Umgemeindungen	
1148	Bd 1	1857-1866
1149	Bd 2	1867-1875
1150	Bd 3	1875-1893
1151	Bd 4	1894-1905
1152	Bd 5	1905-1930
1153	Bd 6	1929-1937
1154	Bd 7	1937-1938
1155	Bd 8	1938-1942
1156	Maßnahmen zur Hebung der Verwaltungskraft kreisangehöriger Gemeinden	1939

	Auflösung der Gutsbezirke	
1157	Bd 1	1928
1158	Bd 2	1928
	Enthält: Auflösungsplan 1-30.	
1159	Bd 3	1928
	Enthält: Auflösungsplan 31-60.	
1160	Auflösung der Forstgutsbezirke	1929-1931
1161	Auflösung der selbständigen Gutsbezirke Gosen und Wernsdorf	1878-1879
	Ortschaftsstatistik des Kreises	
1162	Bd 1	1872-1908, 1915
1163	Bd 2	1908-1938
1164	Feststellung der Grenzen des Kreises Beeskow-Storkow mit dem Kreise Lebus bei der Stadt Fürstenwalde und dem Kreis Guben bei der Ragower Mühle	1861-1883
	Anstellung und Dienstführung der Schulzen, Gemeindevorsteher und Bürgermeister	
1165	Bd 1	1835-1846
1166	Bd 2	1847-1859
	Bd 3 fehlt	
1167	Bd 4	1867-1905
1168	Bd 5	1905-1921
1169	Bd 6	1922-1930
1170	Bd 7	1931-1938
1171	Bd 8	1939-1945
1176	Beschwerden über die Gemeindevorsteher	1882-1911
1177	Revision der Gemeindeverwaltungen und Beschwerden über die Gemeindeverwaltung	1905
	Beschwerden im allgemeinen	
	Bd 1 fehlt	
1178	Bd 2	1931-1934
	Enthält u.a.: Beschwerden von Bürgern über Gemeindevorsteher.	
1178/1	Aufhebung der Kreisgärtnerstellen und Disposition über deren Etablissements	1810-1823

	Anstellung der unteren Beamten im Kreise	
1179	Bd 1	1839-1935
1180	Bd 2	1936-1945
1181	Besoldung der Kreiskassenrendanten für die Verwaltung der Kreiskommunalkasse	1842-1849
1182	Bestellung der Waisenräte im Kreise	1875-1876
	Besoldung, Ruhegehalt, Witwen- und Waisenversorgung der Kreiskommunalbeamten und der Beamten der Landgemeinden	
1184	Bd 1	1920-1935
	Bd 2 fehlt	
1184/1	Bd 3	1944-1945

2.2.2. Kreisvermögen, Verwaltungsberichte, Etats- und Rechnungs-Sachen

	Haushaltsvoranschläge und -satzungen	
1185	für das Rechnungsjahr 1920	1920
1186	für das Rechnungsjahr 1921	1921
1188	für die Rechnungsjahre 1924-1935	1924-1935
1189	für die Rechnungsjahre 1935-1937	1934-1937
1190	für die Rechnungsjahre 1936-1938	1936-1939
	Haushaltsvoranschläge, Verwaltungsberichte und Vermögen des Kreises	
	Bd 1-6 fehlen	
	Bd 7	1939-1946
	siehe Rep. 204 A Ministerium der Finanzen Nr. 413	
1191	Kreishaus in Beeskow	1899-1900
	Haushaltssatzung	
1192	für das Rechnungsjahr 1937	1937
1193	für das Rechnungsjahr 1940	1940
1194	für das Rechnungsjahr 1941	1941-1942
1195	für das Rechnungsjahr 1942	1942
1195/1	für das Rechnungsjahr 1943	1943-1944
1196	für das Rechnungsjahr 1944	1943-1944

1197	Abfindungskapitalien aus Ablösungen und Verteilung der Kapitalien an die Gemeinden	1853-1854
1198	Prüfung der Rechnungen des allgemeinen Kreiskommunalfonds	1856-1867
1199	Etats- und Rechnungswesen in den Landgemeinden	1907-1937
1200	Etats- und Rechnungswesen in den Landgemeinden, Staatsbeihilfen	1932-1933

2.3.3. Abgaben

1201	Abschoß von dem aus dem Kreis gehenden Vermögen	1809-1820
1202	Rückständige Abgaben von wüsten und eingezogenen Höfen	1809
1203	Beschwerde der Bauern und Kossäten zu Münchehofe über zu hohe Kriegslasten	1809-1814
1203/1	Beschwerde der Kossäten Gliese und Gosler zu Ragow gegen ihre Herrschaft, den Kriegsrat Hagemann, wegen verschiedener Lasten	1809
1204	Gesuch der Untertanen zu Lindenberg um Entbindung von den Kriegs- und anderen Lasten	1810
1205	Abgabenrückstände des Ritterguts Kunersdorf	1810-1814
1206	Beschwerde der Büdnerfrau Baschinen aus Neu Hartmannsdorf wegen der Pfändung für rückständig gebliebenen Hirtenlohn	1810
1207	Gesuch mehrerer Gemeinden des Kreises um Ablösung des Naturalhofdienstes	1810-1814
1208	Gesuch der Gemeinde zu Groß Beuchow (seit 1816 Kreis Calau) um Auseinandersetzung mit der Gutsherrschaft wegen der Geld- und Naturalabgaben	1811-1812
1209	Gesuch mehrerer Gemeinden um Ablösung des Naturalhofdienstes	1812
1210	Beschwerden einiger Einsassen des Kreises über unverhältnismäßig hohe Heranziehung zu den Kriegslasten	1812-1814

1211 Beschwerde der Frau Noack gegen die Dorfgerichte zu Wernsdorf wegen Zwangseintreibung ihrer Abgaben — 1813

1212 Gesuch der Gemeinden Trebatsch und Sabrodt um Erlaß der Abgabenreste zur Kreiskasse — 1814

1213 Prozeß der Stände des Kreises Beeskow-Storkow gegen die Stadt Beeskow wegen der Forderung der Stadt für geleistete Kriegslieferungen — 1836-1844

1214 Nachtigallensteuer — 1843

1215 Gemeindebeschlüsse über die Quartierleistung und Beschwerden über die Einquartierung — 1871-1872

1216 Erhebung der Hundesteuer und Beschwerden darüber — 1897

Gemeindesteuerangelegenheiten
Band 1-10 fehlen

1217	Bd 11	1922-1932
1218	Bd 12	1932-1935
1219	Bd 13	1936-1945

Kreis- und Provinzialabgaben

1220	Bd 1	1927-1931
1221	Bd 2	1932-1938

1222 Verteilung des Anteils der Reichseinkommensteuer an den Kreis, die Städte, Landgemeinden und Gutsbezirke des Kreises — 1921-1922

2.2.4. Sparkassen

Kreissparkasse
Bd 1-2 fehlen

1223	Bd 3	1889-1911
1224	Bd 4	1911-1929
1225	Bd 5	1929-1936
1225/1	Bd 6	1936
1226	Bd 7	1937-1939
1227	Bd 8	1938-1939
1228	Bd 9	1939-1941
1229	Bd 10	1942-1943
1230	Bd 11	1944-1945

1231	Bericht über die bei der Kreissparkasse zu Beeskow durchgeführte Sonderrevision	1934
1232	Kreisbank	1921-1934
1123	Zusammenlegung der Kreisbank mit der Kreissparkasse Beeskow-Storkow	1932-1935

2.2.5. Grundstücks-Sachen

1234	Aufhebung der Gemeinheiten des Amtsvorwerks Kossenblatt mit der Pfarre	1805-1812
1235	Aufhebung der Gemeinheiten im Amte Kossenblatt	1805-1809
1236	Separation in Friedersdorf	1805-1812
1238	Gesuche der Kolonisten Busch und Noak in Ziegenhals wegen des Verkaufs ihrer Kolonistenstellen	1809
1239	Beschwerde des Erbpächters Fleischer gegen die Kolonistenwitwe Böttcher in Alt Hartmannsdorf wegen des beabsichtigten Baues ihres Hauses	1809-1815
1240	Aufhebung der Gemeinheiten zwischen dem Lehnschulzengutsbesitzer Wobring zu Ketschendorf und der dortigen Gemeinde	1809-1811
1241	Beschwerde der Gemeinde in Reichenwalde gegen den Magistrat in Storkow wegen der ihr zustehenden Berechtigung zur Hütung und zum Grasschneiden in der Storkower Bürgerheide	1810
1242	Beschwerden der Kossäten zu Stöbritz (seit 1816 Kreis Calau) gegen die dortigen Bauern wegen Entwendung ihres Ackerlandes	1810-1811
1243	Hütungsseparation zwischen den Kolonistengemeinden in Neu Lübbenau, Neu Schadow und Hohenbrück im großen Busch der Alt Schadower Forst	1810-1812
1244	Wiederherstellung der wüsten Bauern- und Kossätenhöfe	1810
1245	Teilung der Besitzung des Kolonisten Nikolaus in Langendamm	1810

1245/1	Streit zwischen den Gemeinden Görzig und Groß Rietz wegen Benutzung der Gruse (frischem Grün) auf der Grenze, Regulierung der Grenzen zwischen den Beeskowschen Amtsdörfern Görzig, Radinkendorf, Neubrück, Buckow, Bornow, Herzberg und Beeskow mit denen der Rietzschen Güter des Generalintendanten von Itzenplitz	1811-1816
1246	Separation zwischen dem Erbpachtsvorwerk Markgrafpieske und der dortigen Pfarre	1811-1812
1247	Ansprüche des Landwehrmanns Miete an das Winkelgut in Buckow	1815
1247/1	Genehmigung zur Veräußerung und zum Ankauf von Grundstücken im Kreise	1858-1905
1247/2	Gesuch des Kossäten Gottlieb Jaenicke in Lindenberg um Rückgabe des ihm bei der Separation abgenommenen Kohlengartens durch die Grundherrschaft	1821
1248	Bedenken gegen die unbeschränkte Zerstückelung ländlicher Grundstücke und die deshalb angeforderten Gutachten und Nachweisungen	1870-1872
1249	Ablösung der der Kolonie Neu Zittau in der Friedersdorfer Forst zustehenden Waldstreugerechtigkeit	1871-1877
1249/1	Seapration der Feldmarken im Kreise	1912

2.2.6. Begräbnisplätze

	Anlegung von Begräbnisplätzen Bd 1 fehlt	
1250	Bd 2	1909-1931
1251	Bd 3	1932-1944

2.2.7. Wasserversorgung

	Wasserangelegenheiten im Kreise Enthält u.a.: Be- und Entwässerungen in Rauen und Saarow-Pieskow.	
1252	Bd 1	1908-1934

1253	Bd 2	1935-1942
1254	Bd 3	1941-1944
1255	Be- und Entwässerungen in Niederlehme und Reichenwalde	1909-1910
1256	Be- und Entwässerungen im Kreise	1910-1934

2.3. Kreis Jüterbog-Luckenwalde

2.3.1. Verfassung und Verwaltung, Personal

	Organisation des Kreises	
1269	Bd 1	1874-1904
1270	Bd 2	1905-1929
1271	Bd 3	1930-1943
1272	Kreisausschuß	1874-1944
	Kreistage	
	Bd 1-6 fehlen	
1273	Bd 7	1907-1913
	Bd 8 fehlt	
1274	Bd 9	1918-1923
1275	Bd 10	1923-1929
1276	Bd 11	1930-1933
1277	Gemeindeversammlungen und Gemeindevertretungen	1892-1933
1278	Ortsstatuten	1895-1932
1279	Neue Etablissements im Kreise Enthält u.a.: Ortsbenennungen.	1874-1944
	Einverleibung einzelner Grundstücke oder Etablissements in die Kommunalverbände der Dorfgemeinden und Bildung neuer Gemeinden. Ein- und Umgemeindungen	
1279/1	Bd 1	1857-1893
1280	Bd 2	1894-1931
1281	Bd 3	1931-1945

1282	Maßnahmen zur Hebung der Verwaltungskraft kreisangehöriger Gemeinden Enthält u.a.: Zusammenlegung und Eingliederung von Gemeinden.	1939
1283	Auflösung der Gutsbezirke	1928-1930
1284	Auflösung der Gutsbezirke Enthält u.a.: Auflösungsplan Baruth-Schloß.	1928
1285	Auflösung der Forstgutsbezirke	1928-1935
	Anstellung, Dienstführung, Besoldung und Entlassung der Ortsschulzen, Bürgermeister, Beigeordneten und Schöffen Bd 1-2 fehlen	
1286	Bd 3	1854-1867
1287	Bd 4	1868-1878
	Anstellung, Dienstführung, Besoldung und Entlassung der Ortsschulzen, Bürgermeister, Beigeordneten und Schöffen	
1288	Bd 1	1886-1936
1289	Bd 2	1936-1945
1290	Beschwerden über Gemeindevorsteher	1887-1912
	Beschwerden über verschiedene Gemeindeangelegenheiten	
1291	Bd 1	1882-1928
1292	Bd 2	1925-1927
	Anstellung der Nachtwächter sowie der mittleren und unteren Beamten	
1293	Bd 1	1849-1918
1294	Bd 2	1919-1942
1295	Bd 3	1941-1944
1296	Anstellung der Waisenräte	1876-1895
	Besoldung, Ruhegehalt, Witwen- und Waisenversorgung der Kreiskommunalbeamten	
1297	Bd 1	1920-1936
1298	Bd 2	1935-1944

2.3.2. Kreisvermögen, Verwaltungsberichte, Etats- und Rechnungs-Sachen

1299	Kreisverwaltungsetats und die aus Grundsteuerüberschüssen gebildeten Kommunalfonds	1827-1862
	Kreisvermögen, Kreishaushaltsvoranschläge und Kreisverwaltungsberichte	
	Bd 2 fehlt	
1300	Bd 3	1911-1929
1301	Bd 4	1929-1935
1302	Bd 5	1935-1937
1303	Bd 6	1937-1939
1304	Bd 7	1940-1944
1305	Staatsdarlehen für den Kreis	1926-1928
1306	Haushaltsplan des Kreises für das Rechnungsjahr 1932	1932
	Haushaltssatzung des Kreises	
1306/1	für das Rechnungsjahr 1939	1939
1307	für das Rechnungsjahr 1940	1940
1308	Nachtragshaushaltssatzung des Kreises für das Rechnungsjahr 1940	1940-1941
1309	Haushaltssatzung des Kreises für das Rechnungsjahr 1941	1941
1309/1	Nachtragshaushaltssatzung das Kreises für das Rechnungsjahr 1941	1942
1310	Rechnungswesen der Landgemeinden	1911-1945

2.3.3. Abgaben

1311	Regelung des Kriegsschuldenwesens der Herrschaft Baruth	1822-1829
1311/1	Gemeindebeschlüsse über die Quartierleistung und Beschwerden über Einquartierungen	1872-1874
1312	Erhebung der Hundesteuer	1896-1941
1313	Gemeindesteuerangelegenheiten	1923-1945

	Kreis- und Provinzialabgaben	
1314	Bd 1	1906-1929
1315	Bd 2	1929-1935
1316	Bd 3	1935-1943
1317	Verteilung des Anteils der Reichseinkommensteuer auf den Kreis, die Städte, Landgemeinden und Gutsbezirke	1921-1922

2.3.4. Sparkassen

	Kreissparkasse	
1318		1901-1911
1319	Bd 4	1918-1929
1320	Bd 5	1929-1935
1321	Bd 6	1935-1937
1322	Bd 7	1938
1323	Bd 8	1939-1940
1324	Bd 9	1940
1325	Bd 10	1940-1941
1326	Bd 11	1941-1942
1327	Bd 12	1942-1943
1328	Kreis- und Stadtsparkasse	1939-1945
1329	Kreisbank in Jüterbog	1923-1929
1330	Zusammenlegung der Sparkassen	1935-1938
1331	Bericht des Brandenburgischen Sparkassen- und Giroverbandes, Berlin, über die Prüfung des Jahresabschlusses zum 31. Dez. 1936 der Kreissparkasse Jüterbog	1937
1332	Bericht des Brandenburgischen Sparkassen- und Giroverbandes über die Prüfung des vorläufigen Jahresabschlusses 1937 der Kreissparkasse Jüterbog	1938
1333	Auswertung des Prüfungsergebnisses über Unregelmäßigkeiten des früheren Angestellten Foitzik bei der Kreissparkasse Jüterbog hinsichtlich der Fragen der Betriebssicherheit und Betriebskontrolle	1938

2.3.5. Grundstücks-Sachen

1334	Lehnschulzengut zu Ruhlsdorf	1810
1335	Verkauf des Lehnschulzengutes zu Dümde	1816
1336	Erteilung von Genehmigungen für den Ankauf und Verkauf von Gemeindegrundstücken	1839-1858
1337	Erteilung von Genehmigungen für den An- und Verkauf von Grundstücken der der Dorfgemeinden	1858-1902
1338	Bestätigung der Vollmacht für den Landrat Julius Leberecht Hauschteck zur Vertretung der Kreisstände des Luckenwalder Distrikts bei der gerichtlichen Vollziehung des Vertrages über die durch die Kreisstände von den Ackerwirten zu Grünau erworbenen Ackerparzellen, genannt Hauschteckslust. Verkauf des Etablissements Hauschteckslust.	1846-1873
1339	Separationen	1884-1920

2.3.6. Begräbnisplätze

	Anlegung von Begräbnisplätzen	
1340	Bd 1	1871
1341	Bd 2	1887-1929
1342	Anlegung von Begräbnisplätzen	1931-1936

2.3.7. Wasserversorgung

	Be- und Entwässerungen Enthält u.a.: Be- und Entwässerungen von Merzdorf, Glau, Werbig, Schlenzer und Lichtenfelde.	
1343	Bd 1	1921-1942
1344	Bd 2	1939-1944
1345	Wasserversorgung von Groß Ziescht	1911-1936
1346	Be- und Entwässerung der Landgemeinde Wahlsdorf	1934-1936

2.4. Kreis Niederbarnim

2.4.1. Verfassung und Verwaltung, Personal

	Organisation des Kreises	
1386	Bd 1	1874-1882
1387	Bd 2	1895-1902
	Bd 3-6 fehlen	
1388	Bd 7	1908-1910
1389	Bd 8	1910-1913
1390	Bd 9	1913-1920
1391	Bd 10	1920-1924
1392	Bd 11	1924-1931
1393	Bd 12	1932-1938
1394	Bd 13	1938-1940
1395	Bd 14	1940-1943
1396	Teilung des Amtsbezirks Pankow	1891-1892
1397	Verzeichnis der zusammengesetzten Amtsbezirke, der Eigenamtsbezirke, der kreisangehörigen Städte, der kreisangehörigen Gutsbezirke des Kreises	um 1930
	Kreisausschuß	
	Bd 1 fehlt	
1398	Bd 2	1891-1905
1399	Bd 3	1905-1929
1400	Bd 4	1930-1944
1401	Kreisdeputierte	1934-1939
	Kreistage	
	Bd 1-10 fehlen	
1402	Bd 11	1908-1911
1403	Bd 12	1912-1913
	Bd 13-14 fehlen	
1404	Bd 15	1921-1925
1405	Bd 16	1925-1927
1406	Bd 17 Enthält u.a.: Ausschluß der KPD- und SPD-Mitglieder von den Kreistagssitzungen, 1933.	1927-1933
1406/1	Gemeindebezirkseinteilung des Kreises	1851

	Einführung einer gewählten Gemeindevertretung	
1407	in Friedrichsfelde	1873-1877
1408	in Friedrichshagen	1872-1876
1409	in Kagel	1873
1410	in Lichtenberg	1872-1882
1411	in Malchow	1873
1412	in Niederschönhausen	1873
1413	in Pankow	1871-1874
1414	in Reinickendorf	1873-1874
1415	in Woltersdorf	1873
	Gemeindeversammlungen und Gemeindevertretungen	
1416	Bd 1	1891-1910
1417	Bd 2	1910-1933
1418	Ortsstatuten	1893-1942
1419	Kommunalverhältnisse verschiedener Gemeinden	1835-1845
1420	Kommunalverhältnisse der von dem Domänenfiskus veräußerten Vorwerke Rüdersdorf und Mönchwinkel	1838-1865
1421	Regulierung der Kommunalverhältnisse zu Alt Moabit	1852-1855
1422	Abgrenzung des Kommunalbezirks von Kalkberge-Rüdersdorf	1869-1879
1423	Kommunale Zugehörigkeit der Möckernitzwiesen in Charlottenburg	1900-1908
	Umgemeindung der Jungfernheide mit Plötzensee	
1424	Bd 1	1907-1911
1425	Bd 2	1911-1917
1426	Bd 3	1918-1920
	Einverleibung einzelner Grundstücke oder Etablissements in die Kommunalverbände der Dorfgemeinden sowie die Bildung neuer Gemeinden. Ein- und Umgemeindungen	
1428	Bd 1	1855-1863
1429	Bd 2	1864-1866
1430	Bd 3	1867-1870
1431	Bd 4	1871-1879
1432	Bd 5	1886-1898
1433	Bd 6	1899-1905
1434	Bd 7	1905-1910

1435	Bd 8	1910-1912
1436	Bd 9	1912-1922
1437	Bd 10	1923-1931
1438	Bd 11	1932-1935
1439	Bd 12	1935-1937
1440	Bd 13	1936-1939
1441	Bd 14	1939-1944
1442	Maßnahmen zur Hebung der Verwaltungskraft kreisangehöriger Gemeinden Enthält u. a.: Ein- und Umgemeindung.	1939
	Regulierung der Gemeindeverhältnisse von Boxhagen-Rummelsburg	
1443	Bd 1	1876-1882
1444	Bd 2 Enthält: Auflösungsplan 1-41.	1882-1897
	Auflösung der Gutsbezirke	
1445	Bd 1	1928
1446	Bd 2 Enthält: Auflösungsplan 1-41.	1928
1447	Bildung eines Gutsbezirks Herzberge aus der der Stadt Berlin gehörenden Irrenanstalt Herzberge und dem ihr gehörenden Kirchhofsterrain im Gutsbezirk Friedrichsfelde	1892-1901
1448	Auflösung der Forstgutsbezirke	1928-1930
1449	Projektierung der Teilung des Kreises Niederbarnim	1890-1903
	Ortschaftsverzeichnis des Kreises	
1450	Bd 1	1873-1888
1451	Bd 2	1890-1906
1452	Bd 3	1907-1941
	Anstellung und Dienstführung der Ortsschulzen, Gemeindevorsteher, Bürgermeister und Schöffen Bd 1-2 fehlen	
1453	Bd 3	1844-1847
1454	Bd 4	1848-1850
1455	Bd 5	1851-1859
1456	Bd 6	1860-1862
1457	Bd 7	1863-1866

1458	Bd 8	1867-1869
1459	Bd 9	1870-1889
1460	Bd 10	1889-1908
1461	Bd 11	1908-1910
1462	Bd 12	1910-1911
	Bd 13-14 fehlen	
1463	Bd 15	1924-1929
1464	Bd 16	1929-1934
1465	Bd 17	1934-1935
1466	Bd 18	1935-1937
1467	Bd 19	1938
1468	Bd 20	1939-1940
1469	Bd 21	1941-1945

1470 Beschwerden und Verfahren gegen den Gemeindevorsteher Thormann in Neuenhagen wegen Bollensdorfer Siedlungsangelegenheiten 1930-1934
Enthält u.a. Druckschriften: Die Siedlung Bollensdorf. Bearbeitet von Gemeindevorsteher a.D. Albrecht, 1932. - 12 Jahre praktische Kommunalarbeit in der Gemeinde Neuenhagen bei Berlin 1920-1932, von Max Thormann, Altlandsberg 1932.

1471 Disziplinarverfahren gegen den Gemeindevorsteher Fritz Grasnick in Petershagen wegen Unterschlagung großer Geldbeträge 1926-1929

1472 Disziplinarverfahren gegen den Bürgermeister Oskar Weigert in Tegel wegen Ehebruchs 1911-1913

1473 Politische Vorkommnisse in Zepernick, Verfahren gegen den Amts- und Gemeindevorsteher Karl Wetzel und den Polizeihauptwachtmeister Paul Schmidt, Besetzung der Bügermeisterstelle in Zepernick 1934-1937
Enthält u.a.: Maßnahmen gegen die KPD.

Beschwerden über Gemeindevorsteher, Steuererheber usw. in verschiedenen Gemeinden

1474	Bd 1	1882-1891
1475	Bd 2	1899-1903
1476	Bd 3	1904-1907

Beschwerden allgemeiner Art
Bd 1 fehlt

1477	Bd 2	1890-1893
1478	Bd 3	1894-1905

1479	Bd 4	1903-1909
1480	Bd 5	1909-1911
1481	Bd 6	1911-1918
1482	Bd 7	1918-1929
1483	Bd 8	1929-1941
1484	Bd 9	1943-1944
	Mittlere und untere Beamte	
	Bd 1-8 fehlen	
1486	Bd 9	1932-1934
1487	Bd 10	1934-1935
1488	Bd 11	1934-1938
1489	Bd 12	1938-1943
1490	Bd 13	1944
1493	Dienststellenpläne des Kreises	1942
1494	Übersicht über die personelle Besetzung der Gemeinden	1942-1944
1495	Beschwerden über untere Beamte	1892-1910
	Besoldung, Ruhegehalt, Witwen- und Waisenversorgung der Kreiskommunalbeamten	
1496	Bd 1	1920-1932
1497	Bd 2	1932-1935
1498	Bd 3	1936-1937
1499	Bd 4	1938-1939
1500	Bd 5	1939-1942
1501	Bd 6	1942-1945
1502	Besoldungsregelung für die Beamten und Festangestellten	1930-1932

2.4.2. Kreisvermögen, Verwaltungsberichte, Etats- und Rechnungs-Sachen

	Kreishaushaltspläne, Verwaltungsberichte und Kreisvermögen	
	Bd 1-3 fehlen	
1503	Bd 4	1907-1927
1504	Bd 5	1928-1934
1505	Bd 6	1934-1935
1506	Bd 7	1934-1936
1507	Bd 8	1936-1937
1508	Bd 9	1936-1938

1509	Bd 10	1939-1940
1510	Bd 11	1936-1945
	Staatliche Kreditaktion für den Kreis, insbesondere die Niederbarnimer Baustoffwerke GmbH, Siedlungsgesellschaft Niederbarnim mbH	
1511		1927-1931
1512		1928
	Staatsbeihilfen zur Erleichterung der Wohlfahrtslasten	
1513	Bd 1	1931-1933
1514	Bd 2	1933-1934
1515	Bd 3	1935
1516	Ermittlung und Einrichtung von Diensträumen für die Niederbarnimer Kreisbehörde in Berlin sowie Erwerbung eines Kreisständehauses	1816
1517	Verwaltungsbericht des Kreisausschusses für das Jahr 1919	1920
	Haushaltspläne des Kreises	
1518	für das Rechnungsjahr 1912	1912
1519	für das Rechnungsjahr 1924	1924
1520	für das Rechnungsjahr 1925	1925
1521	für das Rechnungsjahr 1926	1926
1522	für das Rechnungsjahr 1927	1927
1523	für das Rechnungsjahr 1928	1928
1524	für das Rechnungsjahr 1929	1929
1525	für das Rechnungsjahr 1930	1930
1526	für das Rechnungsjahr 1931	1931
1527	für das Rechnungsjahr 1932	1932
1528	für das Rechnungsjahr 1935	1935
1529	für das Rechnungsjahr 1936	1936
1530	für das Rechnungsjahr 1937	1937
1531	für das Rechnungsjahr 1938	1938
1532	für das Rechnungsjahr 1939	1939
1533	für das Rechnungsjahr 1940	1940
1535	für das Rechnungsjahr 1941	1941
1536	für das Rechnungsjahr 1942	1942
1537	für das Rechnungsjahr 1943	1943
1538	für das Rechnungsjahr 1944	1944

1539	Abnahme der Rechnungen über die Kommunalfonds des Kreises Niederbarnim, Rechnungen über den Niederbarnimschen Kontributions-Überschußfonds (Grundsteuer-Überschußfonds)	1832-1865
1540	Rechnungen von dem Kreiskommunalfonds	1836-1867
1541	Bericht über die Ordnungsprüfung der Jahresrechnungen 1935-1936 der Kreiskommmunalverwaltung	1936
1542	Bericht über die unvermutete Kassen- und Organisationsprüfung bei der Kreiskommunalverwaltung im Dez. 1938	1939
1543	Bericht über die unvermutete Kassenprüfung bei der Kreiskommunalkasse und ihrer Nebenkassen im Febr. 1940	1940
	Berichte über die bei der Niederbarnimer Gasgesellschaft mbH, Berlin, durchgeführte Pflichtprüfung	
1544	für das Geschäftsjahr 1936	1937
1545	für das Geschäftsjahr 1937	1938
1546	für das Geschäftsjahr 1938	1939
	Abhaltung von außerordentlichen Kassenrevisionen in den Städten	
	Bd 1 fehlt	
1547	Bd 2	1850-1873
1548	Differenzen zwischen der Forst- und Ökonomie-Deputation des Magistrats Berlin und der Gemeinde zu Stralau wegen Vorlegung der Gemeinderechnung	1846-1847
	Etats- und Rechnungswesen der Landgemeinden	
	Bd 1 fehlt	
1549	Bd 2	1906-1910
1550	Bd 3	1911-1914
	Bd 4 fehlt	
1551	Bd 5	1925-1931
1552	Bd 6	1931-1932
1553	Bd 7	1932
1554	Bd 8	1932-1935
1555	Bd 9	1935-1938
1556	Bd 10	1939-1945
1557	Weißenseer Bank	1913-1916

Etats- und Rechnungswesen sowie Staatsbeihilfen in den Landgemeinden

1558	Bd 1	1932
1559	Bd 2	1932-1933
1560	Bd 3	1933
1561	Bd 4	1933
1562	Bd 5	1933
1563	Bd 6	1933
1564	Bd 7	1933
1565	Bd 8	1933
1566	Bd 9	1934-1935

1567 Staatsbeihilfe für Rüdersdorf 1935

1568 Haushaltsplan der Gemeinde Birkenwerder bei Berlin für das Rechnungsjahr 1928 1928

1569 Haushaltsvoranschlag der Gemeinde Erkner für das Rechnungjahr 1927 1927

1569/1 Haushaltsplan für die Gemeinde Friedrichshagen für das Rechnungsjahr 1906 1906

1570 Bericht über die bei dem Straßenbahnverband Schöneiche-Kalkberge GmbH, Schöneiche, durchgeführte Pflichtprüfung für das Geschäftsjahr 1936 1938

1571 Bericht über die bei den Gemeindewerken Woltersdorf bei Erkner durchgeführte Pflichtprüfung für das Geschäftsjahr 1936 1938

2.4.3. Abgaben

1572 Streitigkeiten unter den Bauern und Kossäten in Germendorf über das Beitragsverhältnis zu den Kommunallasten 1840-1847

1573 Nachtigallensteuer 1843

1574 Regulierung der Kommunalabgaben in Groß Schönebeck 1856-1861

Hundesteuer
Bd 1-3 fehlen

1575	Bd 4	1914-1934
1575/1	Bd 5	1934-1945

	Gemeindesteuern	
	Bd 1-46 fehlen	
1576	Bd 47	1923-1927
1577	Bd 48	1927-1929
1578	Bd 49	1930-1932
1579	Bd 50	1932-1934
1580	Bd 51	1934-1935
1581	Bd 52	1936-1937
1582	Bd 53	1938-1940
	Kreis- und Provinzialabgaben	
	Bd 1 fehlt	
1583	Bd 2	1924-1929
1584	Bd 3	1929-1932
1585	Bd 4	1932-1933
1586	Bd 5	1932-1935
1587	Bd 6	1936-1939
1588	Verteilung des Anteils der Reichseinkommensteuer auf den Kreis, die Städte, Landgemeinden und Gutsbezirke des Kreises	1921-1922

2.4.4. Sparkassen

1590	Feststellung einer Unterschlagung von 69.000 Mark in der Kreissparkasse und Rezeptur zu Oranienburg	1892-1893
	Kreissparkasse	
	Bd 1-2 fehlen	
1591	Bd 3	1906-1911
1592	Bd 4	1911-1917
1593	Bd 5	1917-1929
1594	Bd 6	1930-1935
1595	Bd 7	1935-1936
1596	Bd 8	1936-1937
1597	Bd 9	1938
1598	Bd 10	1938-1940
1398/1	Bd 11	1940-1942
1599	Bd 12	1942-1945
1600	Haushaltsplan über die Verwaltungskosten der Kreissparkasse für das Rechnungsjahr 1922	1922

1601	Voranschlag der Kreissparkasse	1939
1602	Geschäftsbericht für das 81. Geschäftsjahr der Kreissparkasse	1937
1603	Dienststellenbesetzung der Kreissparkasse	zwischen 1939/1945
1604	Gemeindesparkasse in Berlin-Niederschönhausen	1913-1920
1605	Gemeindesparkasse in Berlin-Oberschöneweide	1913-1919
1606	Gemeindesparkasse in Berlin-Pankow	1908-1920
	Sparkasse in Reinickendorf	
1607	Bd 1	1908-1913
1608	Bd 2	1913-1920
1609	Sparkasse in Rummelsburg	1901-1920
1610	Gemeindesparkasse in Berlin-Tegel	1918 -1920

2.4.5. Grundstücks-Sachen

	Separation in Blankenfelde	
1611	Bd 1	1804-1813
1611/1	Bd 2	1813-1821
1612	Hütungsseparation des Gutes Friedensthal (Sachsenhausen)	1811-1816
	Separation der Gemeinde in Schmachtenhagen	
1613	Bd 1	1809-1818
1614	Bd 2	1819-1821
1615	Separation in Wandlitz	1819-1821
	Genehmigung zur Veräußerung von Gemeindegrundstücken	
	Bd 1 fehlt	
1616	Bd 2	1876-1904
1617	Bd 3	1905-1908
1618	Separation der Feldmarken	1883-1921
1619	Separation und andere Grundstücksangelegenheiten	1908-1934

2.4.6. Begräbnisplätze

1620	Planierung, Befestigung und Bepflanzung der Umgegend der neuerbauten St. Johannis Kirche in Moabit und Einrichtung eines Begräbnisplatzes	1836-1840
1621	Anlegung von Begräbnisplätzen und Verlegung des Begräbnisplatzes in Neu-Marienwerder	1833-1876
1622	Anlegung von Begräbnisplätzen	1866-1873
	Anlegung und Vergrößerung von Begräbnisplätzen	
	Bd 1-2 fehlen	
1623	Bd 3	1903-1906
1624	Bd 4	1906-1909
1625	Bd 5	1909-1911
1626	Bd 6	1911-1920
1627	Bd 7	1921-1944
1627/1	Begräbnisplatz in Friedrichshagen	1911-1913
1628	Feuerbestattung	1913-1914

2.4.7. Wasserversorgung

	Be- und Entwässerungsanlagen (Kreiswasserwerk)	
1629	Bd 1	1911-1940
1630	Bd 2	1940-1944
1631	Wasserangelegenheiten	1929-1944
	Be- und Entwässerungen	
	Bd 1 fehlt	
1632	Bd 2 Enthält u.a.: Landesschulheim in Birkenwerder. - Wasserversorgung der Siedlung Elisenau bei Bernau. - Erläuterungsbericht und Bauzeichnungen zur Erweiterung und Entwässerung des Sanatoriums „Heidehaus“ von Dr. Schauß in Zepernick, 1936. - Entwässerung des Grundstücks Birkenwerder, Briese-Allee 38. - Lageplan vom Gelände der Gemeinschaftssiedlung Erkner-Karutzhöhe, 1944.	1939-1945

	Be- und Entwässerung der Gemeinden Basdorf, Birkenwerder und Borgsdorf	
1633	Bd 1	1904-1940
1634	Bd 2	1940-1944
	Kanalisation der Kolonie Borsigwalde	
1635	Bd 1	1900-1905
1636	Bd 2	1906-1911
1637	Bd 3	1911-1929
1638	Entwässerung von Französisch-Buchholz (Berlin-Buchholz) Enthält u.a.: Pläne zur Kanalisation.	1909-1920
1639	Kanalisation von Berlin-Buchholz	1918-1919
1640	Vorflutverhältnisse des Grundstückes Tescher sowie der Dorfstraße in Fredersdorf	1921-1922
	Be- und Entwässerung der Gemeinde Friedrichsfelde	
1641	Bd 1	1891-1913
1642	Bd 2	1914-1929
1643	Kanalisation und Wasserversorgungsanlagen in Friedrichsfelde, Rieselfeld Münchehofe und Neuenhagener Fließ	1927-1937
1644	Be- und Entwässerung der Gemeinden Friedrichshagen und Hirschgarten	1903-1938
1645	Be- und Entwässerung von Frohnau	1911-1913
1646	Rieselfeld Grabowsee	1927-1936
1647	Wasserwerk der Stadt Berlin in Heiligensee	1914
1648	Wasserwerk in Heinersdorf	1921
1649	Wasserwerk in Hermsdorf Enthält u.a.: Pläne für den Bau des Wasserwerks.	1908-1911
1650	Wasserwerk in Hönow-Rosengarten	1930-1937

	Be- und Entwässerung von Hohen Neuendorf	
1651	Bd 1	1911-1927
1652	Bd 2	1927-1940
1653	Bd 3	1940-1945
	Be- und Entwässerung des Gemeinde- und Gutsbezirke Hohenschönhausen	
1654	Bd 1	1901-1907
1655	Bd 2	1908-1911
1656	Bd 3	1912-1921
	Wasserversorgung des Ortsteils „Gartenstadt Hoppegarten" und der Gemeinden Neuenhagen, Schöneiche, Waldesruh und Dahlwitz-Hoppegarten	
1657	Bd 1	1922-1939
1658	Bd 2	1940-1943
1659	Erläuterungsbericht zum Kanalisationsentwurf mit Kläranlage, System Rothe-Röckner, für die Gemeinde Lichtenberg-Friedrichsberg	1891
	Entwässerung von Lichtenberg	
	Bd 1 fehlt	
1660	Bd 2	1900-1905
1661	Kanalisationsverband der Stadtgemeinde Lichtenberg und der Landgemeinde Boxhagen-Rummelsburg	1908-1922
1662	Be- und Entwässerung der Gemeinde Kalkberge	1912-1938
1663	Kanalisationsanlagen in Kaulsdorf	1920-1921
1664	Wasserwerke in Mehrow-Trappenfelde	1938-1944
	Be- und Entwässerung von Oberschöneweide	
1665	Bd 1	1899-1906
1666	Bd 2	1906-1912
1667	Bd 3	1912-1914
	Be- und Entwässerung von Glienicke/Nordbahn, Mühlenbeck, Pankow und Stolpe	
1668	Bd 1	1892-1904
1669	Bd 2	1905-1910
1670	Bd 3	1910-1912

	Enthält u.a.: Übersichtsplan vom Rieselfeld Mühlenbeck, 1909. - Erläuterungsbericht zum Projekt Wasserwerk Pankow, 1910. - Druckschrift: K. Keilhack, Die geologisch-agronomischen und hydrologischen Verhältnisse des Gutes Feldheim bei Mühlenbeck (2 Karten).	
1671	Bd 4 Enthält u.a.: Erläuterungsbericht zum Rieselfeldprojekt Gut Mühlenbeck-Schönwalde, 1912. - Erweiterung des Wassernetzes Stolpe, 1927. - Polizeiverordnung über Herstellung und Betrieb von Grundstücksentwässerungen und Verhütung der Verunreinigung der Reinwasserleitung für den Amtsbezirk Berlin-Pankow, 1913.	1912-1931
1672	Bd 5 Be- und Entwässerung von Glienicke Enthält u.a.: Rohrnetzplan der Wasserversorgung, 1930. - Pläne zur Entwässerung der Eigenheimsiedlung, 1938.	1932-1944
	Rieselfelder der Strafanstalt Plötzensee	
1673	Bd 1	1895-1899
1674	Bd 2	1900-1911
	Be- und Entwässerung von Reinickendorf	
1675	Bd 1	1896-1902
1676	Bd 2	1903-1905
1677	Bd 3	1905-1921
1678	Kanalisationsverband Reinickendorf-Wittenau	1909-1927
1679	Entwässerung von Stralau und von Betriebsunterkünften in Fredersdorf, Wasserversorgung der Gemeinde Friedrichsthal und des Konzentrationslagers Sachsenhausen	1901-1944
	Be- und Entwässerung von Tegel sowie das Wasserwerk	
1680	Bd 1	1897-1900
1681	Bd 2	1900-1905
1682	Bd 3	1906-1910
1683	Bd 4	1910-1913
1684	Bd 5	1913-1922
1684/1	Verunreinigung der Spree und des Möckernitzgrabens durch Abwässer der Tegeler Kanalisation Enthält u.a.: Karte von Spandau, 1:25.000.	1898-1899

	Wasserangelegenheiten der Villenkolonie am Wandlitzsee	
1685	Bd 1	1908-1941
1686	Bd 2	1942-1943
	Be- und Entwässerung von Weißensee	
1687	Bd 1	1884-1890
1688	Bd 2	1891-1898
1688/1	Bd 3	1898-1903
1689	Bd 4	1904-1907
1690	Bd 5	1908-1912
	Enthält u.a.: Rieselfeld Birkholz. - Allgemeine Wasserangelegenheiten im Kreise Niederbarnim.	
1691	Bd 6	1912-1938
	Enthält u.a.: Wasserwerk Blumberg-Elisenau.	
1693	Gruppenwasserwerk in Zepernick	1927-1944
	Be- und Entwässerung der Gemeinden Birkenwerder und Woltersdorf	
1694	Bd 1	1907-1940
1695	Bd 2	1941
1696	Abwässerkläranlage und Wasserwerk der Stadt Berlin in der Wuhlheide	1914-1939

2.5. Kreis Oberbarnim

2.5.1. Verfassung und Verwaltung, Personal

	Organisation des Kreises	
	Bd 1-2 fehlen	
1697	Bd 3	1910-1929
1698	Bd 4	1930-1944
1699	Kreisausschuß. Allgemeines	1878-1928
	Kreisausschuß	
1700	Bd 1	1931-1945
1701	Bd 2	1934-1938
1702	Landräte und Kreisdeputierte	1941-1943

Kreistage
Bd 1-4 fehlen
1703 Bd 5 1902-1910
1704 Bd 6 1911-1920
1705 Bd 7 1921-1927
1706 Bd 8 1927-1932
1707 Bd 9 1931-1933

1708 Gemeindevertretung in Neutrebbin 1857-1863

1709 Gemeindevertretung in Neulewin 1859-1861

1710 Gemeindevertretung in Heegermühle 1864

1711 Gemeindeversammlungen und Gemeindevertretungen 1892-1933

1712 Ortsstatuten 1897-1914

1713 Kommunalverhältnisse der Bewohner des Darrhauses in der Biesenthaler Forst 1837-1841

1714 Feststellung der Kommalverhältnisse des Etablissements des Büdners Schwendeck bei Falkenberg 1840-1841

1715 Kommunal- und Polizeiangehörigkeit der im Dorfe Heegermühle gelegenen Etablissements des Hüttenamts Messingwerk 1842-1863

1716 Ausführung des Gesetzes vom 11. März 1850 über die neue Gemeindeordnung 1850-1861

Einverleibung einzelner Grundstücke oder Etablissements in die Kommunalverbände der Dorfgemeinden und Bildung neuer Gemeinden. Ein- und Umgemeindungen
Bd 1 fehlt
1717 Bd 2 1866-1900
1718 Bd 3 1899-1922
1719 Bd 4 1923-1939

1720 Hebung der Verwaltungskraft durch Eingemeindung und Zusammenlegung von Gemeinden 1939

	Auflösung der Gutsbezirke	
1721	Bd 1	1928
1722	Bd 2 Enthält: Auflösungsplan 1-16.	1928
1723	Bd 3 Enthält: Auflösungsplan 17-39.	1928
1724	Bd 4 Enthält: Auflösungsplan 40-64.	1928
1725	Auflösung der Forstgutsbezirke	1929
1726	Ortschaftsverzeichnis des Kreises	1872-1933
1726/1	Ortschaftsverzeichnis des Kreises vor und nach der Auflösung der Gutsbezirke	um 1928
1727	Anstellung und Besoldung des Ortsvorstehers, Beschwerden gegen ihn, Einführung der Repräsentativ-Verfassung in Werneuchen Enthält u.a.: Gedrucktes Statut für die Kolonie Nowawes von 1838.	(1838-1839), 1845-1865
	Wahl der Schulzen, Gemeindevorsteher und Schöffen und Besetzung der Stellen Bd 1-2 fehlen	
1728	Bd 3	1858-1869
1729	Bd 4	1870-1909
1730	Bd 5	1909-1935
1731	Bd 6	1936-1945
1732	Landgemeindeordnung	1891
1733	Beschwerden über Gemeindevorsteher	1882-1911
	Anstellung der mittleren und unteren Beamten	
1734	Bd 1	1851-1934
1735	Bd 2	1934-1944
	Besoldung, Ruhegehalt, Witwen- und Waisenversorgung der Kreiskommunalbeamten	
1736	Bd 1	1920-1937
1737	Bd 2	1936-1944

2.5.2. Kreisvermögen, Verwaltungsberichte, Etats- und Rechnungs-Sachen

	Haushaltsvoranschläge, Verwaltungsberichte und Kreisvermögen Bd 1-3 fehlen	
1738	Bd 4	1911-1933
1739	Bd 5	1933-1935
1740	Bd 6	1936-1937
1741	Anschaffung und Einrichtung eines Lokals für die Kreisbehörde Freienwalde	1815-1897
1742	Verwaltungsbericht des Kreisausschusses für 1927	1928
	Haushalts- und Nachtragshaushaltspläne des Kreises	
1743	für das Rechnungsjahr 1934	1934
1744	für das Rechnungsjahr 1938	1938
1745	für das Rechnungsjahr 1940	1940
1746	für das Rechnungsjahr 1941	1941
1747	für das Rechnungsjahr 1941	1941
1748	für das Rechnungsjahr 1943	1943
1749	Rechnungen von dem allgemeinen Kreis-Kommunalfonds	1857-1867
1750	Unvermutete Kassen- und Vorratsprüfungen bei der Kreiskommunalkasse	1935-1943
1751	Bericht über die Ordnungsprüfung der Jahresrechnung 1935 der Kreiskommunalverwaltung	1935
1752	Bericht über die Ordnungsprüfung der Jahresrechnung 1936 der Kreisverwaltung	1936-1938
1753	Bericht über die unvermutete Kassen- und Vorratsprüfung bei der Kreiskommunalverwaltung im Juli 1937	1937
1754	Bericht über die Ordnungsprüfung der Jahresrechnung 1937 der Kreisverwaltung	1937
1755	Bericht über die unvermutete Kassenprüfung der Kommunalkasse im Nov. 1938	1938
1756	Bericht über die unvermutete Kassenprüfung bei der Kreisverwaltung im Nov. 1939	1939

1757	Etats- und Rechnungswesen in den Landgemeinden	1906-1939
1758	Etats- und Rechnungswesen in den Landgemeinden, Staatsbeihilfen	1932-1933

2.5.3. Abgaben

1759	Aufbringung der Kommunalabgaben zu Altranft	1829-1832
1760	Kommunalverhältnisse des Schleusenmeister-Etablissements der Schöpfurther Schleuse	1842-1844
1761	Reform des Remissionswesens	1842-1847
1762	Erhebung einer Mietssteuer	1853-1864
1763	Regulierung der Kommunalverhältnisse und Kommunalabgaben in Neukietz bei Wriezen	1856-1861
1764	Aufnahme einer Kreisanleihe von 12.000 Rtlr. und Erhebung einer Kreiskommunalabgabe zur Verzinsung und Amortisation dieser Anleihe	1865-1866
	Gemeindesteuer	
	Bd 1-9 fehlen	
1765	Bd 10	1910-1917
1766	Bd 11	1918-1927
1767	Bd 12	1927-1936
1774	Bd 13	1937-1946
	Kreis- und Provinzialabgaben	
1768	Bd 1	1906-1927
1769	Bd 2	1927-1929
1770	Bd 3	1930-1932
1771	Bd 4	1931-1937
1772	Bd 5	1937-1945
1773	Verteilung des Anteile der Reichseinkommensteuer auf den Kreis, die Städte, Landgemeinden und Gutsbezirke des Kreises	1921-1923

2.5.4. Sparkassen

Sparkassen
Bd 1-3 fehlen

1775 Bd 4 1901-1911
1776 Bd 3 1911-1929
1777 Bd 6 1929-1935
1778 Bd 7 1938-1939
1779 Bd 8 1938-1939
1780 Bd 9 1939-1940
1781 Bd 10 1941-1945

Verwaltungsbericht der Kreissparkasse Oberbarnim in Bad Freienwalde

1782 für das Jahr 1937 1939
1783 für das Jahr 1938 1940

1784 Auseinandersetzungsvertrag zwischen dem Kreiskommunalverband Oberbarnim und der Kreissparkasse Oberbarnim in Bad Freienwalde über das Vermögen der Kreissparkasse 1940

1785 Kreisbank 1921-1931

2.5.5. Grundstücks-Sachen

6350 Melioration im Kreis Oberbarnim und Ansetzung neuer Untertanen 1785-1787, 1818
Bd 4

1786 Beabsichtigte Einziehung zweier erledigter Bauernhöfe durch die Gutsherrschaft des Grafen von der Schulenburg zu Gersdorf. Gleichsetzung der übrigen Untertanen und Ablösung der Spanndienste und deren Verwandlung in Handdienste. Separation in Gersdorf 1810-1812, 1876

1787 Lehnschulzengut in Hohenstein 1811

1788 Lehnschulzengut in Steinfurth 1811

1789 Anträge auf An- und Verkauf von Grundstücken 1817-1890

	Genehmigung zur Veräußerung und Verpachtung von Rittergütern und anderen Grundstücken Bd 1 fehlt	
1790	Bd 2	1893-1907
1791	Erteilung der Erlaubnis zur Beilegung bäuerlicher Güter zu den adligen Gütern	1825
1792	Projekt mehrerer Bruchinteressenten zur Anlage eines Schöpfmühlenwerkes zur Entwässerung ihrer Grundstücke	1830-1840
1793	Separation in Tuchen	1851-1861

2.5.6. Begräbnisplätze

1794	Anlegung von Begräbnisplätzen	1890-1944

2.5.7. Wasserversorgung

	Be- und Entwässerungen im Kreise	
1795	Bd 1 Enthält u.a.: Gemeindekrankenhaus Heegermühle. - Wasserversorgung von Messingwerk, 1:2000, 1920.	1903-1929
1796	Bd 2 Enthält u.a.: Hirsch Kupfer- und Messingwerke AG in Finow. - Papierfabrik Spechthausen AG. - Wasserwerk Heckelberg. - Gemeinde Finow. - Siedlung Wegendorf. - Kinderheim Werftpfuhl und St. Michael/RAD-Lager Falkenberg.	1929-1939
1797	Bd 3	1939-1943
1798	Bd 4	1943-1944
1799	Wasserversorgungsanlagen in Lüdersdorf	1931-1939

2.6. Kreis Osthavelland

2.6.1. Verfassung und Verwaltung, Personal

	Organisation des Kreises	
1800	Bd 1	1874-1894
	Bd 2 fehlt	
1801	Bd 3	1906-1920

1802	Bd 4	1921-1935
1803	Bd 5	1935-1943
	Kreisausschuß	
1804	Bd 1	1876-1930
1805	Bd 2	1930-1939
	Kreistage Bd 1-7 fehlen	
1806	Bd 8	1901-1906
1807	Bd 9	1907-1911
1808	Bd 10	1911-1915
1809	Bd 11	1916-1920
1810	Bd 12	1921-1923
1811	Bd 13	1923-1925
1812	Bd 14	1923-1929
1813	Bd 15	1930-1931
1814	Bd 16	1932-1933
1815	Einführung einer gewählten Gemeindevertretung in Geltow	1873
1816	Erlaß eines Statuts für die Gemeinde Linum zur Bildung einer gewählten Gemeindevertretung	1872-1873
1817	Einführung einer gewählten Gemeindevertretung in Velten	1873
1818	Gemeindeversammlungen und Gemeindevertretungen	1900-1933
1819	Ortsstatuten	1894-1931
1820	Industriestadt Hennigsdorf-Velten Enthält: Druckschriften von H.A. Zieger: Aufgaben des Wiederaufbaues einer Landgemeinde, 1919; Erfahrungen im Siedlungswesen in kommunalpolitischer, wohnlicher und wirtschaftlicher Hinsicht, 1922; Industriestadt Hennigsdorf-Velten, 1924; Systematischer Aufbau einer Industriestadt vor den Toren Berlins, 1925; Vermögens- und Schuldennachweis der Gemeinde Velten, Sept. 1924. - Karten. - Zeitungen.	1919-1925
1821	Bildung besonderer Kommunalverhältnisse für die Besitzer der Mühlen und kleinen Etablissements bei Spandau	1829
1821/1	Bildung einer Gemeinde aus dem Amt Fehrbellin und den in dessem Bezirk wohnenden Kolonisten	1829-1835

1822	Verpflegungskosten für die Witwe Friesecke und ihres Kindes zu Kolonie Fehrbellin und die Kommunalverbindung der Kolonisten auf dem Amte	1835-1844
1823	Regulierung der Kommunalverhältnisse der Feldmarken Kloster und Damm Enthält u.a.: Einverleibung der Feldmark Kloster in den Gemeindeverband von Spandau.	1839-1865
1824	Regulierung der Kommunalverhältnisse des parzellierten Amtgutes Beetz	1878-1880
	Einverleibung einzelner Grundstücke oder Etablissements in die Kommunalverbände der Dorfgemeinden und Bildung neuer Gemeinden. Ein- und Umgemeindungen Bd 1 fehlt	
1825	Bd 2	1868-1905
1826	Bd 3	1906-1920
1827	Bd 4	1921-1925
1828	Bd 5	1923-1931
1829	Bd 6	1931-1938
1830	Bd 7	1939-1944
1831	Enteignung zum Bau der Döberitzer Heerstraße und Ausbesserungsarbeiten	1908-1913
1832	Anlagen zum Schreiben vom 25. Juni 1925 an Regierungsrat Meydam über die Umgemeindung von Pinnow	1925
1833	Hebung der Wirtschaftskraft durch Zusammenlegung von Gemeinden	1939
	Eingemeindung von Nedlitz, Bornim, Bornstedt und Eiche nach Potsdam	1934-1937
	Auflösung der Gutsbezirke	
1834	Bd 1	1928-1940
1835	Bd 2 Enthält: Auflösungsplan 1-29.	1928
1836	Bd 3 Enthält: Auflösungsplan 30-62.	1928

	Ortschaftsverzeichnis des Kreises	
1837	Bd 1	1872-1906
1838	Bd 2	1907-1940
1839	Feststellung der Grenzen zwischen den Kreisen Osthavelland und Teltow	1909-1919
1840	Bericht der Kreisverwaltung Osthavelland über die ersten 6 Kriegsmonate	1940
	Anstellung der Ortsschulzen, Gemeindevorsteher, Beigeordneten und Schöffen Bd 1-2 fehlen	
1841	Bd 3	1855-1869
1842	Bd 4	1869-1910
1843	Bd 5	1910-1926
1844	Bd 6	1926-1935
1845	Bd 7 Enthält u.a.: Minsker Zeitung, Jg. 1, Nr. 16 vom 3./4. Mai 1942.	1935-1945
1846	Beschwerden gegen den Lehnschulzen Colberg in Pausin	1859-1871
1847	Beschwerden in verschiedenen Gemeindeangelegenheiten	1882-1913
1848	Beschwerden über Gemeindevorsteher	1890-1911
1849	Revision der Gemeindeverwaltungen und Beschwerden über die Gemeindevorsteher	1905-1906
	Anstellung und Besoldung der Nachtwächter und unteren Beamten sowie Beschwerden über sie	
1850	Bd 1	1851-1921
1851	Bd 2	1922-1932
1852	Bd 3	1933-1934
1853	Bd 4	1934-1940
1854	Beschwerden über untere Beamte	1906-1907
1855	Stellenplan der Kreisverwaltung Osthavelland	1935-1943
1856	Dienstellenpläne der Kreis-, Stadt- und Gemeindeverwaltungen	1941-1944

Besoldung, Ruhegehalt, Witwen- und Waisenversorgung der Kreiskommunalbeamten, Landgemeindebeamten

1857 Bd 1 1920-1931
1858 Bd 2 1932-1935
1859 Bd 3 1936-1938
1860 Bd 4 1938-1943
1861 Bd 5 1944

2.6.2. Kreisvermögen, Verwaltungsberichte, Etats- und Rechnungs-Sachen

Kreishaushaltspläne, Verwaltungsberichte und Kreisvermögen
Bd 1-2 fehlen
1862 Bd 3 1907-1929
1863 Bd 4 1930-1934
1864 Bd 5 1935-1936
1865 Bd 6 1936
1866 Bd 7 1937-1939
Bd 8 1940-1946
Enthält u.a.: Bericht über die ersten sechs Kriegsmonate.
siehe Rep. 204 A Ministerium der Finanzen Nr. 675

Kreishaus der Stände des Zauchischen und des Havelländischen Kreises in Potsdam, 1833-1854
siehe I Kom Nr. 2845/1 - 2845/2

1867 Verwaltungsberichte des Kreises für die Jahre 1914-1927 1915-1928

Haushaltsplan das Kreises
1868 für das Rechnungsjahr 1922 1922
1868/1 für das Rechnungsjahr 1936 1935-1936

Haushaltspläne des Kreises
1869 für das Rechnungsjahr 1938 1938
1870 für das Rechnungsjahr 1940 1940
1871 für das Rechnungsjahr 1941 1941

Kreishaus
Bd 1 fehlt
1872 Bd 2 1895

Industrieprojekt Velten, Kanalbau
1873 Bd 1 1925-1927

1874 Bd 2 — 1927-1929
Enthält u.a.: Hauptvoranschlag über den Haushalt des Kreises, Rechnungsjahr 1927.

1875 Industrieprojekt Velten, Kanalbau — 1924-1926
Enthält u.a.: Voranschlag über den Haushalt des Kreises, Rechnungsjahr 1925.

1876 Rechnung über die allgemeinen Kreiskommunalfonds — 1856-1866

1877 Bericht über die unvermutete Prüfung der Kassen des Kreises in Nauen und Nebentätigkeit der kommunalen Ärzte im Kreise — 1934-1939

1878 Bericht über die Ordnungsprüfung der Jahresrechnung der Kreiskommunalverwaltung für das Rechnungsjahr 1934 — 1934-1937

1879 Bericht über die Ordnungsprüfung der Jahresrechnungen der Kreiskommunalverwaltung für die Rechnungsjahre 1935-1936 — 1935-1939

1880 Bericht über die Ordnungsprüfung der Jahresrechnung der Kreisverwaltung für das Rechnungsjahr 1937 — 1937-1940

Berichte über die unvermutete Prüfung der Kreiskommunalkasse in Nauen

1881 im Febr. 1937 — 1937-1938
1882 im Juli 1937 — 1937
1883 im Jan. 1939 — 1939
1884 im Nov. 1939 — 1939

Bericht über die bei den Wasserwerken des Kreises Osthavelland GmbH, Nauen, durchgeführte Pflichtprüfung

1884/1 für das Geschäftsjahr 1936 — 1937
1885 für das Geschäftsjahr 1937 — 1938
1885/1 für das Geschäftsjahr 1938 — 1939
1885/2 für das Geschäftsjahr 1939 — 1940
1886 für das Geschäftsjahr 1940 — 1941
1886/1 für das Geschäftsjahr 1941 — 1942

Etats- und Rechnungswesen in den Landgemeinden

1887 Bd 1 — 1907-1929
1888 Bd 2 — 1930-1932
1889 Bd 3 — 1933-1936
1890 Bd 4 — 1937-1941
1891 Bd 5 — 1940-1944

1892 Etats- und Rechnungswesen in den Landgemeinden, Staatsbeihilfen 1932-1934

2.6.3. Abgaben

Schuldenzustand des Havelländischen Kreises, 1816-1821
siehe I Kom Nr. 2665

1893 Grundsätze über die Aufbringung der Kommunalabgaben 1821-1873

1894 Kommunalbeitragsverhältnisse von Schönwalde 1839-1861

1895 Nachtigallensteuer 1842-1843

1896 Reform des Remissionswesens 1842-1848
Enthält u.a.: Remissionsreglement für den Osthavelländischen Kreis.

1897 Handakten des Justizrats Dr. Amelang über den Prozeß des Fiskus gegen die Gemeinde Damm bei Spandau wegen Befreiung von aller Einquartierung in Friedenszeiten und Erstattung von Einquartierungskosten 1845-1847

Gemeindesteuern
Bd 1-3 fehlen
1898 Bd 4 1922-1928
1899 Bd 5 1929-1932
1900 Bd 6 932-1935
1901 Bd 7 1936-1938

Kreis- und Provinzialabgaben
1902 Bd 1 1926-1930
1903 Bd 2 1931-1939

1904 Verteilung des Anteils der Reichseinkommensteuer auf den Kreis die Städte, Landgemeinden und Gutsbezirke des Kreises 1922-1923

Erhebung der Hundesteuer und Beschwerden darüber
Bd 1 fehlt
1905 Bd 2 1932-1941

2.6.4. Sparkassen

Sparkassen

1906 Bd 1 1854-1911
1907 Bd 2 1912-1928
1908 Bd 3 1928-1934
1909 Bd 4 1935-1936
1910 Bd 5 1937
1911 Bd 6 1933-1938
1912 Bd 7 1937-1939
1913 Bd 8 1939-1941
1914 Bd 9 1941-1942
1915 Bd 10 1941-1943

Kredite der Kreissparkasse in Nauen
Bd 1-2 fehlen
1916 Bd 3 1927

1917 Kreisbank 1924-1929

1918 Bericht des Brandenburgischen Sparkassen- und Giroverbandes, Berlin, über die Verbandsrevision von März bis Mai 1937 sowie die Sonderprüfung der Sparkasse des Kreises Osthavelland in Nauen bezüglich der aus den Geschäften der früheren Stadtsparkasse Fehrbellin entstandenen und noch zu erwartenden Verluste 1937

1919 Tatsachen für den Abschluß eines Teilauseinandersetzungsvertrages zwischen der Sparkasse des Kreises Osthavelland in Nauen und dem Kreiskommunalverband in Nauen sowie Haushaltsplan des Kreises für 1938 1938

Sparkasse in Velten
1920 Bd 1 1886-1905
1921 Bd 2 1906-1911
1922 Bd 3 1911-1924

1923 Gemeindesparkasse in Hennigsdorf 1913-1924

2.6.5. Grundstücks-Sachen

1924 Separation des Rolandshorstes beim Vorwerk Hertefeld mit den zur Mithütung berechtigten Gemeinde 1809-1816

1925	Luchseparation auf Antrag des Schulzen Danzmann und des Gastwirts Zechlin in Dyrotz	1811-1822
1926	Hütungeseparation in Hakenberg	1811-1821
1927	Übergabe der Kommende Lietzen als Dotation an den Staatskanzler Fürst von Hardenberg	1814
1928	Regulierung der Zinswiese der Fleschnerschen Erben in Eichstädt	1837
1929	Kauf des Ritterguts Flatow durch die dortige Bauerngemeinde	1838-1868
1930	Erteilung von Genehmigungen zum An- und Verkauf von Grundstücken	1859-1907
1931	Zwangsenteignung der zu den Spandau-Charlottenburger Spreewiesen gehörenden sogenannten Tiefwerderwiesen	1871-1887
1932	Separationen im Kreise	1896-1923

2.6.6. Begräbnisplätze

	Anlegung von Begräbnisplätzen	
	Bd 1 fehlt	1899-1938
1933	Bd 2	1938-1944
1934	Bd 3	
	Friedhof der Berliner jüdischen Gemeinde am Weinmeisterhorn in Gatow	
1935	Bd 1	1911-1913
1935/1	Bd 2	1913-1918

2.6.7. Wasserversorgung

	Be- und Entwässerung im Kreise, insbesondere in den Gemeinden Brieselang, Bärenklau, Rohrbeck, Pausin, Neufahrland, Seeburg, Dyrotz, Gallin und Wustermark	
	Bd 1 fehlt	
1936	Bd 2	1927-1938
1937	Bd 3	1934-1940
1938	Bd 4	1941-1945

1939	Rieselfeldanlage zum Neubau „Waldhaus Charlottenburg" in Beetz-Sommerfeld	1913-1932
1940	Be- und Entwässerung der Gemeinden Nedlitz, Bornstedt, Barnim, Golm und Eiche (Kreiswassewerk „Osthavelland Süd")	1911-1938
1941	Müllunterbringung im Golmer Luch	1936-1937
1942	Entwässerung des Bornstedter Sees	1910-1939
1943	Zusammenführen und Reinigen des Brauchwassers aus den Ostgemeinden im Kreise Osthavelland von Dallgow und Staaken bis Velten, Wasserwerk Ost	1918-1928
	Wasserwerk bei Groß Glienicke	
1944	Bd 1	1930-1939
1945	Bd 2	1939-1945
1946	Entwässerung des Truppenübungsplatzes Döberitz	1895-1926
	Entwässerung des Truppenübungsplatzes Döberitz und der Heimstätten Dallgow-Döberitz sowie sonstiger Anlagen in Döberitz	
1947	Bd 1	1927-1939
1948	Bd 2	1937-1944
1949	Bd 3	1939-1944
	Kläranlagen des Genesungsheims der AEG in Falkenhagen, Kläranlagen in Falkensee, in Brieselang, im Landjugendheim Falkenhain, in Finkenkrug und in Schönwalde	
1950	Bd 1	1922-1933
1951	Bd 2	1934-1937
1952	Bd 3	1936-1937
1953	Bd 4	1937-1940
1954	Bd 5	1940-1942
1955	Bd 6	1942-1944
	Be- und Entwässerung der Gemeinde Falkensee	
1956	Bd 1	1938-1943
1957	Bd 2	1943-1945
	Be- und Entwässerungsanlage in der Gemeinde Hennigsdorf	
1958	Bd 1	1925-1931
1959	Bd 2	1932-1938

1960	Bd 3	1936-1940
1961	Bd 4	1940-1943
1961/1	Bd 5	1942-1945
1962	Be- und Entwässerungsanlagen in der Gemeinde Hennigsdorf	1939-1944
1963	Entwässerungsanlagen in Kartzow und Weinmeisterhöhe	1913-1943
1964	Wasserwerk Radelandsberg	1939-1944
1965	Entwässerung des Gutsbezirks Seegefeld	1902-1905
1966	Gruppenwasserwerk bei Seegefeld, Wasserwerk Osthavelland Mitte und Wasserwerk Ost	1913-1937
	Be- und Entwässerung der Gemeinde Velten und das Gruppenwasserwerk Ost	
1967	Bd 1	1911-1932
1968	Bd 2	1931-1938
1969	Bd 3	1938-1940
1970	Bd 4	1941-1943
1971	Bd 5	1943-1944

2.7. Kreis Ostprignitz

2.7.1. Verfassung und Verwaltung, Personal

	Organisation des Kreises	
	Bd 1 fehlt	
1972	Bd 2	1895-1905
1973	Bd 3	1906-1917
1974	Bd 4	1918-1933
1975	Bd 5	1935-1944
1976	Nachweisung über Einweisung und Bestätigung von Kreisdeputierten, Amtsvorstehern und -stellvertretern	1929-1939
	Kreisausschuß	
1977	Bd 1	1878-1910
1978	Bd 2	1912-1939
	Kreistage	
	Bd 1-6 fehlen	

1979	Bd 7	1910-1915
1980	Bd 8	1916-1923
1981	Bd 9	1924-1933
1982	Gemeindevertretung im Dorfe Barenthin	1863-1864
1983	Gemeindevertretung in Flecken Zechlin	1866-1887
1984	Gemeindeversammlungen und Gemeindevertretungen	1899-1931
1985	Ortsstatuten	1896-1914
1986	Kommunalverwaltung der Kolonie Heidelberg bei Blumenthal	1832-1861
	Einverleibung einzelner Grundstücke und Etablissements in die Kommunalverbände der Dorfgemeinden und Bildung neuer Gemeinden. Ein- und Umgemeindungen	
	Bd 1 fehlt	
1987	Bd 2	1864-1889
1988	Bd 3	1890-1938
1989	Bd 4	1938-1940
1990	Maßnahmen zur Hebung der Verwaltungskraft kreisangehöriger Gemeinden	1939
	Auflösung der Gutsbezirke	
1991	Bd 1	1928-1930
1992	Bd 2	1928
	Enthält: Auflösungsplan 1-37.	
1993	Bd 3	1928
1994	Auflösung der Forstgutsbezirke	1929-1930
1995	Ortschaftsverzeichnis des Kreises	1872-1928
	Anstellung und Dienstführung der Ortsschulzen, Gemeindevorsteher, Bürgermeister, Beigeordneten und Schöffen	
	Bd 1-2 fehlen	
1996	Bd 3	1850-1839
1997	Bd 4	1860-1870
1998	Bd 5	1871-1911
1999	Bd 6	1912-1939
2000	Bd 7	1940-1944

2002 Beschwerden über Gemeindevorsteher 1882-1909

Beschwerden im allgemeinen
2004 Bd 1 1882-1906
2005 Bd 2 1907-1938

Mittlere und untere Beamte
Bd 1 fehlt
2007 Bd 2 1941-1944

2008 Beschwerden über die unteren Beamten 1896-1911

2009 Dienststellenpläne der Kreiskommunalverwaltung und der Gemeinden 1941-1944

Besoldung, Ruhegehalt, Witwen- und Waisenversorgung der Kreiskommunalbeamten
2010 Bd 1 1920-1935
2011 Bd 2 1935-1941
2012 Bd 3 1942-1944

2.7.2. Kreisvermögen, Verwaltungsberichte, Etats- und Rechnungs-Sachen

2013 Fiskalische Beiträge zu den Kreisabgaben 1874

Haushaltsvoranschläge und Verwaltungsberichte sowie das Kreisvermögen
Bd 1-3 fehlen
2014 Bd 4 1912-1934
2015 Bd 5 1935-1936
2016 Bd 6 1936-1937
2017 Bd 7 1938-1944

Haushaltspläne des Kreises
2018 für die Rechnungsjahre 1914-1933 1914-1933
2019 für das Rechnungsjahr 1934 1934
2020 für das Rechnungsjahr 1936 1936
2021 für das Rechnungsjahr 1937 1937
2022 für das Rechnungsjahr 1940 1940-1941
2023 für das Rechnungsjahr 1941 1941
2024 für das Rechnungsjahr 1943 1943

2025	Verlegung des Kreisbüros	1850-1859
	Beschaffung und Einrichtung eines Kreishauses für die Kreisbehörde der Ostprignitz in Wittstock oder Kyritz Bd 1 fehlt	
2025/1	Bd 2	1864-1901
2026	Bericht über die Ordnungsprüfung der Jahresrechnung 1931-1933 der Kreisverwaltung	1931-1936
2027	Ordnungsprüfung und Kommunalaufsicht	1935
2028	Bericht über die Ordnungsprüfung der Jahresrechnung 1936 der Kreisverwaltung	1938
2029	Bericht über die unvermutete Kassenprüfung bei der Kreiskommunalverwaltung	1936-1937
2030	Bericht über die unvermutete Kassenprüfung bei der Kreiskommunalverwaltung und ihrer Nebenkassen im Okt. 1937	1937
2031	Bericht über die unvermutete Kassenprüfung bei der Kreiskommunalverwaltung im Aug. 1938	1938
2032	Bericht über die unvermutete Kassenprüfung bei der Kreiskommunalverwaltung Juni - Juli 1939	1939
2033	Bericht über die Ordnungsprüfung der Jahresrechnung 1937 der Kreisverwaltung	1937-1939
2034	Bericht über die unvermutete Prüfung der Kreiskommunalkasse und ihrer Nebenkassen im Apr. 1940	1940
	Abhaltung von Kassenrevisionen in den Städten Bd 1 fehlt	
2035	Bd 2	1855-1873
2036	Etats- und Rechnungswesen in den Landgemeinden	1905-1945

2.7.3. Abgaben

2037	Abschoß von den aus den Dörfern der Prignitz ins Ausland gehenden Vermögen	1809-1876

2038	Gesuche der nicht zu den Domänengütern gehörenden Untertanen um Remissionen	1809-1819
2039	Rückzahlung einer eingehobenen Kriegskontribution in der Konkurssache Kanow durch die Prignitzer Kreiskasse	1812-1820
2040	Beschwerden mehrerer Einwohner und Gemeinden über unverhältnismäßige Heranziehung zu den Kriegslasten und Abgaben	1813-1815
2041	Hundesteuer	1895-1943
	Gemeindesteuern	
2042		1925-1939
2043		1940-1944
	Kreis- und Provinzialabgaben	
2044	Bd 1	1906-1929
2045	Bd 2	1930-1939
2046	Verteilung des Anteils der Reichseinkommensteuer auf die Kreise, die Städte, Landgemeinden und Gutsbezirke des Kreises	1921-1923

2.7.4. Sparkassen

	Kreissparkasse	
	Bd 1 fehlt	
2047	Bd 2	1894-1911
2048	Bd 3	1911-1929
2049	Bd 4	1930-1935
2050	Bd 5	1935-1936
2051	Bd 6	1936
2052	Bd 7	1936-1937
2053	Bd 8	1937-1939
2054	Bd 9	1939-1940
2055	Bd 10	1941-1943
2056	Bd 11	1943-1944
2057	Zusammenlegung der Stadtsparkasse Wittstock mit der Kreissparkasse Kyritz	1928-1935
2058	Vermögensrechtliche Auseinandersetzung zwischen der Stadtgemeinde Wittstock und der Kreissparkasse	1929-1941

2059	Untersuchung der Kreissparkasse und Kreiskommunalverwaltung	1933-1936
2060	Bericht über die Prüfung der Sparkasse des Kreises in Kyritz	1935

2.7.5. Grundstücks-Sachen

2060/1	Etablissement (Kolonie) zu Langerwisch	1777-1785, 1817
6352	Erbverschreibungen für die zu Sophiendorf und Joachimshof angesetzten Kolonisten und Verkauf von Kolonistenstellen	1782-1810
6351	Klage der Gemeinde Lockstädt gegen Gebhard Gans zu Putlitz wegen Ansetzung von Tagelöhnern auf der Feldmark Laaske anstelle von Bauern und Hüfnern und Beschwerde der auf Laaske angesetzten Kolonisten wegen fehlender Erbverschreibungen	1800-1815
6353	Gesuche um Aufbau der wüsten Feldmark Strauch-Jülitz (Struck Gülitz)	1803-1817
2061	Separation der Grundstücke des Freisassen Bünger zu Wernikow und der dortigen Gemeinde	1806-1820
2062	Gesuche verschiedener Grundeigentums um Erlaubnis zur Veräußerung ihrer Grundstücke und deren Pertinenzen	1809-1817
2063	Separation zwischen dem Stift in Heiligengrabe und der Gemeinde in Kolrep	1818-1826
2064	Gewährung von Ablösungsentschädigungskapitalien an Kommunen	1873
2065	Separation der Feldmarken	1912-1940

2.7.6. Begräbnisplätze

2066	Anlegung von Begräbnisplätzen	1866-1873
	Anlegung von Begräbnisplätzen	
	Bd 1 fehlt	
2067	Bd 2	1891-1910
2068	Bd 3	1911-1935

2.7.7. Wasserversorgung

	Be- und Entwässerung der Gemeinden Bärensprung, Griffenhagen, Groß Woltersdorf, Schönermark und Stüdenitz	
2069	Bd 1	1912-1939
2070	Bd 2	1940-1943
2071	Wasserwerk in Groß Woltersdorf	1920-1941

2.8. Kreis Prenzlau

2.8.1. Verfassung und Verwaltung, Personal

	Organisation des Kreises	
	Bd 1 fehlt	
2072	Bd 2	1901-1910
2073	Bd 3	1911-1924
2074	Bd 4	1921-1940
2075	Bd 5	1940-1944
2076	Kreisausschuß und Kreisverwaltungsgericht	1875-1939
2077	Kreisdeputierte	1934
	Kreistage	
	Bd 1-4 fehlen	
2078	Bd 5	1884-1901
2079	Bd 6	1902-1909
2080	Bd 7	1909-1917
2081	Bd 8	1917-1924
2082	Bd 9	1924-1929
2083	Bd 10	1930-1933
2084	Gemeindeversamlungen und Gemeindevertretungen	1892-1929
2085	Orts- und Kreisstatuten	1909-1930
	Einverleibung einzelner Grundstücke oder Etablissements in die Kommunalverbände der Dorfgemeinden und Bildung neuer Gemeinden. Ein- und Umgemeindungen	
2087	Bd 1	1859-1894
2088	Bd 2	1894-1934

2089	Maßnahmen zur Hebung der Verwaltungskraft kreisangehöriger Gemeinden Enthält u.a.: Verzeichnis der Gemeinden (einschließlich Städte) mit ihren Einwohnerzahlen, Flächengrößen und ihrer Zugehörigkeit zu Amts- und Standesamtsbezirken des Kreises Prenzlau, 1939.	1939
	Auflösung der Gutsbezirke	
2090	Bd 1	1928
2091	Bd 2 Enthält: Auflösungsplan 1-35.	1928
2092	Bd 3 Enthält: Auflösungsplan 36-72.	1928
2093	Bd 4 Enthält: Auflösungsplan 73-101.	1928
2094	Ortsschaftsverzeichnis des Kreises	1872-1929
	Anstellung der Kreisgärtner im Kreis Uckermark	
6354	Bd 3	1790-1809
	Anstellung und Dienstführung der Ortsschulzen, Gemeindevorsteher, Bürgermeister und Schöffen	
2095	Bd 1	1815-1861
2096	Bd 2	1861-1911
2097	Bd 3 *siehe auch I Kom Nr. 2724*	1912-1940
2098	Beschwerden über die Ortsschulzen	1882-1908
2099	Beschwerden im allgemeinen	1882-1933
	Anstellung der mittleren und unteren Beamten und Beschwerden über sie	
2100	Bd 1	1848-1937
2101	Bd 2	1938-1945
2102	Anstellung der Nachtwächter, Polizeidiener und anderer mittlerer und unterer Beamten	1850-1941
	Besoldung, Ruhegehalt, Witwen- und Waisenversorgung der Kreiskommunalbeamten	
2103	Bd 1	1920-1936
2104	Bd 2	1937-1938

2105	Bd 3	1939-1941
2106	Bd 4	1941-1945

2.8.2. Kreisvermögen, Verwaltungsberichte, Etats- und Rechnungs-Sachen

	Haushaltspläne, Verwaltungsberichte und Vermögen des Kreises Bd 1-4 fehlen	
2107	Bd 5	1913-1927
2108	Bd 6	1927-1933
2109	Bd 7	1933-1935
2110	Bd 8	1935-1937
2111	Bd 9	1937-1939
2112	Bd 10	1940-1943
2113	Bd 11	1944-1945
2114	Voranschlag des Kreises für das Rechnungsjahr 1928	1928
2115	Haushaltsplan des Kreises für die Rechnungsjahre 1924-1931	1924-1931
2116	Voranschlag des Kreises für das Rechnungsjahr 1928	1928
2117	Haushaltsvoranschlag für das Krankenhaus des Kreises für das Rechnungsjahr 1928	1928
2117/1	Bericht über die Verwaltung und den Stand der Kreiskommunalangelegenheiten im Rechnungsjahr 1929	1930
2118	Voranschlag des Kreises für das Rechnungsjahr 1934	1934
2119	Bericht zu dem Haushaltsplan für das Rechnungsjahr 1934	1934
	Haushaltsplan des Kreises	
2120	für das Rechnungsjahr 1937	1937
2121	für das Rechnunsjahr 1938	1938
2122	Haushaltssatzung des Kreiskommunalverbandes für das Rechnungsjahr 1940	1940
	Nachtrags-Haushaltssatzung	
2123	für das Rechnungsjahr 1940	1940
2124	für das Rechnungsjahr 1941	1941

	Haushaltssatzung des Kreiskommunalverbandes	
2125	für das Rechnungsjahr 1943	1943-1944
2126	für das Rechnungsjahr 1944	1944
	Bericht über die unvermutete Prüfung der Kreiskommunalkasse	
2127	vom März 1939	1939
2128	vom Okt. 1939	1939
2129	Etats und Rechnungswesen in den Landgemeinden	1944

2.8.3. Abgaben

2130	Veränderungen im Remissionswesen und Ausarbeitung eines neuen Remissionsreglements	1818-1841
2131	Ortsgemeindeverfassung und Besteuerung im Flecken Fürstenwerder	1854-1878
2132	Gemeindebeschlüsse über Quartiersleistung, Einquartierungsbeschwerden	1870
2133	Hundesteuer und Beschwerden darüber	1895-1945
	Gemeindesteuern und Beschwerden darüber	
	Bd 1-4 fehlen	
2134	Bd 5	1930-1939
	Kreis- und Provinzialabgaben	
2135	Bd 1	1906-1929
2136	Bd 2	1929-1930
2137	Bd 3	1931-1934
2138	Verteilung des Anteils der Reichseinkommensteuer auf den Kreis, die Städte, Landgemeinden und Gutsbezirke des Kreises	1921-1923

2.8.4. Sparkassen

	Kreissparkasse	
	Bd 1-3 fehlen	
2139	Bd 4	1903-1921
2140	Bd 5	1922-1929
2141	Bd 6	1930-1935

	Kreissparkasse Bd 1-2 fehlen	
2142	Bd 3	1935-1937
2143	Bd 4	1938-1939
2144	Bd 5	1939-1940
2145	Bd 6	1940-1945

2.8.5. Grundstücks-Sachen

2146	Dismembration des Rittervorwerks Graukloster bei Prenzlau und Einverleibung des Wolffschen Mühlengrundstücks Louisenmühle in den Kommunalverband der Stadt Prenzlau	1829-1870
2147	Vererbpachtung der Bauernhöfe in Klinkow	1839
2148	Trockenlegung des Lauenhagener Sees	1845
2149	Erteilung von Genehmigungen zum An- und Verkauf von Grundstücken	1864-1931
2150	Separation der Feldmark von Fürstenwerder	1905

2.8.6. Begräbnisplätze

2151	Anlegung von Begräbnisplätzen	1887-1932

2.8.7. Wasserversorgung

2152	Wasserversorgung das Kreises sowie Verunreinigung der Ücker durch die Zuckerfabrik und das Kreiskrankenhaus in Prenzlau	1908-1943
	Wasserversorgungsanlagen für Schwarzensee, Polzow, Milow, Caselow, Hildebrandshagen, Neukleinow und Amalienhof	
2153	Bd 1	1936-1941
2154	Bd 2	1942-1943

2.9. Kreis Ruppin

2.9.1. Verfassung und Verwaltung, Personal

	Organisation des Kreises Bd 1 fehlt	
2155	Bd 2	1891-1903
2156	Bd 3	1904-1917
2157	Bd 4	1918-1939
2158	Amtsbezirke und Amtsvorsteher	1940-1944
	Kreisausschuß Bd 1 fehlt	
2159	Bd 2	1895-1941
	Kreistage Bd 1-10 fehlen	
2160	Bd 11	1927-1930
2161	Bd 12	1930-1933
2162	Verwaltung des Rittergutes Gühlen-Glienicke	1811
2163	Gemeindeversammlungen und Gemeindevertretungen	1892-1934
2164	Ortsstatuten nach § 11 der Städteordnung vom 30. Mai 1853	1889-1914
2165	Einverleibung des an den Arbeitsmann Bleick verkauften ehemaligen Chausseegeld-Empfangshauses bei Kampehl in einen bestimmten Kommunalverband	1838-1839
2166	Einverleibung des Etablissements Uhlenberg in den Kommunalverband von Wallitz	1845
2167	Regelung der Kommunalverhältnisse einzelner Etablissements	1847-1855
2168	Einführung der Gemeindeordnung	1850-1853
2169	Kommunalverhältnisse von Neulüdersdorf	1871-1873
	Einverleibung einzelner Grundstücke oder Etablissements in die Kommunalverbände der Dorfgemeinden. Ein- und Umgemeindungen Bd 1 fehlt	

2170	Bd 2	1882-1908
2171	Bd 3	1908-1929
2172	Bd 4	1930-1937
2173	Bd 5	1938-1939
2174	Maßnahmen zur Hebung der Verwaltungskraft kreisangehöriger Gemeinden	1939
	Auflösung der Gutsbezirke	
2175	Bd 1	1927-1933
2176	Bd 2 Enthält: Auflösungsplan 1-45.	1928
2177	Bd 3 Enthält: Auflösungsplan 46-87b.	1928
2178	Auflösung der Forstgutsbezirke	1929-1930
2179	Ortschaftsverzeichnis des Kreises	1872-1932
	Anstellung und Dienstführung der Ortsschulzen, Gemeindevorsteher, Bürgermeister, Beigeordneten und Schöffen	
2180	Bd 1	1809-1834
2181	Bd 2	1833-1842
2182	Bd 3	1842-1849
2183	Bd 4	1850-1859
2184	Bd 5	1860-1865
2185	Bd 6	1866-1907
	Anstellung und Dienstführung der Ortsschulzen, Gemeindevorsteher, Bürgermeister, Beigeordneten und Schöffen	
2186	Bd 2	1908-1935
2187	Bd 3	1936-1944
	Beschwerden allgemeiner Art	
2189	Bd 1	1883-1913
2190	Bd 2	1915-1942
	Anstellung, Besoldung und Entlassung der Nachtwächter und der mittleren und unteren Beamten	
2191	Bd 1	1844-1911
2192	Bd 2	1912-1945
2193	Dienstrafverfahren gegen den Kreisbaumeister Erich Drews in Neuruppin	1932-1935

2194	Personelle Besetzung der Kreisverwaltung und der Gemeinden	1941-1944
	Besoldung, Ruhegehalt, Witwen- und Waisenversorgung der Kreiskommunalbeamten	
2195	Bd 1	1920-1935
2196	Bd 2	1936-1945

2.9.2. Kreisvermögen, Verwaltungsberichte, Etats- und Rechnungs-Sachen

2197	Fiskalische Beiträge zu den Kreisabgaben	1874-1878
6357	Ruppiner Kreiskassenetat	1806-1878
	Kreishaushalt, Kreisvermögen und Kreisverwaltungsberichte Bd 1-3 fehlen	
2198	Bd 4	1925-1935
2199	Bd 5	1935-1936
2200	Bd 6	1936-1937
2201	Bd 7	1937-1941
2202	Bd 8	1942-1944
2203	Aufnahme von Darlehen	1889-1944
2204	Bericht über die Verwaltung und den Stand der Kreiskommunalangelegenheiten für das Jahr 1911	1911
	Haushaltspläne des Kreises	
2205	für die Rechnungsjahre 1912-1921	1912-1921
2206	für die Rechnungsjahre 1927-1934	1927-1934
2207	für das Rechnungsjahr 1936	1936
2207/1	für das Rechnungsjahr 1939	1939
2208	für das Rechnungsjahr 1940	1940
2209	für das Rechnungsjahr 1941	1941
2210	Nachtragshaushaltsplan des Kreises für das Rechnungsjahr 1941	1941-1942
2211	Haushaltsplan des Kreises für das Rechnungsjahr 1943	1943-1944
2211/1	Haushaltssatzung, Begründung zum Haushaltsplan sowie Nachweisung über das Vermögen und die Schulden des Kreises	1943
2212	Rechnungen von den allgemeinen Kreis-Kommunalfonds	857-1866

2213	Unvermutete Kassenprüfungen und Vorratsprüfungen bei der Kreiskommunalkasse	1934-1940
	Außerordentliche Kassenrevisionen in den Städten	
	Bd 1-2 fehlen	
2214	Bd 3	1860-1873

2.9.3. Abgaben

2215	Quartierleistung für die bewaffnete Macht während des Friedenszustandes und Einquartierungsbeschwerden	1869-1893
2216	Kommunalsteuern und Beschwerden darüber	1873
	Gemeindesteuern	
	Bd 1-13 fehlen	
2217	Bd 14	1921-1926
2218	Bd 15	1932-1939
	Kreis- und Provinzialabgaben	
2219	Bd 1	1906-1928
2220	Bd 2	1928-1931
2221	Bd 3	1931-1939
2222	Verteilung des Anteils der Reichseinkommensteuer auf den Kreis, die Städte, Landgemeinden und Gutsbezirke des Kreises	1921-1922
2223	Hundesteuer	1895-1943

2.9.4. Sparkassen

	Kreissparkasse	
	Bd 1-2 fehlen	
2224	Bd 3	1890-1905
2225	Bd 4	1906-1916
2226	Bd 5	1917-1929
2227	Bd 6	1929-1933
2228	Bd 7	1932-1935
2229	Bd 8	1936-1937
2230	Bd 9	1938-1939
2231	Bd 10	1940

2232 Bd 11 1940-1942
2233 Bd 12 1942-1944

2234 Revision durch den Brandenburgischen Sparkassen- und Giroverband 1937-1938

2.9.5. Grundstücks-Sachen

2235 Pertinenzqualität einiger der Familie von Quast gehörenden Grundstücke und Einkünfte 1844-1845

2236 Erteilung von Genehmigungen zum An- und Verkauf von Grundstücken durch die Gemeinden 1858-1900

2237 Separationen im Kreise 1909-1911

2238 Separation des Dorfes Buberow, Abbau des dortigen Braukruges und dessen Verlegung nach außerhalb des Dorfes 1806-1816

2240 Bau einer Schleuse im Rhinkanal durch den Erbzinsgutsbesitzer Schlottmann zu Friedrichshof und den Koloniebesitzer Schlottmann zu Michaelisbruch 1842-1865

2239 Teilung des Erbpachtguts Frankendorf 1814

2241 Regulierung der Grenze zwischen den Dörfern Gottberg und Kerzlin 1814-1815

2242 Separation in Großwoltersdorf 1810-1818

2243 Gesuch der Gemeinde Großwoltersdorf um Separation mit der Gemeinde Ribbeck 1810

2245 Separation in Herzberg und Teilung der Gemeindeheide 1819-1842

2246 Separation sämtlicher im Reierholz gelegenen Wiesen mit den Gemeinden Linow und Kagar 1814-1815

2246/1 Subrepartitionsregister und spezielle Extrakte von den Grundstücken der Gemeinde Karwe 1832

2247 Aufhebung der Gemeinheiten im Amtsdorf Kraatz 1804-1830

2248	Separation in Kränzlin	1810
2249	Separation in Küdow	1810
2250	Antrag auf Anlegung einer Stauschleuse auf Tarmowschem Grunde durch die Gutsherrschaft und Gemeinde Langen sowie durch von Königsmarck als Besitzer des Gutes Stöffin zur Bewässerung ihrer im Fehrbelliner Luche gelegenen Wiesen	1810-1811
2251	Gesuch des Grundmüllers Just in Linde um Separation mit der Gemeinde	1811
2252	Separation in Manker	1803-1854
	Separation des Lehnschulzen, Mühlenmeisters und Oberförsters mit den übrigen Mitgliedern der Gemeinde Menz	
	Bd 1 fehlt	
2253	Bd 2	1815-1843
	Separation in Rüthnick und mit dem dortigen Forsthaus	
2254	Bd 1	1804-1812
2254/1	Bd 2	1813-1820
2255	Separation in Schönberg	1840-1841
2256	Separation in Seebeck	1810-1837
	Aufhebung der Gemeinheit unter den Untertanen des Dorfes Walchow	
2257	Bd 1	1802-1812
2258	Bd 2	1812-1848
2259	Gesuch der Zochschen Erben um gerichtliche Erwerbsdokumente über einen kleinen Teil des Lands von Bauer Kanow in Zechow	1816
2260	Wiederaufforstung der der Kommune Zechow gehörenden Sandschollen	1870-1873

2.9.6. Begräbnisplätze

	Anlegung von Begräbnisplätzen	
2261	Bd 1	1886-1913
2262	Bd 2	1913-1933

2.9.7. Wasserversorgung

	Be- und Entwässerungen	
2263	Bd 1	1922-1939
2264	Bd 2	1940-1944

2.10. Kreis Teltow

2.10.1. Verfassung und Verwaltung, Personal-Sachen

	Organisation des Kreises	
2265	Bd 1	1874-1891
	Bd 2-3 fehlen	
2266	Bd 4	1905-1909
2267	Bd 5	1909-1911
2268	Bd 6	1912-1920
2269	Bd 7	1921-1929
2270	Bd 8	1930-1938
2271	Bd 9	1935-1943
	Kreisausschuß	
	Bd 1 fehlt	
2272	Bd 2	1891-1911
2273	Bd 3	1911-1942
2274	Kreisdeputierte	1933-1934
	Kreistage	
	Bd 1-16 fehlen	
2275	Bd 17	1909-1913
2276	Bd 18	1913-1917
2277	Bd 19	1917-1923
2278	Bd 20	1924-1929
2279	Bd 21	1929-1933
2280	Bestätigung der Beschlüsse des Kreistags über den Teltowkanal	1900-1907

2281	Einführung einer gewählten Gemeindevertretung in Britz und die Vereinigung das Rittergutes Britz mit der Dorfgemeinde Britz	1872-1874
2282	Einführung einer gewählten Gemeindevertretung in Mariendorf	1872
2283	Gemeindevertretung in Neuendorf	1869-1871
2284	Gemeindevertretung in Böhmisch und Deutsch Rixdorf	1871-1884
2285	Einführung einer Gemeindevertretung in Steglitz	1870-1880
2286	Statut über die Gemeindevertretung in Stolpe	1872
2287	Bildung einer gewählten Gemeindevertretung für die Gemeinde Tempelhof	1872
2288	Gemeindevertretung in Wilmersdorf	1870-1871
2289	Einführung einer gewählten Gemeindevertretung in Zehlendorf	1872
	Gemeindeversammlungen und Gemeindevertretungen	
2290	Bd 1	1891-1905
2291	Bd 2	1906-1933
2292	Ortsstatuten nach § 11 der Städteordnung vom 30. Mai 1853	1888-1927
	Zusammenschluß der in Berlin gelegenen Etablissements zu Gemeindeverbänden	
2293		1835-1842
2294		1843-1863
2295	Kommissionsakten des Regierungsrats Callmeyer über die Kommunalverhältnisse von Steglitz	1868-1870
	Einverleibung einzelner Grundstücke oder Etablissements in die Kommunalverbände der Dorfgemeinden und Bildung neuer Gemeinden. Ein- und Umgemeindungen Bd 1-3 fehlen	
2296	Bd 4	1870-1878
2297	Bd 5	1879-1890
2298	Bd 6	1891-1895
2299	Bd 7	1896-1905
2300	Bd 8	1905-1910
2301	Bd 9	1910-1915

2302	Bd 10	1916-1929
2303	Bd 11	1930-1938
2304	Bd 12	1938-1939
2305	Zusammenlegung von Gemeinden	1939
2306	Verkauf eines Teils des Grunewalds bei Hundekehle an die Landgemeinde Grunewald statt an ein Konsortium mit Rechtsanwalt Ochelhäuser	1905-1928
2307	Eingemeindung der Gemeinde Neubabelsberg in die Stadtgemeinde Nowawes	1927-1928
2308	Erhebung des Schlosses und des Parks Babelsberg zu einem besonderen Gutsbezirk	1868-1883
	Auflösung der Gutsbezirke	
2309	Bd 1	1928-1939
2310	Bd 2 Enthält: Auflösungsplan 1-24.	1928
2311	Bd 3 Enthält: Auflösungsplan 25-39.	1928
2312	Bd 4 Enthält: Auflösungsplan 40-52.	1928
	Bildung des Gutsbezirks „Villenkolonie Grunewald" und dessen Umwandlung in eine selbständige Landgemeinde Grunewald	
2313	Bd 1	1890-1898
2314	Bd 2	1899-1902
2315	Anlagen zum Bericht des Landrats des Kreises Teltow vom 16. Okt. 1895 über die Umwandlung der Villenkolonie Grunewald in eine selbständige Landgemeinde	
2316	Auflösung der Forstgutsbezirke	1928-1931
2317	Gemeindeverhältnisse von Rauchfangswerder	1896-1902
2318	Bildung eines selbständigen Gutsbezirkes Pfaueninsel	1904-1905
2319	Regelung der kommunalen und polizeilichen Verhältnisse in Dahlem	1905-1906

2320	Umgemeindungen, Bildung von Landgemeinden und Vereinigung des Gutsbezirks Ruhleben mit dem Gutsbezirk Berlin-Heerstraße	1902-1920
2321	Umgemeindungen zwischen Klein Glienicke und Nowawes sowie Aufteilung des Gutsbezirkes Potsdamer Forst	1912-1927
2322	Grenzregulierung zwischen Groß-Lichterfelde und Dahlem, Lankwitz und Mariendorf sowie Groß-Lichterfelde und Steglitz	1906-1911
2323	Tempelhofer Feld Enthält u.a.: Umgemeindungen, Bebauung.	1908-1910
2324	Kommunale Gestaltung der Gemeinde Berlin-Treptow Enthält u.a.: Übersichtsplan von Rixdorf und Treptow, Karte der Kreischausseen und der Einteilung des Kreises Teltow in Kommunalbezirke, 1904.	1910-1913
2325	Änderung der Grenzen des Kreises Enthält u.a.: Grenzänderungen Berlins.	1940-1941
	Ortschaftsverzeichnis des Kreises	
2326	Bd 1	1872-1900
2327	Bd 2	1901-1938
2328	Bd 3	1939
6355	Ansetzung der Kreisgärtner im Kreis Teltow	1789-1810
	Anstellung und Dienstführung der Ortsschulzen, Bürgermeister, Beigeordneten und Schöffen und Beschwerden über sie Bd 1-3 fehlen	
2329	Bd 4	1849-1855
2330	Bd 5	1856-1860
2331	Bd 6	1861-1865
2332	Bd 7	1866-1869
2333	Bd 8	1870-1880
	Anstellung und Dienstführung der Ortsschulzen, Bürgermeister, Beigeordneten und Schöffen und Beschwerden über sie	
2334	Bd 1	1883-1900
2335	Bd 2	1901-1907
2336	Bd 3	1907-1911
2337	Bd 4	1911-1916
2338	Bd 5	1917-1922

2339	Bd 6	1923-1934
2340	Bd 7	1934-1937
2341	Bd 8	1937-1938
2342	Bd 9	1938-1945
2343	Einführung der Landgemeindeordnung vom 3. Juli 1891	1892
	Anstellung der Vorsteher für die Kolonie Nowawes	
2344	Bd 1	1810-1840
2345	Bd 2	1841-1866
2346	Bd 3	1867-1876
	Statut für den Flecken Königs Wusterhausen sowie die Besetzung des Ortsvorsteheramtes	
2347	Bd 1	1812-1868
2348	Bd 2	1869-1878
	Beschwerden über Gemeindevorsteher	
2350	Bd 1	1883-1905
2351	Bd 2	1905-1910
2352	Bd 3	1910-1929
	Allgemeine Beschwerden	
2353	Bd 1	1882-1893
2354	Bd 2	1894-1900
2355	Bd 3	1901-1911
2356	Bd 4	1911-1917
2357	Bd 5	1918-1932
2358	Bd 6	1933-1942
2359	Beschwerde des Rentiers Moll in Schmöckwitz gegen den Gemeindevorsteher wegen Beleidigung Enthält u.a.: Bau der Kleinbahn Grünau-Schmöckwitz.	1913-1914
2360	Revision der Gemeindeverwaltungen und Beschwerden über sie	1897-1910
	Mittlere und untere Beamte im Kreise	
	Bd 1 fehlt	
2361	Bd 2	1900-1905
2362	Bd 3	1905-1910
2363	Bd 4	1910-1912
	Bd 5-6 fehlen	
2364	Bd 7	1920-1931
2365	Bd 8	1931-1934

2366	Bd 9	1934-1938
2367	Bd 10	1938-1945
2368	Angriffe des Direktors Max Sebaldt aus Berlin-Steglitz gegen die Teltower Kreisverwaltung wegen Begünstigung von Bodenspekulationen und Verzögerung von Steuerverordnungen	1912-1916
	Beschwerden über die mittleren und unteren Beamten	
2369	Bd 1	1892-1910
2370	Bd 2	1911-1912
	Besoldung, Ruhegehalt, Witwen- und Waisenversorgung der Kreiskommunalbeamten	
2374	Bd 1	1920-1932
2375	Bd 2	1931-1935
2376	Bd 3	1935-1936
2377	Bd 4	1936-1937
2378	Bd 5	1937-1939
2379	Bd 6	1939-1940
	Bd 7 fehlt	
2379/1	Bd 8	1943-1945
2380	Besoldungsregelung für die Beamten und Festangestellten des Kreises	1930-1932

2.10.2. Kreisvermögen, Verwaltungsberichte Etats- und Rechnung-Sachen

2381	Fiskalische Beiträge zu den Kreisabgaben	1874-1887
6358	Teltower Kreiskassenetat	1802-1810
	Haushaltspläne, Verwaltungsberichte und Kreisvermögen	
	Bd 1-8 fehlen	
2382	Bd 9	1910-1930
2383	Bd 10	1931-1934
2384	Bd 11	1934-1936
2385	Bd 12	1936-1937
2386	Bd 13	1938-1941
	Bd 14	1942-1946
	siehe Rep. 204 A Ministerium der Finanzen Nr. 775	
2387	Anträge auf Bestellung von Treuhändern	1925-1926

2388 Haushaltsplan des Kreises für die Rechnungsjahre 1927-1931 1927-1931

Verwaltungsberichte des Kreises
2389 für das Rechnungsjahr 1934 1935
2390 für das Rechnungsjahr 1936 1937
2391 für das Rechnungsjahr 1937 1938

Haushaltssatzung des Kreises
2392 für das Rechnungsjahr 1940 1940
2393 für das Rechnungsjahr 1941 1941
2394 für das Rechnungsjahr 1943 1943

2396 Bericht über die Ordnungsprüfung der Jahresrechnung 1935 der Kreiskommunalverwaltung 1935-1937

Etats- und Rechnungswesen der Landgemeinden
Bd 1-5 fehlen
2397 Bd 6 1917-1925
2398 Bd 7 1925-1932
2399 Bd 8 1933-1936
2400 Bd 9 1935-1937
2401 Bd 10 1938-1942

2402 Etats- und Rechnungswesen der Landgemeinden, Staatsbeihilfen 1932-1933

2403 Schuldübernahme der Gemeinde Wildau 1936-1938

2404 Haushaltsplan der Gemeinde Eichwalde für das Rechnungsjahr 1943 1943

2.10.3. Abgaben

2405 Erhebung der Tanzsteuern 1855

2406 Quartierleistung für die bewaffnete Macht während des Friedenszustandes und Einquartierungsbeschwerden 1869-1895

2407 Regulierung der Kommunalabgabenverhältnisse in Alt-Schöneberg 1867-1871

2408 Regulierung der Gemeindeverfassung in Alt-Schöneberg 1867-1872

2409 Regulierung der Kommunal- und Abgabenverhältnisse in Britz 1865-1874

2410	Regulierung der Kommunalabgabenverhältnisse in Buckow	1840-1842
2411	Regulierung der Kommunalverhältnisse des Bahnhofs Drewitz	1880-1881
2412	Regulierung der Kommunalverhältnisse von Kleinziethen	1877-1878
2413	Regulierung der Kommunalverhältnisse der Cöllnischen Heide und der Cöllnischen Wiesen bei Berlin	1866-1878
2414	Regulierung der Kommunalverhältnisse der Damm-Vorstadt bei Köpenick	1860-1869
2415	Regulierung der Abgabenverhältnisse in Böhmisch und Deutsch Rixdorf und die dagegen erhobenen Beschwerden	1861-1876
2416	Kommunalverwaltung und Aufbringung der Kommunalbedürfnisse in Nowawes	1860-1871
	Gemeindesteuerangelegenheiten	
	Bd 1-53 fehlen	
2417	Bd 54	1923-1929
2418	Bd 55	1930-1933
2419	Eingaben des Pfarrers Stier in Motzen, insbesondere über Grundstücks- und Wertzuwachssteuerangelegenheiten	1909-1914
	Kreis- und Provinzialabgaben	
	Bd 1-2 fehlen	
2420	Bd 3	1924-1928
2421	Bd 4	1929-1931
2421/1	Bd 5	1931-1935
2422	Bd 6	1936-1938
2423	Verteilung das Anteils der Reichseinkommensteuer auf den Kreis, die Städte, Landgemeinden und Gutsbezirke des Kreises	1921-1923
	Hundesteuer	
	Bd 1-3 fehlen	
2423/1	Bd 4	1917-1940

2.10.4. Sparkassen

	Kreissparkasse	
	Bd 1-3 fehlen	
2424	Bd 4	1894-1904
2425	Bd 5	1905-1909
2426	Bd 6	1909-1912
2427	Bd 7	1913-1918
2428	Bd 8	1919-1929
2429	Bd 9	1930-1934
2430	Bd 10	1934-1936
2431	Bd 11	1936
2432	Bd 12	1937-1938
2433	Bd 13	1937-1938
2434	Bd 14	1938-1939
2435	Bd 15	1939-1940
2436	Bd 16	1941-1942
2437	Bd 17	1939-1944
	Geschäftsberichte der Sparkasse des Kreises Teltow in Berlin W 10, Viktoriastr. 179, für das	
2438	71. Geschäftsjahr 1928	1929
2439	72. Geschäftsjahr 1929	1930
2440	78. Geschäftsjahr 1935	1936
2441	79. Geschäftsjahr 1936	1937
2442	Geschäftsjahr 1939	1940
2443	Sparkasse in Berlin-Friedenau	1913-1920
2444	Gemeindesparkasse in Berlin-Lichterfelde	1914-1921
2445	Gemeindesparkasse in Berlin-Mariendorf	1915-1919
2446	Gemeindesparkasse in Steglitz	1911-1920
2447	Gemeindesparkasse in Berlin-Treptow	1918-1920

2.10.5. Grundstücks-Sachen

2448	Veräußerung, Vererbpachtung und Zerstückelung der Rittergüter im Kreise	1809-1833

	Veräußerung und Verpachtung von Grundstücken Bd 1-2 fehlen	
2449	Bd 3	1875-1894
2450	Hütungen im Kreise	1812-1841
2451	Separation der Feldmarken im Kreise	1890-1933
2452	Beschwerde der Gemeinde Ahrensdorf gegen die Herrschaft und Gemeinde in Gröben wegen Behütung der Wiesen bis zum alten Walpurgis-Tag (= 12. Mai)	1810
2453	Beschwerde des Büdners Kother zu Alt-Schöneberg wegen des von dem Gehöft der Bauern Stewald und Mette abfließenden Wassers	1814-1827
2454	Ablösung einiger Berechtigungen von dem der Baronin von Eckardstein gehörenden Rittergut Deutsch-Wilmersdorf	1842-1845
	Separation zu Deutsch Wusterhausen Bd 1-2 fehlen	
2455	Bd 3	1814-1831
2456	Lehnschulzengut in Dolgenbrodt	1809-1810
2457	Beschwerde der Kossäten in Drewitz über den vom Amt Potsdam geforderten Hirtenlohn	1809
2458	Separation in Friedersdorf	1813-1826
2459	Hütungsstreitigkeiten des Besitzers des Erbpachtvorwerks Gallun, Geheimrat von Lamprecht, mit den Gemeinden Gallun und Kallinchen	1812-1827
2460	Beschwerde des Kossäten Fricke in Glasow wegen der Abgabe zweier Hufen	1810-1811
2461	Separation zu Glienicke (Altglienicke)	1816-1817
2462	Die den Kolonisten in Gröben verweigerte Teilnahme an der Dorfhütung und die ihnen auferlegten Lasten.	1811
2463	Separation zwischen der Gemeinde und dem Prediger in Groß Besten, Amt Wusterhausen	1811-1814

2464	Separation der Grundstücke des Gutsbesitzers Geisler in Haus Zossen mit denen der Gemeinde Mellen	1818
	Vereinigung der bäuerlichen Grundstücke in Heinersdorf mit denen der Gutsherrschaft	
2465	Bd 1	1814-1832
2466	Bd 2	1855-1863
2467	Beschwerde des Hauptmanns von Ruville wegen Behütung seiner zu Kunersdorf gehörenden beiden großen Lüdersdorfer Wiesen	1812
2468	Separation zu Lankwitz	1817
2469	Gesuch der Kossäten in Neuendorf, Amt Potsdam, um Tausch eines Teils ihrer Äcker gegen Bauernland und um Verminderung der Abgaben und Leistungen	1813
2470	Schafhütung in Nowawes	1817
2471	Löschung des auf dem Grundstück des Webers Semler in Nowawes für den Fiskus eingetragenen Kapitals	1819-1821
2472	Kultivierung der Sandschollen bei Nowawes und Neuendorf zur Beschäftigung der brotlosen Familien in Nowawes	1863-1868
2473	Erweiterung des Botanischen Gartens bei Schöneberg und die Erwerbung der dazu erforderlichen Grundstücke	1855
2474	Beschwerden des Mühlenmeisters Zemlien in Schulzendorf, daß das Eigentum an einer Hufe Land bei seiner Mühle dem Archidiakonat in Zossen zuerkannt worden ist	1810
	Separation zu Selchow	
2475	Bd 1	1805-1814
2476	Bd 2 Enthält u.a.: Entwurf zum Separationsrezeß in der Gemeinheitsteilung zu Selchow.	1815-1843
2477	Beschwerde des Martin Biland aus Staakow über Beeinträchtigung in seinem Grundeigentum	1816-1829
2478	Gleichsetzung der Bauern und Kossäten in Stahnsdorf	1810-1813
2479	Separation zu Waltersdorf	1850-1854

2480	Separation der Heide zu Zehlendorf	1835-1839
2480/1	Aufhebungen und Ablösungen der Servituten auf den Grundstücken des Amts Zossen und dessen Vorwerken	1810-1812

2.10.6. Begräbnisplätze

	Anlegung von Begräbnisplätzen	
2481	Bd 1	1854-1875
2482	Bd 2	1898-1906
2483	Bd 3	1906-1909
2484	Bd 4	1910-1911
2485	Bd 5	1912-1918
2486	Bd 6	1919-1942
2486/1	Bd 7	1942-1945
2487	Friedhofsanlagen der Gemeinde Schmargendorf in Stahnsdorf	1911-1915
2488	Feuerbestattungsanlagen im Kreise	1912-1913

2.10.7. Wasserversorgung

	Be- und Entwässerung von Stahnsdorf und Kleinmachnow	
2489	Bd 1	1909-1936
2490	Bd 2	1936-1944
2491	Entwässerung der Siedlungshäuser des 3. Bauabschnitts der Robert-Bosch-Siedlung in Kleinmachnow	1941
2492	Nachweisung der im Kreise vorhandenen Entwässerungsanlagen	1909
2493	Kanalisation von Adlershof Enthält u.a.: Erläuterungsberichte zum Nachtrags-Regenwasserprojekt.	1908
	Kanalisationsverband Niederschöneweide, Adlershof, Grünau, Johannisthal, Altglienicke und Rudow Bd 1 fehlt	
2494	Bd 2	1909-1915
2495	Be- und Entwässerungsanlagen in Blankenfelde und Dahlewitz	1935-1944

	Entwässerung und Wasserversorgung von Britz	
2496	Bd 1	1899-1917
2497	Bd 2	1918
2428	Kläranlage in Brusendorf	1908-1909
2498/1	Gutachten über die Entwässerung, Bewässerung und die eventuellen Verkehrsverbindungen für eine in Dahlem zu errichtende große Krankenhausanlagen mit etwa 2.000 Betten	1892
2499	Entwässerung der Domäne Dahlem	1904-1919
2500	Entwässerungsanlagen des Siechenheims und des Gutshofes in Deutsch Wusterhausen	1911-1934
2501	Wasserwerk in Eichwalde und Wasserversorgung von Waltersdorf Enthält u.a.: Baupläne.	1900-1939
	Be- und Entwässerung von Eichwalde und Waltersdorf	
2502	Bd 1	1900-1939
2503	Bd 2	1939-1942
2503/1	Be- und Entwässerung von Großbeeren	1943
	Kläranlage zur Reinigung städtischer Abwässer bei Groß-Lichterfelde, Entwässerung von Groß Lichterfelde	
2504	Bd 1	1895-1903
2505	Bd 2	1904-1923
	Entwässerung von Grünau, Diepensee und Schönefeld	
2506	Bd 1	1898-1943
2507	Bd 2	1943-1944
2507/1	Überschwemmung des Schenkendorfer Grabens durch Berliner Rieselwässer	1928-1936
2508	Kläranlage in der Gemarkung Grunewald	1900-1920
2509	Entwässerungsanlage auf Grundstücken der Grunderwerbs- und Baugesellschaft „Eigenes Heim“ GmbH in Hoherlehme	1912-1920
2510	Be- und Entwässerung von Klausdorf	1910-1944

	Be- und Entwässerung von Königs Wusterhausen	
2511	Bd 1	1901-1912
2511/1	Bd 2	1912-1927
2512	Bd 3	1928-1939
2513	Bd 4	1940-1945
2514	Kanalisation der Landgemeinde Lankwitz, Zweckverband Lankwitz-Marienfelde	1907-1914
2515	Wasserversorgung in Lichtenrade	1920
2516	Entwässerungsanlage in Mahlow	1931-1941
2517	Entwässerung der Gemeinde Mariendorf	1901-1914
2518	Kläranlagen der Daimlerwerke in Marienfelde und der Messingwerke	1907-1919
2519	Wasserwerk der Terraingesellschaft in Neubabelsberg	1905-1936
2520	Entwässerung von (Rixdorf) Neukölln	1889-1909
2521	Entwässerung der Gemeinde Niederschöneweide,	1892-1903
2522	Entwässerung von Nikolassee	1907-1921
	Be- und Entwässerung von Nowawes	
2523	Bd 1	1897-1921, 1937
2524	Bd 2	1922-1939
	Be- und Entwässerung von Rangsdorf	
2525	Bd 1	1935-1942
2526	Bd 2	1942
2527	Kanalisation der Gemeinde Rudow	1907-1913
2528	Entwässerung von Schmargendorf	1902-1911
	Be- und Entwässerung von Sperenberg	
2529	Bd 1	1910-1934
2530	Bd 2	1935-1945

	Schädigung der Brunnenwässer in Sperenberg durch die Betriebe der Berliner Gipswerke	
2531	Bd 1	1911-1921
2532	Bd 2	1921-1925
	Be- und Entwässerung der Gemeinde Steglitz, Rieselfelder Klein Ziethen und Waßmannsdorf	
2533	Bd 1	1892-1909
2534	Bd 2	1909-1914
2535	Bd 3	1914-1929
2536	Bd 4	1930-1944
2537	Projekt über das Wasserwerk der Gemeinde Berlin-Steglitz	1914
2538	Erweiterung des Rieselfeldes Waßmannsdorf bei Selchow	1929-1938
2539	Kläranlage der chemischen Fabrik in Telz	1911-1920
	Entwässerung der Gemeinde Tempelhof	
2540	Bd 1	1897-1911
2541	Bd 2	1911-1921
2542	Be- und Entwässerung von Treptow	1894-1920
2543	Be- und Entwässerung von Wannsee und Kohlhasenbrück	1907-1924
	Entwässerungsanlage der Firma „Berliner Maschinenbauaktiengesellschaft vorm. Schwartzkopf-Berlin" in Wildau	
2544	Bd 1	1899-1909
2545	Bd 2	1910-1933
2546	Bd 3 Enthält u.a.: Entwässerung in Zeuthen.	1934-1943
	Entwässerungsanlage Stahnsdorf. Entwässerung von Berlin-Wilmersdorf, Schmargendorf, Zehlendorf, Teltow, Grunewald, Zehlendorf-Schönow, Gütergotz und der Daimler-Benz-Siedlung Ludwigsfelde. Rieselfelder Stahndorf-Gütergotz und Ruhlsdorf	
2547	Bd 1	1901-1905
2548	Bd 2	1905-1910
2549	Bd 3	1910-1921
2550	Bd 4	1922-1943
2551	Kläranlage in Stahnsdorf	1928-1934

	Kläranlagen für die Infanterieschießschule und andere Objekte in Wünsdorf und Töpchin	
2552	Bd 1	1912-1940
2553	Bd 2	1941-1943
2554	Wasserversorgungsanlage für die Eigenheim-Siedlungsgenossenschaft in Zeesen	1920-1944
2555	Kanalisation von Zehlendorf	1907-1911
2356	Entwässerungsanlage in Zeuthen	1933-1934
2557	Entwässerungsanlage im Nottegebiet, Einlaß der Wirtschaftsabwässer und Fäkalien von dem Truppenübungsplatz bei Zossen in den Müllergraben	1912-1919

2.11. Kreis Templin

2.11.1. Verfassung und Verwaltung, Personal

	Organisation des Kreises	
	Bd 1 fehlt	
2558	Bd 2	1874-1891
2559	Bd 3	1906-1917
2560	Bd 4	1917-1936
2561	Bd 5	1937-1945
2562	Kreisausschuß	1875-1939
	Kreistage	
	Bd 1-7 fehlen	
2563	Bd 8	1905-1911
2564	Bd 9	1911-1920
2565	Bd 10	1921-1929
2566	Bd 11	1930-1933
2567	Gemeindeversammlungen und Gemeindevertretungen	1893-1933
2568	Ortsstatuten nach § 11 der Städteordnung vom 30. Mai 1853	1901-1914
2569	Kommunalordnung für den Flecken Gerswalde	1847-1863

	Einverleibung einzelner Grundstücke oder Etablissements in die Kommunalverbände der Dorfgemeinden und die Bildung neuer Gemeinden. Ein- und Umgemeindungen	
	Bd 1 fehlt	
2570	Bd 2	1871-1910
2571	Bd 3	1910-1945
2272	Hebung der Verwaltungskraft durch Zusammenlegung von Gemeinden	1939
	Auflösung der Gutsbezirke	
2573	Bd 1	1928-1930
2574	Bd 2 Enthält: Auflösungsplan 1-40.	1928
2575	Bd 3 Enthält: Auflösungsplan 41-74.	1928
2576	Auflösung der Forstgutsbezirke	1929
	Ortsbenennungen, Ortschaftsverzeichnis des Kreises	
2577	Bd 1	1872-1903
2578	Bd 2	1904-1939
	Anstellung und Dienstführung der Schulzen, Bürgermeister, Beigeordneten und Schöffen	
	Bd 1 fehlt	
2579	Bd 2	1843-1858
2580	Bd 3	1857-1868
	Bd 4 fehlt	
2581	Bd 5	1901-1944
2582	Beschwerden im allgemeinen	1883-1942
	Anstellung und Besoldung der unteren Beamten	
	Bd 1 fehlt	
2583	Bd 2	1840-1935
2584	Bd 3	1938-1945
	Besoldung, Ruhegehalt, Witwen- und Waisenversorgung der Kreiskommunalbeamten	
2586	Bd 1	1920-1940
2587	Bd 2	1941-1944

2.11.2. Kreisvermögen, Verwaltungsberichte, Etats- und Rechnungs-Sachen

Kreishaushaltvoranschläge, Verwaltungsberichte und Kreisvermögen
Bd 1-3 fehlen 1905-1923
2588 Bd 4 1924-1934
2589 Bd 5 1935-1938
2590 Bd 6 1939-1944
2591 Bd 7

Haushaltsvoranschläge des Kreises 1913-1922
2592 für die Rechnungsjahre 1914, 1920, 1922 1926-1930
2593 für die Rechnungsjahre 1926-1930 1934
2594 für das Rechnungsjahr 1934 1941
2595 für das Rechnungsjahr 1940

Haushaltsplan und Haushaltssatzung des Kreises 1941
2596 für das Rechnungsjahr 1941 1943-1944
2597 für das Rechnungsjahr 1943 1944
2598 für das Rechnungsjahr 1944

1835-1869
2599 Benutzung und Unterhaltung des Kreishauses und der dazu gehörigen Grundstücke in Templin

1903
2600 Bau eines Kreishauses

1840-1854
2601 Zahlungen aus dem Kreiskommunalfonds und Anstellung eines Kreiskommunalkassenrendanten

1905-1910
2602 Zuwendung der Stadtrat Krugschen Eheleute an die Landgemeinde Kappe und die Stadt Kremmen

2.11.3. Abgaben

1869-1870
2603 Gemeindebeschlüsse über die Quartierleistung und die Einquartierungsbeschwerden

1895-1946
2604 Hundesteuer

Erhebung der Gemeindesteuern und Beschwerden darüber
Bd 1-3 fehlen 1905-1909
2605 Bd 4

	Bd 5-6 fehlen	1932-1940
2606	Bd 7	
	Kreis- und Provinzialabgaben	1906-1930
2607	Bd 1	1929-1934
2608	Bd 2	1934-1945
2609	Bd 3	
2610	Verteilung, des Anteils der Reichseinkommensteuer auf den Kreis, die Städte, Landgemeinden und Gutsbezirke des Kreises	1922-1923

2.11.4. Sparkassen

	Kreissparkasse	
	Bd 1-2 fehlen	1912-1929
2611	Bd 3	1928-1935
2612	Bd 4	1936
2613	Bd 5	1937-1939
2614	Bd 6	1939-1942
2615	Bd 7	1942-1944
2616	Bd 8	

2.11.5. Grundstücks-Sachen

2617	Erteilung von Genehmigungen zum An- und Verkauf von Grundstücken	1860-1906

2.11.6. Begräbnisplätze

2619	Verlegung des Begräbnisplatzes in Berkholz nach außerhalb des Dorfes	1841
	Anlegung von Begräbnisplätzen	1887-1908
2620	Bd 1	1908-1939
2621	Bd 2	

2.11.7. Wasserversorgung

2622 Wasserangelegenheiten im Kreise 1922-1945

2.12. Kreis Westhavelland

2.12.1. Verfassung und Verwaltung, Personal

2622/1 Einführung der Kreisordnung sowie Ernennung der Amtsvorsteher 1873-1903

Organisation des Kreises
Bd 1 fehlt
2623 Bd 2 1904-1926
2624 Bd 3 1926-1943

2625 Kreisausschuß 1878-1925

2626 Kreisausschuß und Kreisverwaltungsgericht 1934-1939

Kreistage
Bd 1-7 fehlen
2627 Bd 8 1909-1913
2628 Bd 9 1913-1929
2629 Bd 10 1922-1929
2630 Bd 11 1930-1933

2631 Ortsstatuten 1896-1930

2632 Gemeindeversammlungen und Gemeindevertretungen 1923-1933

2633 Regulierung der Kommunalverhältnisse der zu Neu Plaue und Charlottenhof etablierten Büdner 1845

Einverleibung einzelner Grundstücke oder Etablissements in die Kommunalverbände der Dorfgemeinden und Bildung neuer Gemeinden. Ein- und Umgemeindungen
2634 Bd 1 1857-1913
2635 Bd 2 1914-1931
2636 Bd 3 1932-1939

2637 Hebung der Verwaltungskraft und Plan über die Neugliederung der Gemeinden 1939

Auflösung der Gutsbezirke
2638 Bd 1 1928
2639 Bd 2 1928
Enthält: Auflösungsplan 1-20a.
2640 Bd 3 1928
Enthält: Auflösungsplan 1-57

2641 Ortschaftsverzeichnis des Kreises 1872-1938

Anstellung und Dienstführung der Schulzen, Gemeindevorsteher, Bürgermeister, Beigeordneten und Schöffen
Bd 1-2 fehlen
2642 Bd 3 1858-1864
2643 Bd 4 1865-1905
2644 Bd 5 1905-1943
2645 Bd 6 1944

2646 Beschwerden über Gemeindevorsteher 1882-1910

2647 Beschwerden im allgemeinen 1882-1938

2647/1 Stellenplan der Kreisverwaltung 1942 (1943)

Besoldung, Ruhegehalt, Witwen- und Waisenversorgung der Kreiskommunalbeamten
2648 Bd 1 1920-1940
2649 Bd 2 1941-1944

2.12.2. Kreisvermögen, Verwaltungsberichte, Etats- und Rechnungs-Sachen

Das den Ständen des Zauchischen und des Havelländischen Kreises gemeinschaftlich gehörende Kreishaus in Potsdam, 1833-1894
siehe I Kom Nr. 2845/1-2

Haushaltspläne, Verwaltungsberichte und Kreisvermögen
Bd 1 fehlt
2650 Bd 2 1900-1911
2651 Bd 3 1911-1935
2652 Bd 4 1936-1937
2653 Bd 5 1938-1940
2654 Bd 6 1941-1944

2655	Verwaltungsberichte das Kreises 1925-1932	1926-1933
	Haushaltssatzung des Kreises	
2656	für das Rechnungsjahr 1941	1941
	Bericht über die Ordnungsprüfung	
2657	der Jahresrechnung 1934 der Kreiskommunalverwaltung	1936
2658	der Jahresrechnung 1935-1936 der Kreiskommunalverwaltung	1938
2659	der Jahresrechnung 1937 der Kreiskommunalverwaltung	1939
2660	Bericht über die unvermutete Kassen- und Vorratsprüfung bei der Kreiskommunalverwaltung im Febr. 1936	1936
	Kreishaus in Rathenow	
	Bd 1 fehlt	
2661	Bd 2	1893-1896
	Außerordentliche Kassenrevisionen in den Städten	
	Bd 1 fehlt	
2662	Bd 2	1854-1872
2663	Kassenangelegenheiten der Landgemeinden	1909
2664	Etats- und Rechnungswesen der Landgemeinden	1935-1944

2.13.3. Abgaben

2665	Schuldenzustand des Havelländischen Kreises	1816-1821
2666	Regulierung der Beitragsverhältnisse der Büdner in Berge zu den Kommunallasten	1840-1843
2667	Erhebung einer Abgabe für vermietete Wohnungen	1861
2668	Quartierleistung für die bewaffnete Macht während des Friedenszustandes und die Einquartierungsbeschwerden	1869-1889
	Erhebung der Gemeindesteuern und Beschwerden darüber	
2669	Bd 1	1869-1907
	Bd 2 fehlt	
2670	Bd 3	1923-1942

	Kreis- und Provinzialabgaben	
2671	Bd 1	1906-1933
2672	Bd 2	1934-1943
2673	Verteilung des Anteils der Reichseinkommensteuer auf den Kreis, die Städte, Landgemeinden und Gutsbezirke des Kreises	1921-1923

2.12.4. Sparkassen

	Kreissparkasse Westhavelland	
2674	Bd 1	1854-1890
2675	Bd 2	1890-1904
2676	Bd 3	1904-1911
2677	Bd 4	1911-1932
2678	Bd 5	1932-1936
2679	Bd 6	1937-1938
2680	Bd 7	1939-1941
2681	Bd 8	1942

2.12.5. Grundstücks-Sachen

2682	Erteilung der Genehmigungen zum An- und Verkauf von Gemeindegrundstücken	1859-1907
2683	Separationen im Kreise	1891, 1916
2684	Vertrag zwischen dem Domkapitel zu Brandenburg und dem Lehnschulzen Dieckmann in Barnewitz über Allodifikation des Lehnschulzengutes und Teilung desselben unter den beiden Söhnen des Dieckmann	1810-1850
2685	Abschluß eines Kontraktes zwischen dem Lehnschulzen Barnewitz und den Schöffen Bredow und Genossen in Fohrde	1811
2686	Separation der sogenannten Kienheide bei Gohlitz	1838
2687	Konkurrenz der Vorwerke Kieck und Seelensdorf bei der Separation von Gortz und Ketzür	1811-1816

Prozeß der Herrschaften und Gemeinden Markee und Markau gegen die Gemeinden Etzin und Tremmen über die Hütung im Spitzen Winkel, Separation zwischen den genannten Gemeinden und dem Nauener Amtsvorwerk Lietzow im Lietzowschen Luche
2688 Bd 1 1787-1821
2689 Bd 2 1822-1843

2690 Teilung des auf der Feldmark Marzahne vorhandenen Forstes 1841

2691 Separation der Heide des Dorfes Riewend 1836

2692 Beschwerde des Altsitzers Lange in Semlin wegen einbehaltener Nutzungen aus seinem Lehnschulzengut 1835

2693 Separation in Tremmen 1816-1829

2.12.6. Begräbnisplätze

2694 Anlegung von Begräbnisplätzen 1888-1937

2.12.7. Wasserversorgung

2695 Wasserversorgungsanlagen der Köln-Rottweiler AG in Premnitz und Pessin 1924-1945

2.13. Kreis Westprignitz

2.13.1. Verfassung und Verwaltung, Personal-Sachen

Organisation des Kreises
2696 Bd 1 1874-1902
2697 Bd 2 1903-1917
2698 Bd 3 1918-1941

2699 Kreisausschuß 1878-1937

Kreistage
Bd 1-3 fehlen
2700 Bd 4 1885-1898
2701 Bd 5 1899-1903
2702 Bd 6 1904-1907

2703	Bd 7	1907-1911
2704	Bd 8	1911-1915
2705	Bd 9	1916-1921
2706	Bd 10	1921-1925
2707	Bd 11	1925-1931
2708	Bd 12	1932-1933
2709	Gemeindeversammlungen und Gemeindevertretungen	1892-1933
2710	Kommunalverhältnisse der Kolonisten des Ritterguts Wüsten Buchholz	1845-1847
	Einverleibung einzelner Grundstücke oder Etablissements in die Kommunalverbände der Dorfgemeinden und Bildung neuer Gemeinden. Ein- und Umgemeindungen	
	Bd 1 fehlt	
2711	Bd 2	1879-1888
2712	Bd 3	1888-1904
2713	Bd 4	1905-1938
2714	Bd 5	1939-1946
2715	Maßnahmen zur Hebung der Verwaltungskraft. Ein- und Umgemeindungen	1939
2716	Regelung der Kommunalverhältnisse das Etablissements Neu Pinnow	1876-1891
	Auflösung der Gutsbezirke	
2717	Bd 1	1928
2718	Bd 2	1928
	Enthält: Auflösungsplan 1-35.	
2719	Bd 3	1928
	Enthält: Auflösungsplan 36-67a.	
2720	Ortschaftsverzeichnis des Kreises	1874-1938
	Anstellung und Dienstführung der Schulzen, Gemeindevorsteher, Bürgermeister, Beigeordneten und Schöffen	
	Bd 1-3 fehlen	
2721	Bd 4	1852-1859
2722	Bd 5	1860-1863

	Anstellung und Dienstführung der Schulzen, Gemeindevorsteher, Bürgermeister, Beigeordneten und Schöffen	
2723	Bd 1	1888-1935
2724	Bd 2	1935-1945
	Enthält auch: Veränderungen unter den Bürgermeistern und Beigeordneten im Kreis Prenzlau, Jan.-Sept. 1938.	
2725	Gesuch um Bauhilfsgelder für den Bau des massiven Wohnhauses der Lehnschulzen in Lütkenwisch	1819
2726	Sicherstellung der Verpflichtung des im Dorfe Glöwen gelegenen Lehnschulzenguts Borchmannshof zur Mitverwaltung des Schulzenamts in Glöwen nach dem Übergang des Lehnschulzenguts in den Besitz des Majors von Jagow und der Eintragung als Pertinenz des Ritterguts Friedrichswalde	1840-1841
2727	Anerkennung der Verpflichtung zur Bezahlung des Schulzen in Rühstädt durch Major von Jagow, Einziehung des Lehnschulzenhofes zum Rittergut	1844-1845
2728	Beschwerden über Gemeindevorsteher	1883-1912
2729	Revision der Gemeindeverwaltungen und Beschwerden über Gemeindeverwaltungen	1898
	Beschwerden im allgemeinen	
2730	Bd 1	1882-1930
2731	Bd 2	1930-1937
	Mittlere und untere Beamte	
	Bd 1 fehlt	
2733	Bd 2	1944
2735	Besoldung, Ruhegehalt, Witwen- und Waisenversorgung der Kreiskommunalbeamten	1920-1944

2.13.2. Kreisvermögen, Verwaltungsberichte, Etats- und Rechnungs-Sachen

	Haushaltspläne, Verwaltungsberichte und Kreisvermögen	
	Bd 1 fehlt	
2736	Bd 2	1892-1900
2737	Bd 3	1901-1905

Bd 4-5 fehlen
2738 Bd 6 1918-1931
2739 Bd 7 1932-1935
2740 Bd 8 1936-1941
2741 Bd 9 1942-1944

Haushaltspläne des Kreises
2742 für die Rechnungsjahre 1926-1933 (1912)
Enthält u.a.: Handbuch über den Kreis Westprignitz, 1912. 1926-1933
2743 für das Rechnungsjahr 1934 1933-1934
2744 für das Rechnungsjahr 1936 1935-1936
2745 für das Rechnungsjahr 1940 1940

2746 Haushaltssatzung des Kreises für das Rechnungsjahr 1940 1940-1941

2747 Geschäftslokal für die westprignitzer Kreisbehörde in Perleberg 1816-1896

Außerordentliche Kassenrevisionen in den Städten
Bd 1-2 fehlen
2748 Bd 3 1860-1873

Etats- und Rechnungswesen in den Landgemeinden
2749 Bd 1 1892-1936
2750 Bd 2 1937
2751 Bd 3 1938-1945

2.13.3. Abgaben

2752 Aufbringung des Nachtwächterlohns durch die Gemeinden 1827-1848

2753 Erhebung von Abgaben für vermietete Wohnungen 1860

2754 Gemeindebeschlüsse über Quartierleistung und Einquartierungsbeschwerden 1870-1894

Gemeindesteuerangelegenheiten
Bd 1-9 fehlen
2755 Bd 10 1922-1937
2756 Bd 11 1938-1942

Kreis- und Provinzialabgaben
2757 Bd 1 1906-1925
2758 Bd 2 1925-1929

2759	Bd 3	1938-1938
2760	Bd 4	1938-1943
2761	Verteilung des Anteils der Reichseinkommensteuer auf den Kreis, die Städte, Landgemeinden und Gutsbezirke des Kreises	1921-1922
	Hundesteuer Bd 1 fehlt	
2762	Bd 2	1925-1940

2.14.4. Sparkassen

2763	Einrichtung von Kreissparkassen	1854-1872
2764	Kreis- und Stadtsparkasse in Perleberg	1943-1945

2.13.5. Grundstücks-Sachen

	Matrikel der landtagsfähigen Rittergüter der Westprignitz, *siehe I Kom Nr. 1017*	1828-1931
2764/1	Etablissement der wüsten Feldmark Strigleben bei Perleberg und die von den Kolonisten nachgesuchte Bestätigung ihrer Erbverschreibungen	1788-1794, 1828-1829
2764/2	Verkauf einiger Grundstücke (Ackerland) durch die Gemeinde Söllenthin	1809-1814
2765	Separation in Toppel	1818-1826
2766	Genehmigung des Quitzowschen Dienstablösungsrezesses und An- und Verkauf des Ritterguts Quitzow durch die dortige Gemeinde	1839-1841
2767	Unterstützung der Gemeinde Quitzöbel bei der Wiederherstellung ihrer durch Elbdeichdurchbruch versandeten Ländereien	1842-1848
2768	Separation in Weisen	1848
2769	Benutzung eines Stücks Landes neben dem Spritzenhause in Baek	1848

2770	Separation eines Teiles der Dorfstraße in Karstädt	1863
2771	Separation der Feldmarken im Kreise	1890-1917

2.14.6. Begräbnisplätze

2772	Kirchhofsangelegenheiten in Warnow, Baek und Bernheide	1865-1872
2773	Schließung des Jungfernkirchhofes in Havelberg	1891-1893
	Anlegung von Begräbnisplätzen	
	Bd 1 fehlt	
2774	Bd 2	1906-1944

2.13.7. Wasserversorgung

2775	Anlage einer Wasserleitung mit Hochbehälter für die Gemeinde Boberow-Mellen	1914-1944
2776	Anlage einer Wasserleitung mit Hochbehälter für die Gemeinde Rambow	1914-1938
2777	Entwässerungsanlagen in Karstädt	1926

2.14. Kreis Zauch-Belzig

2.14.1. Verfassung und Verwaltung, Personal

	Organisation des Kreises	
2778	Bd 1	1874-1902
	Bd 2 fehlt	
2779	Bd 3	1907-1922
2780	Bd 4	1923-1937
2781	Bd 5	1936-1945
2782	Kreisausschuß	1878-1945
	Kreistage	
	Bd 1-3 fehlen	
2783	Bd 4	1887-1904

2784	Bd 5	1905-1913
2785	Bd 6	1914-1924
2786	Bd 7	1924-1933
2787	Einführung der Städteordnung in Saarmund	1809-1827
2788	Ortsvorstand und Gemeindevertretung in Sandberg (Belzig)	1857-1860
2789	Ortsvorstand und Gemeindevertretung in Caputh	1860-1863
	Bestellung der Kommunalverordneten und Aufbringung der Gemeindebedürfnisse in Lehnin Bd 1 fehlt	
2790	Bd 2	1860-1867
2791	Gemeindevertretung im Dorfe Glindow	1869
2792	Gemeindevertretung im Dorfe Wiesenburg	1873-1874
2793	Gemeindevertretungen, Gemeindeversammlungen und Gemeindewähler im Kreise	1896-1933
2794	Einreichung einer Ortschronik des Dorfes Groß Kreutz an die Regierung durch den Prediger Plato	1827
	Einverleibung einzelner Grundstücke oder Etablissements in die Kommunalverbände der Dorfgemeinden und Bildung neuer Gemeinden. Ein- und Umgemeindungen	
2795	Bd 1	1857-1888
2796	Bd 2	1891-1911
2797	Bd 3	1911-1930
2798	Bd 4	1928-1945
2799	Maßnahmen zur Hebung der Verwaltungskraft kreisangehöriger Gemeinden. Ein- und Umgemeindungen	1939
2800	Eingemeindung des Wilhelmsstifts, der Anstalt für Epileptiker und der Potsdamer Nuthewiesen in den Stadtbezirk Potsdam	1897-1921
2801	Eingemeindung der Insel Tornow bzw. Bildung eines selbständigen Gutsbezirks aus den Hoffbauerschen Grundstücken	1892-1895
	Auflösung der Gutsbezirke	
2802	Bd 1	1928-1929

2803	Bd 2 Enthält: Auflösungsplan 1-21.	1928
2804	Bd 3 Enthält: Auflösungsplan 23-46.	1928
2805	Regelung der Gemeindeverhältnisse der Saarmunder Elsbruch-, Nuthe-Rohr- und Torfwiesen	1892-1902
2806	Auflösung der Forstgutsbezirke	1928-1930
	Ortschaftsverzeichnis des Kreises	
2807	Bd 1	1873-1931
2808	Bd 2	1931-1942
2809	Amtsverwaltung der Landknappen, Landschulzen und Landrichter	1819-1849
	Anstellung und Dienstführung der Schulzen, Gemeindevorsteher, Bürgermeister, Beigeordneten und Schöffen Bd 1-2 fehlen	
2810	Bd 3	1849-1853
2811	Bd 4	1854-1860
2812	Bd 5	1861-1865
	Bd 6 fehlt	
2813	Bd 7	1895-1922
2814	Bd 8	1923-1934
2815	Bd 9	1934-1937
2816	Bd 10	1937-1945
2817	Beschwerden über Gemeindevorsteher	1882-1911
	Gemeindevorsteher und Beschwerden über sie und andere Personen Bd 1 fehlt	
2818	Bd 2	1903-1906
	Beschwerden in verschiedenen Gemeindeangelegenheiten	
2819	Bd 1	1882-1909
2820	Bd 2	1908-1939
	Anstellung und Besoldung der Nachtwächter sowie der mittleren und unteren Beamten und Beschwerden über sie	
2821	Bd 1	1852-1929
2822	Bd 2	1930-1943

2823	Anstellung der Waisenräte	1876
	Besoldung, Ruhegehalt, Witwen- und Waisenversorgung der Kreiskommunalbeamten	
2824	Bd 1	1920-1937
2825	Bd 2	1938-1945

2.14.2. Kreisvermögen, Verwaltungsberichte, Etats- und Rechnungs-Sachen

2826	Fiskalische Beiträge zu den Kreisabgaben	1874-1877
	Haushaltspläne des Kreises	
2826/1	für die Rechnungsjahre 1896-1897	1897
2827	für die Rechnungsjahre 1900-1911	1900-1911
2828	für die Rechnungsjahre 1914-1915	1914-1915
2829	für das Rechnungsjahr 1921	1921
	Haushaltspläne, Verwaltungsberichte und Kreisvermögen Bd 1-3 fehlen	
2830	Bd 4	1930-1935
2831	Bd 5	1935-1937
2832	Bd 6	1938-1942
	Haushaltspläne des Kreises	
2833	für die Rechnungsjahre 1932-1933	1932
2834	für die Rechnungsjahre 1933-1934	1933
2835	für das Rechnungsjahr 1934	1934
2836	für das Rechnungsjahr 1939	1939
2837	für das Rechnungsjahr 1940	1940
2838	für das Rechnungsjahr 1940	1940
2839	für das Rechnungsjahr 1941	1941
2840	für das Rechnungsjahr 1943	1943-1945
2840/1	Beschwerde der Stände des Ziesarschen Kreises über Benachteiligung bei der Teilung ihrer mit den Zauchischen Ständen früher gemeinsam geführten Kreiskasse, Verhandlungen über die Forderungen des Ziesarschen Kreises	1797-1835
2841	Abnahme der Kommunalfondsrechnung des Kreises	1831-1868
2842	Rechnungen von dem allgemeinen Kreiskommunalfonds	1858-1867

2843	Einrichtung und Organisation des Gemeindeprüfungsamtes und Rechnungsprüfungsamtes	1934-1939
	Rechnungsprüfung der Jahresrechnungen des Kreises sowie Wirtschaftlichkeits- und Organisationsprüfungen	
2844	1935-1936	1936-1938
2845	1937-1939	1938-1939
2845/1	Disposition über das den Ständen des Zauchischen Kreises und denen des Havelländischen Kreises gemeinschaftlich gehörende Kreishaus in Potsdam	1833-1854
2845/2	Ankauf des Havelländischen Anteils am Kreishause in Potsdam und Vermietung der Wohnungen	1834-1850
	Kreishaus des Kreises Zauch-Belzig	
	Bd 1 fehlt	
2846	Bd 2	1876-1894
2847	Kommunalhaushalt von Saarmund	1829-1856
	Außerordentliche Kassenrevisionen in den Städten	
	Bd 1-2 fehlen	
2848	Bd 3	1860-1873
2849	Ordnungsprüfungen bei den kreisangehörigen Gemeinden	1936-1937
	Etats- und Rechnungswesen in den Landgemeinden	
2850	Bd 1	1905-1935
2851	Bd 2	1935-1943
2852	Bd 3	1944-1945
2853	Etats- und Rechnungswesen in den Landgemeinden, Staatsbeihilfen	1932-1934
2854	Finanzverhältnisse in der Landgemeinde Schenkenberg	1932-1934

2.14.3. Abgaben

2854/1	Remissionsreglement für den Zauchischen Kreis Enthält u.a.: Gedrucktes Remissionsreglement für den Zauchischen Kreis vom 16. Jan. 1788.	1787-1817

2855	Beschwerden mehrerer Einwohner über unverhältnismäßige Heranziehung zu den Kriegs- und anderen städtischen Lasten, Grundsätze zur Aufbringung der Steuern	1813-1854
2856	Beschwerden wegen Abgaben	1824-1850
2857	Kommunalverhältnisse der Besitzer ehemaliger fiskalischer Grundstücke in Sandberg	1836-1839
	Gemeindesteuern und Beschwerden darüber	
	Bd 1-11 fehlen	
2858	Bd 12	1872-1894
2859	Bd 13	1895-1902
	Bd 14-15 fehlen	
2860	Bd 16	1906-1908
	Bd 17-20 fehlen	
2861	Bd 21	1921-1930
2862	Bd 22	1931-1937
2863	Bd 23	1938-1945
	Kreis- und Provinzialabgaben	
2864	Bd 1	1906-1928
2865	Bd 2	1928-1932
2866	Bd 3	1932-1938
2867	Bd 4	1939-1946
2868	Verteilung der Reichseinkommensteuer auf den Kreis, die Städte, Landgemeinden und Gutsbezirke des Kreises	1921-1922
2869	Hundesteuer	1889-1937

2.14.4. Sparkassen

	Kreissparkasse	
2870	Bd 1	1854-1883
	Bd 2-3 fehlen	
2871	Bd 4	1902-1913
2872	Bd 5	1914-1929
2873	Bd 6	1930-1936
2874	Bd 7	1937-1938
2875	Bd 8	1938-1939
2876	Bd 9	1939-1940

2877	Bd 10	1941-1943
2878	Bd 11	1944-1945
2879	Kreisbank	1922-1935
2880	Zusammenlegung der Kreisbank mit der Kreissparkasse	1931-1936

2.14.5. Grundstücks-Sachen

2881	Separation der Erbpächter des Vorwerks Neu Töplitz mit den Fischerkossäten in Göttin	1806-1836
2882	Gemeinheitsteilung in Kuhlowitz	1838-1856
	An- und Verkauf von Gemeindegrundstücken	
	Bd 1 fehlt	
2883	Bd 2	1889-1897
2884	Separation der Feldmarken	1907-1926

2.14.6. Begräbnisplätze

	Anlegung von Begräbnisplätzen	
2885	Bd 1	1887-1908
2886	Bd 2	1908-1929
2887	Bd 3	1929-1941

2.14.7. Wasserversorgung

2888	Be- und Entwässerung der Havelinsel Tornow, von Hermannswerder und Caputh, Wasserversorgungsanlagen Lucksfleiß und Boßdorf	1888-1944
2889	Be- und Entwässerung von Glindow	1933-1934
2890	Entwässerungsanlage der Observatorien auf dem Telegraphenberge bei Potsdam	1909-1911

	Anlegung von Wasserleitungen auf dem Fläming, Be- und Entwässerung von Bergholz, Boßdorf, Lobbese, Zixdorf, Mützdorf, Garrey, Zeuden, Klein Mahrzehns, Lotzschke und Klein Glien	
2891	Bd 1	1911-1936
2892	Bd 2	1939-1941
	Kläranlagen in Seddin, Michendorf, Rehbrücke und Wildenbruch	
2893	Bd 1	1914-1941
2894	Bd 2	1940-1944
2895	Bau einer Entwässerungsleitung für die geplante Walderholungsstätte gegenüber Cecilienhöhe	1914
2896	Wasserwerk auf dem Verschiebebahnhof Seddin	1917
2897	Wasserversorgung der Gemeinde Medewitz	1919-1940
	Wasserversorgungsanlagen in Pflügkuff, Elisabethhöhe, Schenckenberg, Fichtenwalde und Damsdorf	
2898	Bd 1	1921-1935
2899	Bd 2	1936-1942
2900	Bd 3	1941-1944
2901	Wasserwerk Bork	1928-1938
2902	Wasserversorgung der Gemeinden Reppinichen, Reetz, Groß Marzehns, Dippmannsdorf und Wiesenburg	1924-1944
2903	Wasserversorgung von Alt Töplitz	1930-1941
2904	Wasserangelegenheiten im Kreise Enthält: Klärung der Abwässer der RAD-Abteilung 2/92, Tremsdorf, des Deleu-Werkes Schönhagen-Trebbin und der Molkerei Kloster Lehnin und Einleitung in den Brandgraben, Schönhagener Entwässerungsgraben und Lehniner Kanal.	1938-1944

3. Städte

Städte, *siehe auch in 2. Kreise*

3.1. Altlandsberg

	Durchführung der neuen Städteordnung Bd 1 fehlt	
2905	Bd 2	1826-1859
	Wahl und Einführung der Bürgermeister und übrigen Magistratspersonen Bd 1 fehlt	
2906	Bd 2	1905-1935
2907	Bd 3	1936-1944
2908	Kommissionsakten des Regierungsrats von Rohrscheidt über die Beschwerden gegen den Bürgermeister Matz in Altlandsberg wegen Beschaffung von Vorteilen beim Chausseebau	1858
	Funke, Reinhold, geb. 21.4.1904, Bürgermeister, *siehe I Pers. Nr. 1464/1*	1933-1937
	Semner, Richard, geb. 2.11.1875, Bürgermeister, *siehe I Pers. Nr. 4798/0a*	1908-1921
	Ziemann, Bürgermeister, *siehe I Pers. Nr. 6385/1*	1896-1908
	Disziplinarverfahren gegen den Stadtsekretär Fritz Behrens wegen Pflichtverletzung im Amt und Betruges	
2909		1909-1918
2910		1912-1915
2911	Disziplinarverfahren gegen den Stadtsekretär Behrens	1913
2912	Beschwerden gegen Magistratsmitglieder	1828-1912
2914	Erteilung des Bürgerrechts	1815-1842
2915	Einführung der Gemeindeordnung (Gesetz vom 11. März 1850)	1852
2916	Benutzung und Verwaltung des städtischen Vermögens	1888

2917	Kommunalhaushalt	1831-1873
	Kommunalhaushaltpläne und Verwaltungsberichte	
2918	Bd 1	1874-1885
2919	Bd 2	1886-1893
2920	Bd 3	1894-1902
	Haushaltspläne der Kämmereikasse	
2921	für das Rechnungsjahr 1907	1907
2922	für die Rechnungsjahre 1916, 1919	1916-1919
2923	Haushaltsplan der Stadt für das Rechnungsjahr 1928	1928
2924	Rechnungsfeststellungsbeschlüsse und Revision der städtischen Kassen	1851-1925
2925	Etats- und Rechnungswesen und Steuerangelegenheiten	1933-1939
	Parzellierungen, Erhebung der Gemeindesteuern und Beschwerden darüber	
2926	Bd 1	1841-1888
2926/1	Bd 2	1892-1921
2927	Besteuerung der Nachtigallen	1842-1843
2928	Stadtsparkasse	1910-1920
2929	Hütungs- und Feldpolizei	1865-1866
	Entwässerung der Stadt	
2930	Bd 1	1898-1917
2931	Bd 2	1918-1940
2932	Bd 3	1941-1945
2933	Entwässerung der Stadt	1900

3.2. Alt Ruppin

	Ein- und Durchführung der neuen Städteordnung	
	Bd 1 fehlt	
2934	Bd 2	1834-1853
2935	Bd 3	1854-1872

	Wahl und Einführung der Bürgermeister und der übrigen Magistratspersonen	
2936	Bd 1	1873-1911
2937	Bd 2	1912-1942
	Barnekow, Emil, Bürgermeister, *siehe I Pers. Nr. 175*	1898-1924
	Bornkessel, Karl, geb. 19.10.1892, Bürgermeister, *siehe I Pers. Nr. 510*	1924-1925
	Jülicher, Ernst, geb. 2.1.1891, Bürgermeister, *siehe I Pers. Nr. 2482/1*	1926-1932
2938	Beschwerden gegen den Magistrat	1839-1923
2939	Personalangelegenheiten	1828-1897
2940	Anstellung der unteren Beamten des Magistrats	1833-1911
	Schnuchel, Karl, Stadtwachtmeister, *siehe I Pers. Nr. 5110/3*	1910
2942	Gegenseitige Beschwerden der Stadtverordneten und des Magistrats sowie Beschwerden der Stadtverordneten unter sich	1816-1843
	Dienstführung des Magistrats, Beschwerden über Magistratsmitglieder	
2943	Bd 1	1825-1870
2944	Bd 2	1871-1910
2945	Gegenseitige Beschwerden des Stadtgerichts und des Magistrats	1826-1838
2946	Beschwerden über Bürgermeister und Magistratsmitglieder	1874-1930
2947	Beschwerden über untere Beamte des Magistrats	1901-1911
2948	Gewinnung des Bürgerrechts und die Bürgerrechtsgebühren	1812-1848
2949	Zulegung der Grafen- und Neuenmühle zum Kommunalbezirk der Stadt	1839
2950	Einführung der Gemeindeordnung (Gesetz vom 11. März 1850)	1852
2951	Wahl der Stadtverordneten	1874-1924

2952	Kommunalhaushalt	1830-1862
2953	Kommunalhaushaltspläne und Verwaltungsberichte	1863-1883
2954	Etats- und Rechnungswesen und die Steuerangelegenheiten	1933-1944
	Rechnungsfeststellungsbeschlüsse und Revision der städtischen Kassen	
2955	Bd 1	1851-1910
2956	Bd 2	1912-1931
2957	Beschwerden mehrerer Einwohner über zu hohe Kriegs- und andere städtische Lasten, Grundsätze zur Aufbringung der Gelder und Teilung der Lasten	1813-1869
2958	Besteuerung der Nachtigallen	1843
2959	Verkauf städtischer Grundstücke	1824-1910
2960	Aufkauf von Grundstücken für die Stadt	1830-1868
2961	Das Sandgraben und Kiennadelharken	1833-1835
2962	Einhegung und Besamung der Sandschollen neben dem Rhinkanal und der Schleuse bei den Neuen Mühlen oberhalb von Altruppin	1835-1840
2963	Ansprüche des Magistrats auf die durch Trockenlegung des Rhinkanals entstandenen Ländereien	1836-1837
2964	Benutzung der Kämmereigrundstücke	1836
2965	Separation der städtischen Feldmark	1848-1910

3.3. Angermünde

	Ein- und Durchführung der Städteordnung	
2966	Bd 1	1809-1831
2967	Bd 2	1832-1846
2968	Bd 3	1848-1872

	Wahl und Einsetzung der Stadtverordneten, Bürgermeister und Ratsmitglieder	
2969	Bd 1	1873-1911
2970	Bd 2	1911-1938
2971	Bd 3	1936-1943
	Friedlaender, Julius, geb. 22.3.1832, Bürgermeister, *siehe I Pers. Nr. 1390-1392*	1856-1870
	Radvann, William, geb. 27.10.1854, Bürgermeister, *siehe I Pers. Nr. 4373a*	1898-1910
2972	Gesuche der Magistratsmitglieder um Übernahme von Nebenämtern	1838-1863
2973	Anstellung der Stadtsekretäre	1864-1868
2974	Untere Beamte des Magistrats	1828-1857
2975	Beschwerde gegen den Magistrat und Beschwerden der Magistratsmitglieder gegeneinander	1834-1863
2977	Kommissionsakte über die Revision der Kommunalverwaltung	1840
2978	Gewinnung des Bürgerrechts	1810-1849
2979	Einführung der Gemeindeordnung (Gesetz vom 11. März 1850)	1851-1853
	Kommunalhaushalt	
2980	Bd 1	1821-1858
2981	Bd 2	1859-1867
	Kommunalhaushaltspläne und Verwaltungsberichte	
2982	Bd 1	1868-1875
2982/1	Bd 2	1876-1884
2983	Haushaltsplan der Stadt für das Rechnungsjahr 1924	1924
2984	Abnahme der Hospitalkassenrechnungen	1808-1810
	Extrakte der städtischen Rechnungen	
2985	Bd 1	1810-1837
2986	Bd 2	1836-1874

	Beschwerden über zu hohe Kommunal- und Kriegslasten	
2987	Bd 1	1810-1835
2988	Bd 2	1835-1857
2989	Vergütungen für die Einquartierung	1826-1829
2990	Statuten und Beschlüsse über Quartierleistung und Einquartierungsbeschwerden	1871-1883
2991	Erhebung der Gemeindesteuern und Beschwerden darüber	1858-1876
	Stadtsparkasse	
2992	Bd 1	1885-1909
2993	Bd 2	1909-1928
2994	Bd 3	1929-1936
2995	Bd 4	1936-1938
2996	Bd 5	1937-1940
2997	Bd 6	1941-1944
2998	Neubau der Stadtsparkasse Enthält u.a.: Entwurf des Neubaus der Stadtsparkasse.	1935
2999	Verstöße in Hütungsangelegenheiten	1831-1866
2999/1	Ermäßigung der Erbpacht des Müllers Irrgang	1831
3000	Separation der städtischen Feldmark	1832-1856
3001	Verpachtung der Kämmereiländereien	1833-1844
3002	Berichtigung des Titelblattes der Hospitalhufen im Grundbuch Bd 1 Blatt Nr. 52 von Angermünde	1902-1903
	Be- und Entwässerung der Stadt	
3003	Bd 1	1901-1929
3004	Bd 2	1930-1940
3005	Bd 3	1940-1944

3.4. Babelsberg (Nowawes)

3006	Annahme der Städteordnung	1923-1925
	Wahl und Einführung der Bürgermeister und übrigen Magistratsmitglieder	
3007	Bd 1	1925-1935
3008	Bd 2	1936-1939
	Dr. Heinn, Walther, Bürgermeister, *siehe I Pers. Nr. 2003/1*	1933-1941
	Dr. Litterscheid, Franz, geb. 9.10.1873, Bürgermeister, *siehe I Pers. Nr. 3349/1*	1925-1932
	Rosenthal, Walter, erster Bürgermeister, *siehe I Pers. Nr. 4663/1*	1925-1933
3009	Mittlere und untere Beamte	1925-1933
3010	Besoldung, Ruhegehalt, Witwen- und Waisenversorgung der Gemeindebeamten	1923-1931
3011	Grenzen des Gemeindebezirks und die Einverleibung von Grundstücken in denselben	1925-1928
3012	Ortsstatuten auf Grund des § 11 der Städteordnung	1925-1928
3013	Haushaltsvoranschläge und Verwaltungsberichte	1925-1935
3014	Haushaltsplan der Stadt für das Rechnungsjahr 1929	1929
3015	Etats- und Rechnungswesen und Steuerangelegenheiten	1933-1939
3016	Revision der städtischen Kassen und die Rechnungsfeststellungsbeschlüsse	1926-1930
3017	Zuschüsse für die höheren Lehranstalten in Nowawes	1925-1929
	Gemeindesteuern	
3018	Bd 1	1925-1931
3019	Bd 2	1932-1935
3020	Erhebung der Hundesteuer und Beschwerden über sie	1927-1933
3021	Verkauf städtischer Grundstücke	1925-1934

3.5. Baruth

	Ein- und Durchführung der revidierten Städteordnung vom 17. März 1831	
3022	Bd 1	1831-1836
3023	Bd 2	1836-1843
3025	Bd 3	1844-1855
3024	Statuten von Baruth	1840
	Wahl und Einführung der Bürgermeister und übrigen Magistratspersonen	
3026	Bd 1	1856-1891
3027	Bd 2	1892-1938
3028	Bd 3	1936-1941
	Schlemann, Paul, geb. 10.10.1864, Bürgermeister, *siehe I Pers. Nr. 4972/1*	1903-1931
3029	Anstellung der unteren Beamten des Magistrats	1856-1921
3030	Beschwerden über die Magistratsmitglieder	1826-1896
3031	Beschwerden über untere Beamte des Magistrats	1896-1899
3032	Beschwerde der Fürstlich zu Solmsschen Hauptverwaltung über den Magistrat Baruth wegen des Viehtriftweges	1911-1914
3033	Beschwerde der Fürstlich zu Solmsschen Hauptverwaltung über den Magistrat Baruth wegen des Haagweges	1912-1913
3034	Bürgerrecht	1820-1844
3035	Benutzung und Verwaltung des städtischen Vermögens	1866-1896
3036	Dienstlokal des Magistrate	1833
3037	Kommunalhaushalt	1831-1863
3038	Kommunalhaushaltspläne und Verwaltungsberichte	1864-1879
3039	Haushaltsplan der Kämmereikasse für das Rechnungsjahr 1911	1911
3040	Haushaltsplan der Stadt	1919-1921

3041	Etats- und Rechnungswesen und Steuerangelegenheiten der Stadtgemeinde	1933
3042	Rechnungsextrakte	1835-1855
3043	Überprüfungen der Kämmereikasse	1856-1911
3044	Rechnungsfeststellungsbeschlüsse und Revision der städtischen Kassen	1860-1866
3045	Stadtsparkasse	1899-1922
3046	Be- und Entwässerung der Stadt	1913-1916

3.6. Beelitz

	Ein- und Durchführung der neuen Städteordnung	
3047	Bd 1	1809-1822
3048	Bd 2	1823-1840
3049	Bd 3	1841-1863
	Wahl und Einführung der Bürgermeister und Ratsmitglieder	
3050	Bd 1	1864-1895
3051	Bd 2	1895-1938
3052	Bd 3	1938-1944
	Nürnberg, Bürgermeister, *siehe I Pers. Nr. 4013/1*	1906-1909
	Dr. v. Ramin, Alfred, geb. 23.2.1880, Bürgermeister, *siehe I Pers. Nr. 4391/1*	1909-1919
3053	Untere Beamte des Magistrats	1831-1873
6374	Dienststrafsache gegen den Polizeihauptwachtmeister August Böhme	1932-1934
6375	Disziplinaruntersuchung gegen den Polizeioberwachtmeister Hermann Schulze	1930-1932
3055	Wechselseitige Beschwerden der Stadtverordneten und des Magistrats	1826-1869

3056	Weigerung einiger Mitglieder der Gebäudebeschreibungs-Revisionskommission, insbesondere des Ratmanns Mark, zur unentgeltlichen Verrichtung der von ihnen verlangten Arbeit und Festlegung einer Strafe gegen den Ratmann Marnitz	1839-1843
3057	Beschwerden gegen den Bürgermeister Bercht und die Polizeiverwaltung	1842-1879
3058	Beschwerden über untere Beamte des Magistrats	1876-1878
3059	Erteilung des Bürgerrechts	1821-1846
3060	Spezialnachweisungen, Rechnungsextrakte und Etats über den Zustand der Stadt	1802-1816
	Kämmereirechnungen	
3061	für das Rechnungsjahr 1807-1808	1808-1809
3062	für das Rechnungsjahr 1808-1809	1809
	Abschlüsse der städtischen Rechnungen über die Verwaltung des Gemeindevermögens	
3063	Bd 1	1811-1840
3064	Bd 2	1841-1872
	Kommunalhaushaltspläne und Verwaltungsberichte	
3065	Bd 1	1829-1865
3066	Bd 2	1866-1888
3066/1	Haushaltsvorschlag	1930
3067	Etats- und Rechnungswesen und die Steuerangelegenheiten	1934-1945
	Erhebung der Kommunalabgaben sowie Beschwerden verschiedener Einwohner und Grundbesitzer über zu hohe Abgaben und Lasten	
3068	Bd 1	1809-1838
3069	Bd 2	1840-1886
	Stadtsparkasse	
3070	Bd 1	1894-1929
3071	Bd 2	1930-1936
3072	Bd 3	1936-1938
3073	Bd 4	1937-1940
3074	Bd 5	1940-1945

3075	Hütungsstreitigkeiten und Beschwerden über Pfändungen	1819-1863
	Kanalisation und Wasserwerk in Beelitz und den Heilstätten	
3077	Bd 1	1901-1939
3078	Bd 2	1940-1942

3.7. Beeskow

	Ein- und Durchführung der neuen Städteordnung	
	Bd 1 fehlt	
3079	Bd 2	1809-1817
	Wahl und Einführung der Bürgermeister und übrigen Magistratsmitglieder	
3080	Bd 1	1822-1843
3081	Bd 2	1844-1873
	Wahl und Einführung der Bürgermeister und übrigen Magistratsmitglieder	
3082	Bd 1	1873-1901
3083	Bd 2	1902-1944
3085	Zahlung von Sportelen an Magistratsmitglieder	1844
	Berthold, Wilhelm, geb. 3.1.1870, Bürgermeister, *siehe I Pers. Nr. 341/1*	1901-1939
3086	Besetzung der städtischen Beamtenstellen	1826-1857
3087	Anstellung der Stadtsekretäre und der Magistratsbürobeamten	1859-1870
3088	Wahl der Stadtverordneten	1875-1924
3089	Anstellung der Waisenräte	1882
3090	Witwen- und Waisenfürsorge für städtische Beamte	1884-1900
3091	Besoldung, Ruhegehalt, Witwen- und Waisenversorgung der Gemeindebeamten	1920-1940
3093	Beschwerden des Magistrats gegen den interimistischen Landrat, Kriegsrat Hagemann, wegen Beleidigung und die gegenseitigen Beschwerden des von Sellenthin und des Magistrats	1812-1814

3094	Beschwerden gegen den Magistrat über dessen Geschäftsverwaltung	1826-1868
3095	Beschwerden gegen den Magistrat	1869-1907
3096	Beschwerden in verschiedenen Gemeindeangelegenheiten	1873-1938
3097	Revision der Gemeindeverwaltung und Beschwerden über die Gemeindeverwaltung	1883-1905
3098	Beschwerden über untere Beamte des Magistrats	1875-1899
3099	Gesuch des Garnwebers Johann Christian Marowsky und des Kürschners Christian Marowsky aus Cottbus um Gewinnung des Bürgerrechts in Beeskow und um Erlaubnis zur steuerfreien Einbringung ihrer Warenvorräte	1810
3100	Erteilung des Bürgerrechts	1810-1815
3101	Verweigerung des Bürgerrechts	1811
3102	Gesuche um Erlangung des Bürgerrechts	1821-1848
3103	Ortsstatuten auf Grund des § 11 der Städteordnung	1879-1937
3104	Grenzen des Gemeindebezirks und Einverleibung von Grundstücken	1892-1926
3105	Jährliche Revisionen der Kommunal-Rechnungs- und Geschäftsverwaltung des Magistrats	1827-1831
3105/1	Städtische Rechnungsextrakte	1832-1847
3106	Revision der Kommunalverwaltung	1833-1850
	Rechnungsfeststellungsbeschlüsse und Revision der städtischen Kassen Bd 1 fehlt	
3107	Bd 2	1891-1936
3108	Kommunalhaushalt	1836-1865

	Kommunalhaushaltspläne und Verwaltungsberichte Bd 1-2 fehlen	
3109	Bd 3	1904-1929
3110	Bd 4	1930-1938
3111	Etats der Stadtkasse	1912-1917
3111/1	Etats der Kreiskasse und Haushaltspläne der Stadt	1924-1934
3112	Etats- und Rechnungswesen und Steuerangelegenheiten der Stadtgemeinde	1933-1945
3113	Beschwerden der Erbpächter des Vorwerks Hertzberg über die Dienstverweigerungen der dortigen Untertanen	1810
3114	Gesuch des Bürgers und Nagelschmiedmeisters Gottfried Oelicke in Beeskow um Stundung der Kriegsabgaben und um Vergütung für die Verpflegung der württembergischen Truppen sowie Auszahlung des rückständig gebliebenen Servises und Vergütung der Nagelschmiedearbeit bei den königlichen Bauten	1810
3115	Antrag des Magistrats, Einwohner, die sich weigern, bei Hauskollekten für die Armen etwas zu geben, bei anderen Abgaben stärker heranzuziehen	1811
3116	Verweigerung der Bezahlung des Lehnochsen an den Magistrat durch den Lehnschulzen Schulze im Kämmereidorf Schneeberg	1811-1837
3117	Entwurf des Magistrats über die Neuregelung des von der Stadt zu stellenden Vorspanns	1812
3118	Beschwerden der Einwohner über zu hohe Kriegs- und andere städtische Lasten, Aufstellung der Grundsätze zur Verteilung der Lasten und Aufbringung der Gelder	1813
3119	Gesuch des Magistrats um Heranziehung des Kiezes und des Dorfes Bahrensdorf zur städtischen Einquatierung	1813-1814
3120	Beschwerde der Frau des Kossäten Jordan über den Magistrat wegen des bei ihrer Verheiratung nach Krügersdorf von ihr verlangten Abzugsgeldes	1813

Rep. 2 A Regierung Potsdam I Kom

3121	Gesuch des Magistrats um Ermahnung des Postmeisters von Dehrmann zur Bezahlung seiner Beiträge zu den Kommunallasten und zur Organisation der Landwehr	1813
3121/1	Klagen der Büdnergemeinde Schneeberg über die Verteilung der Lasten und ihren Anteil am Brieskowschen Acker	1815
3122	Unterstützung der Stadt Beeskow aus dem Kommunalfonds zur Tilgung der Stadtschulden und Deckung ihrer außerordentlichen Abgaben	1815-1834
3123	Beschwerden über Abgaben und Lasten	1816-1841
3124	Einführung der Hundesteuer und Beschwerden darüber	1829
3125	Beschwerden über Abgaben	1841-1857
3126	Nachtigallensteuer	1843-1857
3127	Erhebung des Bürgerrechtsgeldes und Beschwerden darüber	1852-1939
3128	Verteilung der Einquartierungslast	1872-1915
3129	Steuerordnungen	1901-1922
	Erhebung der Gemeindesteuern und Beschwerden darüber Bd 1-2 fehlen	
3130	Bd 3	1905-1929
3131	Bd 4	1930-1939
3132	Vererbpachtung eines Stück Landes an der Mixdorfschen Grenze	1809
3133	Gesuch des Kossäten Bobert in Neuendorf wegen Einzäunung eines hinter seinem Garten gelegenen Stück Landes	1811
3134	Verbot der Hütung von Hammeln durch die Schlächter auf den Stadtwiesen	1812
3135	Separation städtischer Grundstücke	1845-1925
3136	Verstöße in Hütungsangelegenheiten	1846-1854
3137	Verkauf städtischer Grundstücke	1858-1937

	Entwässerung der Stadt	
3138	Bd 1	1902-1932
3139	Bd 2	1933-1941

3.8. Belzig

3140	Ein- und Durchführung der revidierten Städteordnung	1831-1857
	Wahl und Einführung der Bürgermeister und der übrigen Magistratsmitglieder	
3141	Bd 1	1858-1905
3142	Bd 2	1906-1932
3143	Berufung der Bürgermeister und Beigeordneten, Anstellung und Besoldung der Beamten, Angestellten und Arbeiter, Beschwerden	1933-1944
	Stahlberg, Bürgermeister, *siehe I Pers. Nr. 5425/1*	1902-1925
3144	Beschwerden gegen den Magistrat	1825-1850
3145	Beschwerden über Magistratsmitglieder	1851-1911
3146	Gesuch um Erteilung des Bürgerrechts	1818-1838
3147	Einführung der Gemeindeordnung (Gesetz vom 11. März 1850)	1851
3148	Grenzen des Gemeindebezirks und Einverleibung von Grundstücken in denselben	1879-1911
3149	Benutzung und Verwaltung städtischen Vermögens	1881
3150	Verpachtung des Ratskellers	1833
3151	Rechnungsextrakte der Kämmereikasse	1821-1889
3152	Kommunalhaushaltspläne und Verwaltungsberichte	1831-1883
3153	Haushaltsplan der Stadt für das Rechnungsjahr 1930	1930
3154	Etats- und Rechnungswesen und Steuerangelegenheiten	1933-1945
3155	Gesuch des Magistrats um Erlaß des dem Amt Belzig entrichteten Kanons für die Erbgerichtsbarkeit um den Bierzoll	1818

3156 Anlegung einer Steuer-Exkurrenzkasse und Abnahme der Jahresrechnungen 1823-1832

3157 Regulierung des Kriegsschuldenwesens der Stadt 1825-1826

Städtische Sparkassen

3158 Bd 1 1884-1909

3159 Bd 2 1909-1921

3160 Bd 3 1922-1923

3161 Veräußerung von Grundstücken 1820-1847

3162 Verkauf städtischer Grundstücke 1831-1889

3162/1 Streit der Stadt Belzig mit dem Dorfe Neuwerbig wegen der polizeilichen Aufsicht über die sogenannten Belziger Hörste 1829-1836

3163 Separation zu Gödensdorf und des Bergermarker Sandbergs 1830-1859

3164 Verstöße in Hütungsangelegenheiten 1853-1854

Be- und Entwässerung der Stadt

3165 Bd 1 1896-1934

3166 Bd 2 1935-1945

3.9. Berlin

6356 Einsetzung und Besoldung der Bürgermeister, Stadtpräsidenten und Polizeidirektoren 1733-1809

Ein- und Durchführung der neuen Städteordnung

3167 Bd 1 1809-1814

3168 Bd 2 1813-1821

Wahl und Einführung der Bürgermeister und übrigen Magistratsmitglieder

3169 Bd 1 1829-1834

3170 Bd 2 1834-1841

Krausnick, Wilhelm, geb. 30.3.1797, Oberbürgermeister, 1841-1863
siehe I Pers. Nr. 2927/2

3171 Wahl der Stadtverordneten und Stellvertreter 1818-1850

3172	Mitteilungen des Magistrats an die Stadtverordneten über die magistratualische Instruktion	1833-1835
3173	Beschwerden des Direktors des Gymnasium zum grauen Kloster, Dr. Köpke, gegen den Bürgermeister von Baerensprung wegen Beleidigung bei Besichtigung der Klassenräume	1829-1830
3174	Ausschließung des Oberbürgermeisters von Baerensprung aus der Servisdeputation und Beratungen über das Geschäftsreglement	1833-1834
3175	Streitigkeiten zwischen dem Oberbürgermeister Friedrich von Baerensprung und dem Stadtsyndikus Moewes wegen ungebührlichen Benehmens	1833-1834
3176	Durch Bürgermeister Rehfeldt gegen den Oberbürgermeister von Baerensprung wegen Beleidigungen eingeleitete fiskalische Untersuchung	1834-1839
3177	Beschwerden des Oberbürgermeisters von Baerensprung gegen den Bürgermeister Rehfeldt wegen der Unterschriftsberechtigung	1834
3178	Stellvertretung des Oberbürgermeisters von Baerensprung durch den Bürgermeister Rehfeldt und die hierüber entstandenen Streitigkeiten	1834
3179	Aufhebung der Magistratssitzung am 4. Apr. 1834 durch den Oberbürgermeister von Baerensprung	1834
3180	Gegenseitige Beschwerden des Magistrats und des Oberbürgermeisters von Baerensprung wegen der Druckschrift über das Armenwesen	1833-1835
3181	Ausscheiden des Oberbürgermeisters von Baerensprung aus dem Magistratskollegium	1834
3182	Untersuchung gegen den Armenkommissionsvorsteher Willberg wegen Unterschlagung von Armengeldern	1833-1834
3183	Beschwerde des Syndikus Moewes gegen den Kaufmann Metzner wegen Auseinandersetzungen in der Servis- und Einquartierungsdeputation	1834
3184	Revision des Geschäftsganges beim Magistrat	1834-1845

3185	Bericht des Regierungsrats Haeckel vom 15. Mai 1834 über die Revision des Geschäftsganges beim Magistrat	1833
3186	Verfassung und Verwaltung der Provinz Berlin	1876-1880
3187	Regulierung der Kommunalverhältnisse der durch den neuen Bebauungsplan von Berlin betroffenen Grundstücke	1845-1852
	Regulierung der Weichbildgrenzen der Stadt	
3188	Bd 1	1881-1906
3189	Bd 2	1906-1924
3190	Regulierung des engeren und weiteren Polizeibezirks von Berlin	1864-1893
3191	Auseinandersetzungen zwischen Groß-Berlin und den Restkreisen Niederbarnim und Teltow	1920-1930
3191/1	Verwaltungsmäßige Entwicklung des Verhältnisses zwischen Berlin und Brandenburg Enthält u.a.: Ausdehnungsbestrebungen der Stadt Berlin. - Ausarbeitungen. - Abschriften von Berichten der Landräte der Kreise Osthavelland, Teltow, Niederbarnim und des Regierungspräsidenten in Potsdam sowie von Schreiben des Oberpräsidenten und des Staatskommissars der Hauptstadt Berlin.	1934-1936
3192	Eingemeindung der Vorortgemeinden nach Berlin	1891-1904
3192/1	Zweckverband Groß-Berlin	1911-1923
3193	Gegenseitige Forderungen der königlichen Kassen und der Stadt Berlin aus den Kriegsjahren	1809-1821
3194	Extrakte aus den Kämereikassenetats und den Kämmereikassenrechnungen	1829-1843
3194/1	Final-Abschluß der Stadthauptkasse und der dazu gehörigen Spezialverwaltungen in Berlin für 1876	1877
3195	Etats- und Rechnungsextrakte der Hauptarmenkasse	1831
3196	Unverzinsbare Vorschüsse von Einwohnern (Kapitalisten) zur Bestreitung der Kriegskosten	1828-1844
3197	Etats- und Rechnungsextrakte der Mietsteuernkasse zu Berlin	1831-1847

3198	Nachtigallensteuer	1845-1846
3199	Besteuerung des in Berlin eingeführten Wildbrets	1847-1853
3200	Aufhebung der Mahlsteuer und deren Ersatz durch eine direkte Steuer	1848-1853
	Erhebung einer Klassensteuer	
3201	Bd 1	1850-1851
3202	Bd 2	1851-1852
3203	Bd 3	1852-1854
3204	Erhebung eines Einzugs- und Hausstandsgeldes	1851-1861
3205	Erhebung einheitlicher Einkommenzuschüsse in Groß-Berlin	1909-1912
3206	Stiftung einer Sparkasse für die Stadt Berlin von der dortigen Stadtverordnetenversammlung	1817-1857
3206/1	Verpachtung der ehemals zum Gouvernement gehörenden Grundstücke und sonstigen Nutzungen	1811-1815
3207	Parzellierung bürgerlicher Grundstücke	1835-1870
3208	Wald- und Wiesengürtel Berlins	1910-1914
	Rieselanlagen der Stadt Berlin	
3209	Bd 1 Enthält u.a.: Situationsplan von Falkenberg und Bürknersfelde, 1:12500, 1881.	1881-1883
3210	Bd 2	1884-1889
3211	Rieselanlagen der Stadt Berlin Enthält u.a.: Verhandlungen der Ministerialkommission zur Beaufsichtigung der Rieselfelder.	1881-1887
3212	Rieselanlagen der Stadt Berlin	1882-1908
3213	Beschwerden über die Rieselfelder Groß-Berlins Enthält u.a.: Entwässerung des Gutes Gütergotz (Güterfelde), 1:1000, 1938.	1927-1938
	Entwässerung der Stadt Berlin	
3214	Bd 1	1890-1894

3215 Bd 2 1894-1899
Enthält u.a.: Rieselfeld Kaulsdorf - Hellersdorf und Rosenthal - Blankenfelde - Möllersfelde - Lindenhof, 1897. - Übersichtsplan der Kanalisation von Berlin mit Größe der Systeme, Länge der Druckrohleitung und Größe der Rieselfelder, 1899.
3216 Bd 3 1899-1905
3217 Bd 4 1905-1933

3218 Versorgung des Verbandsgebietes Groß-Berlin mit Trink- und Nutzwasser 1907-1933

3.10. Bernau

Ein- und Durchführung der Städteordnung
3219 Bd 1 1809-1839
3220 Bd 2 1841-1853
3221 Bd 3 1854-1869

3222 Wahl und Einführung der Bürgermeister und Ratsmitglieder 1879-1911

Wahl und Einführung der Bürgermeister und der Beigeordneten, Anstellung und Besoldung der Beamten und Angestellten, Beschwerden
3223 Bd 1 1933-1940
3224 Bd 2 1938-1945

Dengler, Günter, geb. 29.4.1907, hauptamtlicher Beigeordneter, *siehe I Pers. Nr. 890/1* 1941-1942

Dr. Gericke, Oswald, Bürgermeister, *siehe I Pers. Nr. 1525/1* 1916-1929

Paetzold, Otto, geb. 27.3.1849, Bürgermeister, *siehe I Pers. Nr. 4087* 1899-1916

Anstellung der unteren Beamten des Magistrats
3225 Bd 1 1824-1883
3226 Bd 2 1884-1911
3227 Bd 3 1911-1925

3227/1 Anstellung des Stadtkassenrendanten, Stadtsekretärs und anderer unterer Beamter 1858-1877
3228 Beschwerden gegen den Bürgermeister Zenker 1821-1845

3229	Differenzen und gegenseitige Beschwerden zwischen dem Magistrat und den Stadtverordneten	1833-1849
	Beschwerden gegen den Magistrat	
3230	Bd 1	1843-1858
3231	Bd 2	1858-1863
3232	Bd 3	1864-1872
3233	Bd 4	1873-1880
3234	Beschwerden über untere Beamte des Magistrats	1878-1910
3235	Gesuche um Erteilung des Bürgerrechts	1815-1857
3236	Einführung der Gemeindeordnung	1852
	Rechnungsextrakte über die Verwaltung des Gemeindevermögens	
3237	Bd 1	1811-1831
3238	Bd 2	1832-1855
	Kommunalhaushalt	
3239	Bd 1	1833-1860
3240	Bd 2	1861-1867
	Kommunalhaushaltspläne und Verwaltungsberichte	
3241	Bd 1	1868-1878
3242	Bd 2	1878-1885
	Haushaltsplan der Stadt	
3243	für das Rechnungsjahr 1932	1932
3244	für das Rechnungsjahr 1933	1933
3245	Antrag der Stadtgemeinde auf Bewilligung eines Darlehns in Höhe von 106.220,28 RM durch die Deutsche Gesellschaft für öffentliche Arbeiten AG für Bauarbeiten Enthält u.a.: Kostenanschläge und Pläne für die Instandsetzung bzw. den Umbau von historischen Verwaltungs- und Wohngebäuden sowie den Umbau und die Erweiterung der Be- und Entwässerungsanlagen. - Haushaltspläne.	1932-1933
3246	Antrag der Stadtgemeinde auf Bewilligung eines Zuschusses in Höhe von 19.275 RM für Tiefbauarbeiten	1933
3247	Etats- und Rechnungswesen und Steuerangelegenheiten	1933-1944

3248	Beschwerden über zu starke Heranziehung zu den öffentlichen Abgaben und Lasten	1809-1859
3249	Nachtigallensteuer	1843
3250	Einführung einer Kommunal-, Grund- und Einkommenssteuer	1849-1865
3251	Ablösung von Servitutsberechtigungen	1857-1858
3252	Erhebung der Gemeindesteuern und Beschwerden darüber	1860-1885
	Stadtsparkasse	
	Bd 1 fehlt	
3253	Bd 2	1930-1936
3254	Bd 3	1936-1938
3255	Bd 4	1938-1940
3256	Bd 5	1940
3257	Bd 6	1943
3258	Kämmereivorwerk in Schmetzdorf	1821-1849
3259	Verkauf städtischer Grundstücke	1829-1900
3260	Verstöße in Hütungsangelegenheiten	1856
	Wasserangelegenheiten der Stadt	
3261	Bd 1	1909-1939
3262	Bd 2	1940-1944
3263	Verschmutzung der Panke und Kanalisation in Bernau	1926-1938

3.11. Biesenthal

	Ein- und Durchführung der Städteordnung	
	Bd 1-4 fehlen	
3264	Bd 5	1828-1853
3265	Entlassung des unbesoldeten Ratmanns Karl Ehrenreich von seinem Amte	1841-1846

	Wahl und Einführung der Bürgermeister und der übrigen Magistratspersonen	1854-1890
3266	Bd 1	1891-1918
3267	Bd 2	1919-1944
3268	Bd 3	
	Koenig, Paul, Bürgermeister, *siehe I Pers. Nr. 2783/0 und Nr. 2783/00*	1922-1928
	Röder, Walther, geb. 21.11.1881, Bürgermeister, *siehe I Pers. Nr. 4615*	1909-1922
	Stelter, Bernhard, geb. 4.12.1870, Bürgermeister, *siehe I Pers. Nr. 5488/0*	1902-1921
3269	Anstellung der unteren Beamten	1817-1891
3270	Anstellung der Stadtsekretäre	1864-1868
3271	Beschwerden gegen den Magistrat	1822-1862
3272	Beschwerden über Magistratsmitglieder	1891-1911
3273	Dienstführung und Beschwerden gegen den Rendanten Ehrenreich	1861-1866
3274	Beschwerden über untere Beamte des Magistrats	1875-1896
3275	Bürgerrechtsangelegenheiten	1814-1862
3276	Untersuchung der zwischen dem Magistrat und dem Amt Biesenthal vorhandenen Differenzen wegen der Polizeiverwaltung des Kietzes	1827-1845
3277	Abgaben und sonstige Verhältnisse der Bewohner des Kietzes zur Stadt und die Vereinigung der Gemeinde Kietz mit der Stadt Biesenthal	1828-1848
3278	Gesuch des Magistrats und der Stadtverordneten um Bestätigung des der Stadt im Jahre 1315 erteilten Privilegs	1843-1844
3279	Ortsstatuten	1888-1924

	Kommunalhaushalt	
3280	Bd 1	1829-1862
3281	Bd 2	1863-1873
3282	Kommissionsakten des Regierungsreferendars von Jentze über die Kommunalverwaltung des Magistrats	1835-1836
	Kommunalhaushaltspläne und Verwaltungsberichte	
3283	Bd 1	1873-1880
3284	Bd 2	1880-1885
	Haushaltsplan der Stadtgemeinde	
3285	für das Rechnungsjahr 1910	1910
3286	für das Rechnungsjahr 1931	1931
3287	Etats- und Rechnungswesen und die Steuerangelegenheiten	1933-1941
3288	Requisitionen mehrerer Behörden wegen zu leistender Zahlungen des Magistrats	1827-1855
	Rechnungsextrakte über die Verwaltung des städtischen Gemeinvermögens	
	Bd 1 fehlt	
3289	Bd 2	1842-1872
3290	Rechnungsfeststellungsbeschlüsse und Revision der städtischen Kassen	1873-1910
	Beschwerden mehrerer Einwohner über zu hohe Kriegsabgaben und andere städtische Kosten	
3291	Bd 1	1810-1836
3292	Bd 2	1836-1862
3293	Erhebung der Gemeindesteuern und Beschwerden darüber	1863-1885
	Stadtsparkasse	
	Bd 1 fehlt	
3294	Bd 2	1891-1906
3295	Bd 3	1906-1918
	Bd 4 fehlt	
3296	Bd 5	1935-1938
3297	Bd 6	1938-1940
3298	Bd 7	1940-1942
3299	Bd 8	1943

3300 Anzeigen wegen unbefugten Auftreibens des Viehes auf die Hütung und Gesuch um Erlaß des deshalb verlangten Pfandgeldes 1814-1868

3301 Erlaubnisgesuch mehrerer Personen zur teilweisen Veräußerung ihrer Grundstücke 1817-1827

3302 Verkauf städtischer Grundstücke 1833-1908

3303 Wahrnehmung der Gerechtsame des Fiskus namens des Amtes Biesenthal in der Biesenthaler Separationssache 1830-1835

Be- und Entwässerung der Stadt
3304 Bd 1 1909-1939
3305 Bd 2 1940-1945

3.12. Brandenburg (Havel)

3.12.1. Verfassung und Verwaltung, Personal

Ein- und Durchführung der neuen Städteordnung
Bd 1 fehlt
3306 Bd 2 1811-1826
3307 Bd 3 1827-1841
3308 Bd 4 1841-1849
3309 Bd 5 1850-1863

Wahl und Einführung der Bürgermeister und anderer Magistratspersonen
3310 Bd 1 1864-1872
3311 Bd 2 1873-1894
3312 Bd 3 1895-1911
3313 Bd 4 1911-1935
3314 Bd 5 1935-1945

Ausländer, Walter, geb. 15.2.1879, Oberbürgermeister, 1920-1926
siehe I Pers. Nr. 132

Beinkämper, Friedrich, geb. 8.6.1873, Stadtrat, 1921-1934
siehe I Pers. Nr. 271/a

Dr. jur. Caspari, Johann, geb. 10.2.1888, zweiter Bürgermeister, 1919-1922
siehe I Pers. Nr. 764

Eichler, Georg, geb. 15.1.1884, Stadtrat, *siehe I Pers. Nr. 1117*	1922-1923
Engelberg, Walther, geb. 7.7.1887, Bürgermeister, *siehe I Pers. Nr. 1150*	1933-1942
Dr. ing. Erbs, Karl, Stadtbaurat, *siehe I Pers. Nr. 1165*	1928-1943
Fleck, Claus, geb. 23.3.1873, Stadtforstrat, *siehe I Pers. Nr. 1297*	1918
Dr. Fresdorf, Ernst, geb. 4.9.1889, Oberbürgermeister, *siehe I Pers. Nr. 1379*	1926-1937
Dr. Gepel, Ludwig, zweiter Bürgermeister, *siehe I Pers. Nr. 1520*	1909-1920
Hammer, Rudolf, geb. 26.11.1830, erster Bürgermeister, *siehe I Pers. Nr. 1898/1*	1898-1905
Grussendorf, Wilhelm, geb. 7.7.1875, Stadtschulrat, *siehe I Pers. Nr. 1780*	1920-1921
Immig, Georg August Emil, geb. 8.6.1879, Stadtrat, *siehe I Pers. Nr. 2348*	1921-1933
Krentz, Erich, geb. 2.9.1884, Oberbürgermeister, *siehe I Pers. Nr. 2955*	1934-1942
Dr. Lippner, Friedrich, geb. 15.12.1900, Stadtbaurat, *siehe I Pers. Nr. 3349*	1938-1939
Lüdge, August, geb. 20.10.1886, Stadtrat, *siehe I Pers. Nr. 3411*	1920-1933
Moeglich, Alfred, geb. 22.2.1872, Stadtrat, *siehe I Pers. Nr. 3748/1*	1928-1930
Prawitz, Kurt, geb. 28.7.1884, Zweiter Bürgermeister, *siehe I Pers. Nr. 4299*	1918-1924
Dr. jur. Sievers, Wilhelm, geb. 2.12.1896, Oberbürgermeister, *siehe I Pers. Nr. 4826*	1937-1945
Scholze, Karl, geb. 1.11.1902, Stadtrat, *siehe I Pers. Nr. 5150*	1933-1937
Stolpe, Willy, geb. 25.9.1896, Stadtschulrat, *siehe I Pers. Nr. 5509*	1938-1939

	Szillat, Paul, geb. 30.10.1888, Oberbürgermeister, *siehe I Pers. Nr. 4876*	1932-1935
	Voigtel, Paul, geb. 30.10.1860, Zweiter Bürgermeister, *siehe I Pers. Nr. 5875/1*	1901-1913
	Weller, Franz, Zweiter Bürgermeister, *siehe I Pers. Nr. 6040/1*	1898
3314/1	Disziplinaruntersuchung gegen den unbesoldeten Stadtrat Paul Redlich (KPD) wegen Äußerungen gegen die Republik	1929
3316	Übernahme von Vormundschaften und Nebenämtern durch Magistratspersonen	1841-1872
3317	Besetzung der Stellen für untere Beamte	1837-1872
	Anstellung der mittleren und unteren Beamten Bd 1-2 fehlen	
3318	Bd 3	1898-1903
3319	Bd 4	1904-1909
3320	Bd 5	1909-1913
3321	Bd 6	1913-1925
	Bd 7 fehlt	
3322	Bd 8	1930-1934
3323	Bd 9	1934
3324	Bd 10	1934-1935
3325	Bd 11	1935-1938
3326	Bd 12	1938-1944
3327	Disziplinarverfahren gegen den ehemaligen Polizeiinspektor Wilhelm Häder wegen falscher Beschuldigungen gegen Beamte der Stadtverwaltung	1919-1938
3328	Disziplinarverfahren gegen den Magistratsinspektor Max Pflug wegen Pflichtwidrigkeiten im Dienst Enthält u.a.: Umfangreiche Unterschlagungen von Geld durch den Magistratsinspektor Reinhard.	(1914) 1927-1930
3329	Disziplinaruntersuchungen gegen den Stadtamtmann Otto Schwarz wegen tätlicher Beleidigung	1929-1933
3330	Besetzung der Stadtsekretär- und Registraturstellen	1851-1865
3331	Pensionierung städtischer Beamter	1877-1903

	Besoldung, Ruhegehalt sowie Witwen- und Waisenversorgung der Beamten	
3332	Bd 1	1920-1934
3333	Bd 2	1934-1937
	Bd 3 fehlt	
3334	Bd 4	1942
3335	Wahl der Stadtverordneten	1875-1933
3336	Stadtausschuß der Stadt Brandenburg (Havel)	1879-1938
	Beschwerden der Stadtverordneten und anderer Personen gegen den Magistrat und umgekehrt	
3337	Bd 1	1823-1841
3338	Bd 2	1842
3339	Bd 3	1842-1843
3340	Bd 4	1843-1844
3341	Bd 5	1845-1862
	Enthält u.a.: Disziplinaruntersuchung gegen Oberbürgermeister Ziegler.	
	Beschwerden über Magistratsmitglieder	
3342	Bd 1	1864-1910
3343	Bd 2	1910-1911
3344	Beschwerde gegen den Bürgermeister Brandt wegen Verletzung der Amtspflichten durch grobe Fahrlässigkeit	1850-1851
3345	Kassenfehlbeträge des Rendanten Wredow in Höhe von 1.000 Rtlr.	1843-1844
	Beschwerden über untere Beamte des Magistrats	
3346		1843-1860
3347		1882-1909
	Beschwerden in verschiedenen Gemeindeangelegenheiten	
3348	Bd 1	1874-1909
3349	Bd 2	1912-1944
3350	Revision der Gemeindeverwaltung und Beschwerde über die Gemeindeverwaltung	1879-1912
3352	Einführung der Gemeindeordnung (Gesetz vom 11. März 1850) und Eingemeindung von Grundstücken in den Kommunalverband der Stadt	1850-1866

Grenzen des Gemeindebezirks und Einverleibung von Grundstücken in denselben

3353 1867-1935

3354 1929-1942

3355 Eingemeindung des Gutsbezirks Neustädter Forst in die Stadt 1892-1899

3356 Eingemeindung des Gutsbezirks Dom Brandenburg in die Stadt 1892-1920

3357 Ortschaftsverzeichnis des Stadtbezirks Brandenburg (Havel) 1872-1923

3358 Ausscheiden der Stadt aus dem Kreis Westhavelland 1876-1881

3359 Ortsstatuten und Städteordnung 1878-1929

3360 Bericht über die im Dez. 1938 vorgenommene Überprüfung des Städtischen Wohlfahrtsamtes 1938

3.12.2. Verwaltungsberichte, Etats- und Rechnungs-Sachen

Kommunalhaushalt

3362 Bd 1 1829-1849

Enthält u.a. Druckschrift: Beschreibung der Saldernschen hohen Bürgerschule nach ihrer gegenwärtigen Einrichtung, Brandenburg, 1826.

3363 Bd 2 1850-1862

3364 Bd 3 1862-1866

3365 Bd 4 1866-1871

Kommunalhaushaltspläne und Verwaltungsberichte

3366 Bd 1 1872-1879

3367 Bd 2 1878-1885

Bd 3-6 fehlen

3368 Bd 7 1908-1919

3369 Bd 8 1919-1930

Enthält u.a. Druckschrift: Handbuch für Statistik für die Stadtverwaltung Brandenburg, 1924.

Bd 9 fehlt

3370 Bd 10 1933-1935

3371 Bd 11 1935-1936

3372 Bd 12 1935-1937

3373 Bd 13 1937-1939

3374 Bd 14 1940-1945

3375	Staatsbeihilfe für die Stadt	1935
3376	Anleihekontrolle	1934-1941
3376/1	Leistungen der Stadt für Heereszwecke	1934-1937
	Etat der Kämmereikasse	
3377	für das Rechnungsjahr 1880-1881	1880
3378	für das Rechnungsjahr 1882-1883	1882
3379	für das Rechnungsjahr 1883-1884	1883
3380	für das Rechnungsjahr 1884-1885	1884
3381	für das Rechnungsjahr 1885-1886	1885
3382	für das Rechnungsjahr 1886-1887	1886
3382/1	Verwaltungsbericht der Stadt für die Zeit vom 1. Apr. 1910 bis 31. März 1911	1913
3382/2	Haushaltsvoranschlag der Stadt für 1915	1915
3383	Haushaltspläne und Verwaltungsberichte der Stadt für die Rechnungsjahre von 1927 bis 1935	1927-1934
	Haushaltsplan der Stadt	
3384	für das Rechnungsjahr 1928-1929	1928
3385	für das Rechnungsjahr 1929-1930	1929
3386	für das Rechnungsjahr 1930-1931	1930
3387	für das Rechnungsjahr 1934-1935	1934
3388	für das Rechnungsjahr 1935-1936	1935
3389	Erläuterungen zum Stadthaushaltsplan für das Rechnungsjahr 1935-1936	1935
3390	Stadthaushalt für das Rechnungsjahr 1940-1941	1940
3391	Erste Nachtragshaushaltssatzung für das Rechnungsjahr 1940-1941	1941
	Stadthaushalt	
3392	für das Rechnungsjahr 1941-1942	1941-1942
3393	für das Rechnungsjahr 1942-1943	1942
3393/1	für das Rechnungsjahr 1943-1944	1943
3394	für das Rechnungsjahr 1944-1945	1944
3395	Kämmereirechnungsextrakte	1849-1872

Kassenwesen
Bd 1 fehlt
3396 Bd 2 1912-1931

3397 Bericht über die Prüfung der Haushaltsrechnungen der Stadtgemeinde für die Rechnungsjahr 1931-1933 1933

3398 Bericht über die Ordnungsprüfungen der Jahresrechnungen 1934 und 1935 der Stadtverwaltung 1934-1935

Wirtschaftsberatung deutscher Gemeinden AG: Bericht über die Pflichtprüfung bei der Straßenbahn der Stadt
3400 für das Geschäftsjahr 1936 1937
3401 für die Geschäftsjahre 1938-1939, 1939-1940 1940

3402 Bericht über die Kassenprüfung bei der Stadtverwaltung 1939

3403 Höhere Lehranstalten 1898-1941

3.12.3. Abgaben, Lasten

3404 Entrichtung des Kommunalschlachtsteuerzuschlages von den Dombewohnern und die deshalb vorgebrachten Beschwerden 1821-1854

Erhebung einer Hundesteuer und Beschwerden darüber
3405 Bd 1 1830-1908
3406 Bd 2 1830, 1916-1946

3407 Beschwerden mehrerer Einwohner aus den zu Brandenburg (Havel) gehörenden Kämmereidörfern über zu starke Heranziehung zu den Kriegs- und übrigen Lasten und Abgaben 1837-1847

Beschwerden über zu starke Heranziehung zu den Kommunalabgaben
Bd 1-3 fehlen
3408 Bd 4 1839-1842
3409 Bd 5 1843
3410 Bd 6 1844-1847
3411 Bd 7 1848-1850
3412 Bd 8 1851-1852
3413 Bd 9 1853-1858
3414 Bd 10 1859-1863

	Erhebung der Gemeindesteuern und Beschwerden darüber	
3415	Bd 1	1871-1878
3416	Bd 2	1879-1884
	Bd 3-6 fehlen	
3417	Bd 7	1924-1929
3418	Bd 8	1929-1930
3419	Bd 9	1931-1933
3420	Bd 10	1934-1937
3421	Bd 11	1938-1940
3422	Steueraufkommen der Stadt	1912, 1924-1938
3423	Steuerordnungen	1909-1924
3424	Außerordentliche Prüfung der Verwaltung der Stadt	1931
3425	Steuerreform	1902-1911
3426	Nachtigallensteuer	1842-1871
3427	Erhebung den Bürgerrechtsgeldes und Beschwerden darüber	1852-1878
	Grundsätze über die Erhebung der Kommunalsteuer	
3428	Bd 1	1859-1874
3429	Bd 2	1879-1897
3430	Verteilung der Einquartierungslast	1871-1896

3.12.4. Sparkassen

	Stadtsparkasse	
3432	Bd 1	1840-1861
3433	Bd 2	1862-1884
3434	Bd 3	1884-1901
3435	Bd 4	1902-1909
3436	Bd 5	1909-1929
3437	Bd 6	1930-1935
3438	Bd 7	1936-1937
3439	Bd 8	1937-1939
3440	Bd 9	1937-1941
3441	Bd 10	1942-1944

3.12.5. Grundstücks-Sachen

3442 Verpachtung eines Platzes (Teil des Stadtwalles) an die Tuchfabrikanten Klees und Krummwiede zur Aufstellung von Tuchscherrahmen, Räumung dieses Platzes 1810-1844

3443 Verkauf, Kauf und Verpachtung von Grundstücken 1820-1860

Separation der städtischen Feldmark
3445 1837-1868
3446 1887-1943

3447 Benutzung der Kommunalgrundstücke 1839-1841

Verkauf städtischer Grundstücke
3448 Bd 1 1861-1876
3449 Bd 2 1877-1886
3450 Bd 3 1886-1911
3451 Bd 4 1912-1939

3.12.6. Begräbnisplätze

Anlegung von Begräbnisplätzen
3452 Bd 1 1889-1923
3453 Bd 2 1927-1943

3454 Krematorium 1925-1930

3.12.7. Wasserversorgung

3454/1 Anlande- und Überladeplatz bei der sogenannten großen Wassermühle, Vorflutssachen 1852-1862

3455 Straßenpflasterung, Anlegung von Granitbahnen auf dem Bürgersteigen und Entwässerung 1853-1881

Be- und Entwässerung der Stadt
3456 Bd 1 1892-1899
3457 Bd 2 1899-1912
3458 Bd 3 1912-1930
Bd 4 fehlt
3459 Bd 5 1944

3460	Rieselfeldanlage für die Landesirrenanstalt Görden	1913

3.13. Brück

	Ein- und Durchführurg der revidierten Städteordnung	
3461	Bd 1	1831-1837
3462	Bd 2	1838-1844
3463	Bd 3	1844-1872
3464	Wahl und Einführung der Bürgermeister und der übrigen Magistratspersonen	1873-1937
3465	Beschwerden gegen den Magistrat	1827-1852
3466	Beschwerden über die Magistratsmitglieder	1865-1900
3468	Beschwerden des Magistrats gegen die Stadtverordneten und umgekehrt	1840-1871
3469	Einführung der Gemeindeordnung (Gesetz vom 11. März 1850)	1851
3470	Rechnungsextrakte des Magistrats über die Verwaltung des Gemeindevermögens	1821-1872
3471	Kommunalhaushalt	1831-1863
3472	Kommunalhaushaltspläne und Verwaltungsberichte	1863-1884
3473	Etats- und Rechnungswesen und die Steuerangelegenheiten	1934-1938
3474	Beschwerden über zu hohe Lasten und Abgaben	1826-1873
3475	Ablösung des der Oberpfarre in Brück gebührenden Naturalzehnten von städtischen Grundstücken	1842-1843
3476	Gesuche zur teilweisen Veräußerung von Grundstücken	1818-1822
3477	Einführung einer Ackerordnung	1836
3478	Verstöße in Hütungsangelegenheiten	1840
3479	Kanalisation	1902-1936

3.14. Brüssow

3480	Einführung der Städteordnung von 1808 in den Städten der uckermärkischen Inspektion	1809
	Ein- und Durchführung der neuen Städteordnung Bd 1-3 fehlen	
3481	Bd 4	1842-1847
3482	Bd 5	1847-1872
	Wahl und Einführung der Bürgermeister und der übrigen Magistratsmitglieder	
3483	Bd 1	1873-1911
3484	Bd 2	1912-1943
	Disziplinarverfahren gegen den Bürgermeister Heimann, *siehe I Pers. Nr. 1997/1*	1927-1929
3485	Lübbe, Johann David Friedrich, geb. 29.6.1845, Bürgermeister	1898-1913
3487	Beschwerden gegen den Magistrat	1826-1843
3488	Beschwerden über Magistratsmitglieder	1848-1892
3488/1	Beschwerden über den Bürgermeister Lefevre und den Magistrat	1836-1878
3488/2	Prozesse gegen den Magistrat wegen Geldforderungen	1841-1846
	Das Ausscheiden mehrerer Ackerbürger aus dem Kommunal- und Provinzialbezirk der Stadt und Streitigkeiten mit dem Domänenamt über den städtischen Kommunalbezirk	
3489		1831-1834
3490		1838-1848
3491	Einführung der Gemeindeordnung (Gesetz vom 11. März 1850)	1850-1852
3492	Beschaffung eines Raumes für die Versammlungen der Stadtverordneten	1843
3493	Kommunalhaushalt	1830-1866
	Kommunalhaushaltspläne und Verwaltungsberichte Bd 1-2 fehlen	
3494	Bd 3	1895-1910

3495 Etats- und Rechnungswesen sowie Steuerangelegenheiten 1932-1946

Extrakte über die Rechnungen der städtischen Verwaltung
Bd 1 fehlt
3496 Bd 2 1844-1872

3497 Rechnungsfeststellungsbeschlüsse und Revision der städtischen Kassen 1873-1910

3499 Regulierung der Abgabenerhebung 1840-1860

Einquartierungen und andere Lasten und Abgaben sowie Beschwerden darüber
Bd 1 fehlt
3500 Bd 2 1841-1868

3501 Erhebung der Gemeindesteuern und Beschwerden darüber 1871-1911

3502 Kommissionsakte über die Regulierung des Eigentums der Ackerbürger 1820-1829

3503 Beschwerden über Hütungsangelegenheiten 1827-1869

3504 Beseitigung der Abwässer der Kartoffelflockenfabrik Randowniederung in Brüssow 1938-1943

Buchholz
siehe Märkisch Buchholz

3.15. Charlottenburg

3.15.1. Verfassung und Verwaltung, Personal

Ein- und Durchführung der Städteordnung
Bd 1-5 fehlen
3505 Bd 6 1836-1859
3506 Bd 7 1860-1873

Wahl und Einführung der Bürgermeister und der übrigen Magistratspersonen
Bd 1 fehlt
3507 Bd 2 1891-1905

	Bd 3 fehlt	
3508	Bd 4	1914-1921
	Augustin, Karl, geb. 15.10.1877, Stadtrat, *siehe I Pers. Nr. 128/1*	1913-1918
	Göritz, Ernst, Stadtrat, *siehe I Pers. Nr. 1593/2*	1915-1922
	Dr. med. Gottstein, Adolf, Stadtrat, *siehe I Pers. Nr. 1649/1*	1911-1917
	Dr. Maier, Adolf Otto Friedrich, geb. 11.5.1871, Zweiter Bürgermeister, *siehe I Pers. Nr. 3474/1*	1903-1918
	Matting, Zweiter Bürgermeister, *siehe I Pers. Nr. 3561/4*	1902-1912
	Dr. Neufert, Hermann, geb. 6.7.1858, Stadtschulrat, *siehe I Pers. Nr. 3947/1*	1899-1918
	Dr. Röthig, Professor, Stadtrat, *siehe I Pers. Nr. 4633/0*	1919-1920
	Schmalz, Otto, geb. 30.3.1861, Stadtbaurat, *siehe I Pers. Nr. 5006/1*	1905-1906
	Dr. Scholz, Ernst, Oberbürgermeister, *siehe I Pers. Nr. 5145/1*	1913-1920
	Schustehrus, Kurt, geb. 25.3.1856, Erster Bürgermeister, *siehe I Pers. Nr. 5325/1*	1898-1913
	Sembritzki, Martin, geb. 24.8.1872, Stadtrat, Stadtsyndikus, *siehe I Pers. Nr. 4797/1*	1913-1920
	Seydel, Hans Ludwig, geb. 16.2.1877, Stadtrat, *siehe I Pers. Nr. 4805/1*	1907-1915
3509	Gesuche von Magistratsmitgliedern um Genehmigung der Beibehaltung und Annahme von Nebenposten und Vormundschaften	1809-1864
3510	Anstellung eines Stadtexekutors und der übrigen Beamten des Magistrats	1822-1850
3511	Anstellung der unteren Beamten des Magistrats	1851-1885
3512	Anstellung der Magistratsbürobeamten	1866-1873
3518	Wahl der Stadtverordneten	1873-1909

	Stadtausschuß Bd 1 fehlt	
3519	Bd 2	1909-1919
3520	Gegenseitige Beschwerden des Stadtgerichts und des Magistrats	1828-1852
	Beschwerden gegen den Magistrat Bd 1 fehlt	
3521	Bd 2	1841-1848
3521/1	Beschwerden über den Bürgermeister Alschefski und den Magistrat	1843-1852
	Beschwerden über Magistratsmitglieder Bd 1 fehlt	
3522	Bd 2	1887-1910
3524	Beschwerden über untere Beamte des Magistrats	1877-1911
3526	Disziplinarverfahren gegen den Magistratssekretär Kuhlow wegen Unterschlagungen, Betriebs von Grundstücksgeschäften und Mißbrauchs der Amtsgewalt	1899-1902
3526/1	Akten des Untersuchungskommissars in der Voruntersuchungssache gegen den Stadtsekretär Kuhlow	1900
	Beschwerden in verschiedenen Gemeindeangelegenheiten	
3528	Bd 1	1873-1883
	Bd 2 fehlt	
3529	Bd 3	1895-1911
3530	Bd 4	1912-1920
3531	Bürgerrecht	1820-1853
3532	Einführung der Gemeindeordnung (Gesetz vom 11. März 1850)	1851-1858
3533	Eingemeindung der Spandauer Bergbrauerei in den Stadtbezirk Charlottenburg	1886-1887
3534	Ausscheiden der Stadt Charlottenburg aus dem Kreise Teltow	1876-1877
3535	Ortsbenennungen	1914

3536	Ortsstatuten auf Grund des § 11 der Städteordnung vom 30. Mai 1853	1856-1885

3.15.2. Verwaltungsberichte, Etats- und Rechnungs-Sachen

	Kommunalhaushalt	
3537	Bd 1	1811-1857
3538	Bd 2	1858-1863
3539	Bd 3	1864-1867
3540	Bd 4	1868-1872
	Kommunalhaushaltspläne und Verwaltungsberichte	
3541	Bd 1	1872-1875
3542	Bd 2	1875-1880
3543	Bd 3	1880-1885
	Entwurf des Stadthaushalts	
3544	für das Rechnungsjahr 1883-1884	1883
3545	für das Rechnungsjahr 1884	1884
3546	für das Rechnungsjahr 1884	1886
3547	für das Rechnungsjahr 1887-1888	1887
3547/1	Nachlaß von Adolf und Mathilde Abrahamsohn, Raußendorffsche Erbschaft	1910-1912
3548	Einbruch in das Kämmereikassenlokal	1847-1848
	Rechnungsfeststellungsbeschlüsse und Revision der städtischen Kassen Bd 1 fehlt	
3549	Bd 2	1849-1890

3.15.3. Abgaben, Lasten

	Besteuerungsklagen und Regulierung der Abgaben bei Parzellierung der Grundstücke Bd 1-3 fehlen	
3350	Bd 4	1828-1846
3551	Bd 5	1847-1857
3552	Bd 6	1858-1867
3553	Bd 7	1868-1869
3554	Bd 8	1870-1871

	Erhebung der Gemeindesteuern und Beschwerden darüber	
3555	Bd 1	1872-1874
3556	Bd 2	1874-1875
3557	Bd 3	1876-1877
3558	Bd 4	1878
3559	Bd 5	1879-1880
3560	Bd 6	1880-1882
3561	Grundsätze zur Kommunalbesteuerung	1844-1873
	Erhebung eines Einzugs- und Hausstandsgeldes	
3562	Bd 1	1852-1857
3563	Bd 2	1858-1868
3564	Erhebung des Bürgerrechtsgeldes und Beschwerden darüber	1869-1892

3.15.4. Grundstücks-Sachen

3565	Anträge des Magistrats auf Erlaubnis zur Veräußerung von kommunalen Grundstücken	1816-1873
	Separation der städtischen Feldmark	
3566		1830-1875
3567		1887-1919
3567/1	Zurückverlegung der vor den Häusern gelegenen Gärten wegen Verbreiterung der öffentlichen Wege	1853-1854

3.15.5. Wasserversorgung

3568	Entwässerungsanlagen	1877-1888
3569	Berieselungsanlagen der Stadt	1885-1887
	Be- und Entwässerung der Stadt	
3570	Bd 1	1887-1890
3571	Bd 2	1890-1895
3572	Bd 3	1896-1900
3573	Bd 4	1900-1907
3574	Bd 5	1907-1910
	Bd 6 fehlt	
3575	Bd 7	1914-1920

Wasserwerke in Charlottenburg sowie Wassermangel in dieser Stadt und in den südlichen Vororten Berlins
3576 Bd 1 1893-1896
3577 Bd 2 1896-1898

3.16. Dahme

Wahl und Einführung der Bürgermeister sowie der übrigen Magistratsmitglieder
3588 Bd 1 1863-1886
3589 Bd 2 1887-1929
3590 Bd 3 1930-1945

Schell, Ludwig von, geb. 12.1.1842, Bürgermeister, 1899-1901
siehe I Pers. Nr. 4922

6376 Unregelmäßigkeiten des Bürgermeisters i.R. Georg Wendland bei der Verwaltung der Stadtsparkasse in Dahme 1935-1937

6377 Urteil gegen den Bürgermeister Georg Wendland wegen Betrugs 1931

Dienststrafverfahren gegen Bürgermeister Georg Wendland, 1933-1937
siehe Rep. 31 B Nr. 117

3593 Gesuch der Magistratsmitglieder um Erlaubnis zur Annahme von Nebenposten 1816-1842

3594 Besetzung der Stadtsekretärstelle 1860-1865

Anstellung der unteren Beamten des Magistrats
Bd 1 fehlt
3595 Bd 2 1868-1910

Disziplinaruntersuchung gegen die Sparkassenbeamten Ernst Wetzel, Richard Tenzer, Karl Pliefke und Paul Seeger wegen Betrugs
6378 1927-1930
6379 1928
6380 1931
6381 1931

	Beschwerden gegen den Magistrat, den Bürgermeister und gegen einzelne Magistratsmitglieder, gegenseitige Beschwerden des Magistrats und der Stadtverordneten	
3600	Bd 1	1823-1847
3601	Bd 2	1848-1849
3602	Bd 3	1849-1872
3603	Beschwerden über Magistratsmitglieder	1876-1898
3604	Erteilung des Bürgerrechts	1828-1852
	Grenzen des Gemeindebezirks und Eingemeindung von Grundstücken in denselben	
3605	Bd 1	1843-1884
3606	Bd 2	1884-1895
3607	Handakten des Regierungsrats Schubering über Eingemeindung der Amtsfreiheit Dahme in den Kommunalverband der Stadt	1847
	Kommunalhaushalt	
3608	Bd 1	1830-1858
3609	Bd 2	1859-1873
3610	Kommunalhaushaltspläne und Verwaltungsberichte	1873-1886
3611	Haushaltsplan der Stadtgemeinde für das Rechnungsjahr 1933	1933
	Beschwerden über zu starke Heranziehung zu den öffentlichen Abgaben und Leistungen	
3613	Bd 1	1820-1846
3614	Bd 2	1847-1861
3612	Etats- und Rechnungswesen und Steuerangelegenheiten	1933-1943
3615	Kämmerei- und Steuersachen	1862-1886
3616	Einrichtung einer Sparkasse	1845
	Stadtsparkasse	
3617	Bd 1	1874-1894
3618	Bd 2	1895-1910
3619	Bd 3	1910-1915
3620	Bd 4	1916-1929
3621	Bd 5	1929-1933

3622	Satzungen der städtischen Sparkasse	1926
3623	Stadtbank	1921-1927
3624	Verkauf städtischer Grundstücke	1829-1887
3625	Verpachtung der Kämmereigrundstücke	1832-1855
	Be- und Entwässerung der Stadt	
3626	Bd 1	1893-1911
3627	Bd 2	1912-1932
3628	Bd 3	1932-1944

3.17. Eberswalde

3.17.1. Verfassung und Verwaltung, Personal

	Ein- und Durchführung der neuen Städteordnung Bd 1-3 fehlen	
3629	Bd 4	1841-1848
3630	Bd 5	1849-1861
	Wahl und Einführung der Bürgermeister und der übrigen Magistratspersonen	
3631	Bd 1	1862-1878
3632	Bd 2	1879-1894
3633	Bd 3	1895-1906
3634	Bd 4	1907-1935
3635	Bd 5	1936-1944
3636	Ausscheiden der Stadt Eberswalde aus dem Kreis Oberbarnim	1907-1912
3637	Änderung der Satzungen über das Gesundheitswesen	1942
	Arndt, Friedrich, Stadtbaurat, *siehe I Pers. Nr. 87*	1899-1911
	Baluschek, Emil, geb. 25.5.1872, Stadtrat, *siehe I Pers. Nr. 156*	1928
	Contag, Werner, geb. 12.8.1892, Stadtbaurat, *siehe I Pers. Nr. 809*	1930
	Detering, Paul, geb. 17.5.1893, Stadtbaurat, *siehe I Pers. Nr. 897*	1927-1930

	Dr. Führ, Wilhelm, geb. 25.7.1883, Oberbürgermeister, *siehe I Pers. Nr. 1438*	1916-1940
	Dr. jur. Gremke, Georg, geb. 12.1.1888, Oberbürgermeister, *siehe I Pers. Nr. 1698*	1923-1945
	Hopf, Ernst, geb. 3.11.1862, Oberbürgermeister, *siehe I Pers. Nr. 2291*	1905-1928
	Radack, Paul, Stadtrat, *siehe I Pers. Nr. 4364*	1898-1922
	Dr. Schwalbe, Rudolf, geb. 15.7.1905, Oberbürgermeister, *siehe I Pers. Nr. 5335*	1937-1945
3638	Anstellung der unteren Beamten des Magistrats	1820-1867
	Anstellung der mittleren und unteren Beamten des Magistrats	
3639	Bd 1	1865-1875
3640	Bd 2	1875-1883
3641	Bd 3	1883-1888
	Bd 4-6 fehlen	
3642	Bd 7	1912-1925
3642/1	Bd 8	1925-1932
3643	Bd 9	1932-1935
3644	Bd 10	1935-1944
3645	Gesuche um Erlaubnis zur Übernahme von Stellen für untere Beamte	1829-1840
3646	Anstellung der Stadtsekretäre und der Magistratsbürobeamten	1861-1872
3650	Fürsorge für die Witwen und Waisen der städtischen Beamten	1892-1904
	Besoldung, Ruhegehalt, Witwen- und Waisenversorgung der Beamten	
3651	Bd 1	1920-1924
3652	Bd 2	1924-1931
3653	Bd 3	1932-1936
3654	Bd 4	1936-1939
3655	Bd 5	1939-1945

	Stellenplan der Stadt Bd 1-4 fehlen	
3656	Bd 5	1941-1943
3657	Wahl der Stadtverordneten	1878-1933
	Beschwerden gegen den Magistrat und Streitigkeiten zwischen dem Magistrat und den Stadtverordneten	
3658	Bd 1	1819-1855
3659	Bd 2	1856-1868
3660	Bd 3	1869-1873
3661	Beschwerden gegen den Magistrat	1821-1865
	Beschwerden über Magistratsmitglieder	
3662	Bd 1	1873-1883
3663	Bd 2	1886-1912
	Beschwerden in verschiedenen Gemeindeangelegenheiten Bd 1 fehlt	
3665	Bd 2	1886-1906
3666	Bd 3	1907-1945
3667	Revision der Gemeindeverwaltung und Beschwerden über die Gemeindeverwaltung	1891
3668	Beschwerden über untere Beamte des Magistrats	1894-1910
3670/1	Erteilung des Bürgerrechts	1811-1854
3671	Forderungen des Meißel, Heller, Schmidt und der Witwe Helm an die Stadt, Regulierung der Kommunalverhältnisse der Kupferhammerkolonie, auch Naumannsche Kolonie genannt	1819-1850
3672	Einführung der Gemeindeordnung (Gesetz vom 11. März 1850)	1851-1858
3673	Grenzen des Gemeindebezirks und Einverleibung von Grundstücken in denselben	1882-1936
3674	Ortsnamen und Ortschaftsverzeichnis	1912-1913
3675	Ortsstatuten auf Grund des § 11 der Städteordnung	1879-1928

3.17.2. Verwaltungsberichte, Etats- und Rechnungs-Sachen

	Kommunalhaushalt	
3676	Bd 1	1829-1855
3677	Bd 2	1856-1864
3678	Bd 3	1865-1868
3679	Bd 4	1869-1872
	Kommunalhaushaltspläne und Verwaltungsberichte	
3680	Bd 1	1873-1876
3681	Bd 2	1877-1879
3682	Bd 3	1879-1884
	Bd 4-6 fehlen	
3683	Bd 7	1905-1911
3684	Bd 8	1911-1929
3685	Bd 9	1930-1934
	Bd 10 fehlt	
3686	Bd 11	1935
3687	Bd 12	1936
3688	Bd 13	1936-1937
3689	Bd 14	1937-1939
3690	Bd 15	1940-1942
	Bd 16	1942-1946
	siehe Rep. 204 A Ministerium der Finanzen Nr. 464	
3691	Kontrolle der Darlehn der Stadt	1933-1940
	Haushaltsplan der Stadt	
3692	für das Rechnungsjahr 1879-1880	1879
3693	für das Rechnungsjahr 1880-1881	1880
3694	für das Rechnungsjahr 1885-1886	1885
3695	für das Rechnungsjahr 1886-1887	1886-1887
3696	für das Rechnungsjahr 1887-1888	1887-1888
	Haushaltsplan der Stadt	
3697	für das Rechnungsjahr 1925	1925
3698	für das Rechnungsjahr 1929	1929
3699	für das Rechnungsjahr 1930	1930
3700	für das Rechnungsjahr 1932	1932
3701	für das Rechnungsjahr 1934	1934
3702	für das Rechnungsjahr 1940	1940
3703	Nachtragshaushaltssatzung der Stadt für das Rechnungsjahr 1940	1940

3704 Kassenverwaltung des Kämmerers Immich und die dabei dem Bürgermeister Knönagel zur Last fallende Fahrlässigkeit 1840-1848

Rechnungsfeststellungsbeschlüsse und Revision der städtischen Kassen
3705 Bd 1 1848-1883
Bd 2 fehlt
3706 Bd 3 1896-1935

3707 Bilanz der städtischen Betriebe vom 31. Dez. 1932 1933

3708 Bericht über die Prüfung der Haushaltsrechnung der Stadtgemeinde für das Rechnungsjahr 1934 1936

3709 Beantwortung des Berichts über die Prüfung der Haushaltsrechnung der Stadtgemeinde für das Rechnungsjahr 1934 1936

3710 Bericht über die Ordnungsprüfung der Jahresrechnungen 1935 und 1936 der Stadtverwaltung 1937

Wirtschaftsberatung deutscher Gemeinden AG: Bericht über die bei den Stadtwerken durchgeführte Pflichtprüfung
3710/1 für das Geschäftsjahr 1935 1936
3711 für das Geschäftsjahr 1936 1937

3712 Bericht über die unvermutete Kassenprüfung bei der Stadtverwaltung im Okt. 1937 1937

3713 Wirtschaftsplan der Stadtwerke für das Geschäftsjahr 1942 1942

3714 Höhere Lehranstalten 1898-1944

3.17.3. Abgaben, Lasten

Beschwerden über zu hohe Abgaben und Lasten
Bd 1-2 fehlen
3715 Bd 3 1842-1857
3716 Bd 4 1858-1869

Erhebung der Gemeindesteuern und Beschwerden darüber
3717 Bd 1 1870-1878
3718 Bd 2 1878-1885
Bd 3-6 fehlen

3719	Bd 7	1922-1933
3720	Bd 8	1926-1930
3721	Bd 9	1931-1933
3722	Bd 10	1933-1940
3723	Steuerordnungen	1921-1924
3724	Besteuerung der Nachtigallen	1842-1843
3725	Aufbringung und Erhebung der städtischen und fiskalischen Abgaben	1843-1869
	Erhebung eines Einzugs-, Hausstands- und Bürgerrechtsgeldes und Beschwerden darüber	
3726	Bd 1	1852-1872
3727	Bd 2	1872-1875
3728	Einquartierungen und Beschwerden darüber	1870-1895
3729	Erhebung einer Hundesteuer und Beschwerden darüber	1932-1942

3.17.4. Sparkasse

	Stadtsparkasse	
	Bd 1 fehlt	
3730	Bd 2	1895-1911
3731	Bd 3	1911-1929
3732	Bd 4	1929-1935
3733	Bd 5	1935-1936
3734	Bd 6	1937-1938
3735	Bd 7	1938-1940
3736	Bd 8	1939-1944

3.17.5. Grundstücks-Sachen

3737	Gesuche des Magistrats um Erlaubnis zur Veräußerung städtischer Grundstücke	1811-1862
	Verkauf städtischer Grundstücke	
3738	Bd 1	1863-1888
3739	Bd 2	1888-1940

3740	Hütungsstreitigkeiten	1814-1850
3741	Separationen	1833-1914

3.17.6. Begräbnisplätze

3742	Begräbnisplätze	1913-1943

3.17.7. Wasserversorgung

	Be- und Entwässerung der Stadt	
3743	Bd 1	1889-1899
3744	Bd 2	1900-1910
3745	Bd 3	1911-1929
3746	Bd 4	1930-1939
3747	Bd 5	1940-1945
3748	Entwurf zur Zusatzberieselung des großen Rieselfeldes der Landesanstalt in Eberswalde	1938

3.18. Fehrbellin

3749	Ein- und Durchführung der neuen Städteordnung	1809-1850
	Wahl und Einführung der Bürgermeister und der übrigen Magistratsmitglieder	
	Bd 1 fehlt	
3750	Bd 2	1883-1900
3751	Bd 3	1901-1942
	Dienststrafverfahren gegen Bürgermeister Karl Dame, *siehe Rep. 31 B Nr. 1118*	1933-1942
	Frenck, Hellmut, geb. 25.11.1866, Bürgermeister, *siehe I Pers. Nr. 1373/1*	1899-1915
	Köhne, Wilhelm, geb. 17.9.1883, Bürgermeister, *siehe I Pers. Nr. 2761/2*	1911-1913
3755	Beschwerden über Magistratsmitglieder	1844-1903

3756	Beschwerden über untere Beamte des Magistrats	1885-1897
	Rechnungsextrakte des Magistrats über die Verwaltung des städtischen Gemeindevermögens	
	Bd 1 fehlt	
3757	Bd 2	1841-1872
3758	Kommunalhaushalt	1832-1873
3759	Kommunalhaushaltspläne und Verwaltungsberichte	1873-1888
3760	Etats- und Rechnungswesen und Steuerangelegenheiten	1933-1941
3761	Sanierung der Stadt auf Grund der Zusammenlegung der Sparkasse Fehrbellin mit der Kreissparkasse Nauen	1932-1940
3762	Staatsbeihilfe für Fehrbellin	1935-1937
3763	Haushaltssatzung und Anlagen für das Rechnungsjahr 1936	1936
3763/1	Beschwerden mehrerer Einwohner über die ihnen auferlegten Kriegssteuerbeiträge und Kommunallasten, Gesuche um Stundung und Erlassung dieser Lasten	1810-1853
	Erhebung der Gemeindesteuern und Beschwerden darüber	
3764	Bd 1	1854-1887
3765	Bd 2	1889-1911
3766	Besteuerung der Nachtigallen	1842-1843
3767	Beschwerde des Schleusenmeisters Fleischer und des Torfanschreibers Ramin wegen ihres Schulgeldbeitrages zur Knappschaftskasse	1851
	Stadtsparkasse	
	Bd 1 fehlt	
3768	Bd 2	1888-1905
3769	Bd 3	1906-1917
3770	Bd 4	1917-1929
3771	Bd 5	1928-1933
3772	Separation	1801-1819
3773	Entwässerung der Stadt	1901-1943

3.19. Finow

3774	Berufung der Bürgermeister und Beigeordneten, Anstellung und Besoldung von Beamten, Angestellten und Arbeitern; Beschwerden über den Magistrat	1935-1944
3775	Etats- und Rechnungswesen und Steuerangelegenheiten	1936-1944

3.20. Freienwalde

	Ein- und Durchführung der Städteordnung Bd 1-2 fehlen	
3804	Bd 3	1838-1857
	Wahl und Einführung der Bürgermeister und der übrigen Magistratsmitglieder	
3805	Bd 1	1858-1891
3806	Bd 2	1892-1929
3807	Bd 3	1930-1936
3808	Bd 4	1936-1945
	Krause, Friedrich, geb. 17.2.1844, Bürgermeister, *siehe I Pers. Nr. 2914*	1899-1910
	Regel, Kurt, geb. 25.9.1883, Bürgermeister, *siehe I Pers. Nr. 4437/1*	1920-1935
	Beschwerden über den Bürgermeister Regel Enthält u.a.: Angriffe von Nazis gegen Regel, seine Entlassung aus dem Amt, *siehe I Pers. Nr. 4437/2*	1933
3809	Anstellung der unteren Beamten	1817-1859
3810	Anstellung der unteren Beamten	1892-1910
3811	Anstellung der Stadtsekretäre	1855-1873
3813	Beschwerden gegen den Magistrat	1827-1863
3814	Bürgerrecht	1815-1853
3815	Einführung der Gemeindeordnung (Gesetz vom 11. März 1850)	1852-1871

	Kommunalhaushalt und Revisionen	
3816	Bd 1	1830-1858
3817	Bd 2	1859-1867
3818	Bd 3	1868-1872
	Kommunalhaushaltspläne und Verwaltungsberichte	
3819	Bd 1	1873-1882
3820	Bd 2	1882-1885
	Bd 3-4 fehlen	
3821	Bd 5	1902-1909
3822	Etats- und Rechnungswesen und Steuerangelegenheiten	1934-1945
3823	Haushaltspläne der Stadt	1874-1886
3824	Haushaltsplan der Stadt für das Rechnungsjahr 1914	1914
3824/1	Bericht über die Verwaltung und den Stand der Gemeindeangelegenheiten und die Rechnungsergebnisse für das Rechnungsjahr 1915	1917
	Haushaltsplan der Stadt	
3825	für das Rechnungsjahr 1917-1918	1917
3826	für die Rechnungsjahre 1919-1921	1919-1921
3827	für die Rechnungsjahre 1918, 1919, 1922	1918-1922
3828	für das Rechnungsjahr 1924-1925	1924-1925
3829	für die Rechnungsjahre 1924-1926	1924-1926
3829/1	für die Rechnungsjahre 1924-1926	
3830	für das Rechnungsjahr 1927-1928	1927-1928
3831	für die Rechnungsjahre 1927-1929	1927-1929
3832	Handakte des Regierungsfiskals Benecke über den Prozeß des Dechanten und Brunnendirektors von Kahle gegen den Fiskus wegen der Kontribution	1810-1812
	Beschwerden von Einwohnern über zu hohe Steuern und Kommunalabgaben	
	Bd 1 fehlt	
3833	Bd 2	1837-1853
3834	Bd 3	1854-1862
3835	Bd 4	1863-1869
	Erhebung der Gemeindesteuern und Beschwerden darüber	
3836	Bd 1	1870-1882

	Bd 2 fehlt	
3837	Bd 3	1905-1922
3838	Einziehung von Beiträgen der Stadt zu den Kosten der Herstellung der durchbrochenen Oderdeiche und der Erhöhung des Oderdammes von Güstebiese bis Neu Glietzen	1840
3839	Besteuerung der Nachtigallen	1842
3840	Bürgerwachtdienst	1850
	Stadtsparkasse	
3841	Bd 1	1918-1929
3842	Bd 2	1930-1937
3843	Bd 3	1938-1940
3844	Bd 4	1941-1944
3845	Verwaltungsbericht der Kreissparkasse	1939
3846	Ankauf und Veräußerung von Kommunalgrundstücken	1817-1873
3847	Vererbpachtung der Kämmereigrundstücke	1820-1821
3848	Verstöße in Hütungsangelegenheiten	1838-1875
	Be- und Entwässerung der Stadt Enthält u.a.: Untersuchungen der Kurfürsten-, Königs- und Johannisquelle des Bades Freienwalde.	
3849	Bd 1	1893-1927
3850	Bd 2	1928-1939
3851	Bd 3	1940-1944

3.21. Freyenstein

	Ein- und Durchführung der Städteordnung	
3852	Bd 1	1809-1847
3853	Bd 2	1848-1863
3854	Wahl und Einführung der Bürgermeister und der übrigen Magistratspersonen	1889-1935
3855	Gegenseitige Beschwerden der Bürgerdeputierten und des Magistrats	1818-1819

3856	Kommunalhaushaltspläne und Verwaltungsberichte	1889-1911
3857	Leistung von Diensten seitens der Kommune Freyenstein für das Gut des von Winterfeld	1845-1847
3858	Separation	1828-1849

3.22. Friesack

	Ein- und Durchführung der Städteordnung Bd 1-2 fehlen	
3859	Bd 3	1833-1838
3860	Bd 4	1839-1859
	Wahl und Einführung der Bürgermeister und der übrigen Magistratspersonen	
3861	Bd 1	1860-1911
3862	Bd 2	1913-1944
	Rosenbaum, Arthur, Bürgermeister, *siehe I Pers. Nr. 4658/1a*	1916-1919
	Voß, Otto, geb. 23.9.1877, Bürgermeister, *siehe I Pers. Nr. 5888/1*	1904-1914
3863	Beschwerden gegen den Bürgermeister Giese und einige andere Ratsmänner	1837-1861
3864	Gewinnung des Bürgerrechts	1820-1849
3865	Kommunalhaushalt	1830-1864
3866	Kommunalhaushaltspläne und Verwaltungsberichte	1865-1866
3867	Etat der Stadtgemeinde für das Rechnungsjahr 1913	1913
3868	Etats- und Rechnungswesen und Steuerangelegenheiten	1933-1942
	Extrakte aus den städtischen Rechnungen Bd 1 fehlt	
3869	Bd 2	1839-1872
	Erhebung der Gemeindesteuern und Beschwerden darüber	
3870	Bd 1	1842-1889
3871	Bd 2	1889-1911

3872	Städtische Sparkasse	1883-1917
3873	Verstöße in Hütungsangelegenheiten	1823-1824
3874	Be- und Entwässerung der Stadt	1911-1929

3.23. Gransee

	Ein- und Durchführung der Städteordnung	
	Bd 1 fehlt	
3892	Bd 2	1827-1850
	Wahl und Einführung der Bürgermeister und der übrigen Magistratspersonen	
	Bd 1 fehlt	
3893	Bd 2	1885-1936
3894	Bd 3	1939-1944
	Kuckerts, Christian, geb. 11.10.1842, Bürgermeister, *siehe I Pers. Nr. 3029*	1898-1907
	Voigt, Bürgermeister, *siehe I Pers. Nr. 5871/3*	1844-1854
3895	Anstellung der unteren Beamten des Magistrats	1818-1905
3896	Wahl der städtischen Rendanten und die Dauer ihrer Funktion	1839
3898	Wahl der Stadtverordneten	1877-1880
3899	Beschwerden über Magistratsmitglieder	1817-1904
3900	Beschwerden in verschiedenen Gemeindeangelegenheiten	1873-1926
3901	Revision der Gemeindeverwaltung und Beschwerden über die Gemeindeverwaltung	1880-1906
3902	Erteilung des Bürgerrechts	1811-1854
3903	Rechnungsextrakte des Magistrats über die Verwaltung des städtischen Gemeindevermögens	1811-1863
3904	Rechnungsfeststellungsbeschlüsse und Revision der städtischen Kassen	1864-1913

3905	Kommunalhaushalt	1830-1863
	Kommunalhaushaltspläne und Verwaltungsberichte	
3906	Bd 1	1864-1874
3907	Bd 2	1875-1880
3908	Bd 3	1881-1885
3909	Haushaltsplan der Stadt für das Rechnungsjahr 1884-1885	1884
3910	Etats- und Rechnungswesen und die Steuerangelegenheiten	1934-1944
	Erhebung der Gemeindesteuern und Beschwerden darüber Bd 1 fehlt	
3911	Bd 2	1889-1911
	Stadtsparkasse	
3912	Bd 1	1860-1929
3913	Bd 2	1929-1935
3914	Bd 3	1936-1938
3915	Bd 4	1938-1940
3916	Bd 5	1941-1945
3917	Separation der Feldmark	1825-1910
3918	Hütungsberechtigungen und Verstöße in Hütungsangelegenheiten	1838-1860
3919	Wröhordnung und Verstöße gegen sie	1840-1868
	Be- und Entwässerung der Stadt	
3920	Bd 1	1910-1939
3921	Bd 2	1940-1942

3.24. Greiffenberg

3922	Ein- und Durchführung der neuen Städteordnung	1809-1862
	Wahl und Einführung der Bürgermeister und der übrigen Magistratspersonen	
3923	Bd 1	1863-1888
3924	Bd 2	1888-1922
3925	Bürgermeister und Beigeordnete	1935-1941

3926	Umwandlung der Stadtgemeinde Greiffenberg in eine Landgemeinde	1921-1922
	Schützler, Georg, geb. 4.3.1882, Bürgermeister, *siehe I Pers. Nr. 5235/0*	1909-1938
	Streich, Hermann, geb. 4.8.1856, Bürgermeister, *siehe I Pers. Nr. 5530/2*	1899-1909
3927	Anstellung der unteren Beamten des Magistrats	1823-1913
3930	Besoldung, Ruhegehalt Witwen- und Waisenversorgung der Gemeindebeamten	1920-1922
3931	Beschwerden gegen den Magistrat und den Bürgermeister	1840-1878
3932	Beschwerden über die unteren Beamten des Magistrats	1873-1889
3933	Beschwerden in verschiedenen Gemeindeangelegenheiten	1876-1906
3934	Erlangung des Bürgerrechts	1823-1853
3935	Ortsstatuten auf Grund des § 11 der Städteordnung vom 30. Mai 1853	1874-1901
3936	Grenzen des Gemeindebezirks und Einverleibung von Grundstücken in denselben	1880-1895
3937	Revision der städtischen Kassen, Jahresrechnungsextrakte	1824-1862
3938	Rechnungsfeststellungsbeschlüsse der städtischen Kassen	1863-1919
3939	Kommunalhaushaltspläne und Verwaltungsberichte	1833-1885
3940	Etats- und Rechnungswesen und Steuerangelegenheiten	1939-1941
3941	Beschwerden mehrerer Einwohner über zu starke Heranziehung zu den Kriegs- und anderen städtischen Lasten und Abgaben	1815-1863
3942	Erhebung einer Hundesteuer und Beschwerden darüber	1855-1921
3943	Erhebung eines Bürgerrechtsgeldes und Beschwerden darüber	1855-1895
3944	Verteilung der Einquartierungslast	1869-1895

	Gemeindesteuerangelegenheiten Bd 1-2 fehlen	
3945	Bd 3	1912-1922
3946	Steuerverordnungen	1892-1922
3947	Verstöße in Hütungs- und Pfändungsangelegenheiten	1858
3948	An- und Verkauf von Grundstücken durch die Stadtgemeinde	1860-1874
3949	Separation der städtischen Feldmark	1890-1912

3.25. Havelberg

	Ein- und Durchführung der neuen Städteordnung Bd 1 fehlt	
3950	Bd 2	1839-1865
	Wahl und Einführung der Bürgermeister und der übrigen	
3951	Bd 1	1866-1905
3952	Bd 2	1905-1943
3953	Beschwerden gegen den Magistrat	1818-1842
	Kischke, Alfred, Bürgermeister, *siehe I Pers. Nr. 2626/0*	1905-1908
	Kürten, Wilhelm, geb. 18.12.1875, Bürgermeister, *siehe I Pers. Nr. 3052/1*	1910-1922
	Dr. Sporleder, Werner, geb. 24.6.1876, Bürgermeister, *siehe I Pers. Nr. 5416/1*	1908-1910
3954	Beschwerden über Magistratsmitglieder	1818-1908
3955	Gegenseitige Beschwerden des Magistrats und der Stadtverordneten	1829-1871
3956	Beschwerden über untere Beamte des Magistrats	1884-1911
3957	Erteilung des Bürgerrechts	1811-1862

	Grenzen des Gemeindebezirks und Einverleibung von Grundstücken in denselben Bd 1 fehlt	
3958	Bd 2	1874-1892
3959	Kommissionsakte über die kommunale Verbindung der Berggemeinden und der Domgemeinde bei Havelberg mit der Stadt Havelberg	1873-1875
	Kommunalhaushalt	
3960	Bd 1	1830-1858
3961	Bd 2	1859-1864
3962	Bd 3	1865-1870
	Kommunalhaushaltspläne und Verwaltungsberichte	
3963	Bd 1	1871-1875
3964	Bd 2	1876-1887
	Haushaltsplan der Stadt	
3965	für das Rechnungsjahr 1886-1887	1886
3966	für das Rechnungsjahr 1887-1888	1887
	Haushaltsplan der Stadt	
3967	für das Rechnungsjahr 1913-1914	1913-1914
3968	für das Rechnungsjahr 1925-1926	1925
3969	Etats- und Rechnungswesen und die Steuerangelegenheiten	1933-1946
6359	Kämmereirechnung für die Zeit vom 1. Juni 1808 bis 31. Mai 1809	1809
3970	Grundsätze zur Verteilung der Kriegslasten und Kriegskosten sowie die Klagen des Militärs und anderer Personen über zu starke Heranziehung zu den Kriegs- und anderen städtischen Lasten	1810-1850
3971	Erhebung der Gemeindesteuern und Beschwerden darüber	1851-1886
3972	Einführung der Einkommensteuer	1843-1860
3972/1	Einquartierung und Beschwerden über sie	1812-1850
	Stadtsparkasse Bd 1-2 fehlen	
3973	Bd 3	1894-1900

3974	Bd 4	1901-1911
3975	Bd 5	1912-1921
3976	Bd 6	1922-1935
3977	Bd 7	1936-1938
3978	Bd 8	1936-1939
3979	Bd 9	1939-1942
3980	Bd 10	1943-1944
3981	Separationen	1825-1865
3982	Gesuch um Genehmigungen zum An- und Verkauf von Grundstücken	1828-1872
3983	An- und Verkauf des ehemaligen Raberowschen Kreisgärtneretablissements durch die Stadt	1839-1844
3984	Verstöße in Hütungs- und Feldpolizeiangelegenheiten	1868
3985	Wasserleitung	1884-1896
	Be- und Entwässerung der Stadt	
3986	Bd 1	1890-1911
3987	Bd 2	1911-1933
3988	Bd 3	1934-1943

3.26. Joachimsthal

	Ein- und Durchführung der Städteordnung	
3989	Bd 1	1809-1852
3990	Bd 2	1853-1871
	Wahl und Einführung der Bürgermeister und der übrigen Magistratspersonen	
3991	Bd 1	1872-1911
3992	Bd 2	1912-1941
3992/1	Verwaltungsstreitsache des Bürgermeisters Gebauer gegen den Magistrat wegen einer Beihilfe für die Erwerbslosen Enthält u.a.: Arbeitslosigkeit in Joachimsthal, Erwerbslosenversammlung am 3. Nov. 1932, Freiwilliger Arbeitsdienst.	1932-1933
	Korte, Hermann, Bürgermeister, *siehe I Pers. Nr. 2845*	1906-1909

	Nehm, Walter, Bürgermeister, *siehe I Pers. Nr. 3929/1*	1909-1912
	Beschwerden gegen den Magistrat wegen Legung der Kommunalrechnungen und die daraufhin erlassenen Verfügungen über die Kommunalverwaltung	
3993	Bd 1	1822-1835
3994	Bd 2	1835-1840
3995	Bd 3	1840-1848
	Handakte des Regierungsrats Knönagel über die Regulierung der Kriegskompensationsgelderangelegenheit der Stadt Bd 1-2 fehlen	
3996	Bd 3	1839-1841
3997	Kommunalverwaltung	1831-1832
3998	Erteilung des Bürgerrechts	1825-1843
3999	Einführung der Gemeindeordnung (Gesetz vom 11. März 1850)	1851-1852
4000	Kommunalhaushaltspläne und Verwaltungsberichte	1833-1873
4001	Etats- und Rechnungswesen und Steuerangelegenheiten	1933-1941
4002	Beschwerden der Einwohner über zu starke Heranziehung zu den Abgaben und sonstigen Leistungen	1817-1870
4003	Be- und Entwässerung	1929

3.27. Jüterbog

4004	Ein- und Durchführung der revidierten Städteordnung	1831-1862
	Wahl und Einführung der Bürgermeister und der übrigen Magistratspersonen	
4005	Bd 1	1863-1894
4006	Bd 2	1896-1930
4007	Bd 3	1930-1939
4008	Bd 4	1939-1942
	Begrich, Rudolf, geb. 20.2.1859, Bürgermeister, *siehe I Pers. Nr. 252/0*	1903-1918

	Paprosch, Herbert, geb. 27.8.1889, Bürgermeister, *siehe I Pers. Nr. 4102/1*	1934
	Dr. Vorwerg, Richard, geb. 26.3.1881, Bürgermeister, *siehe I Pers. Nr. 5887/1*	1919-1932
4009	Genehmigung zur Übernahme von Vormundschaften und andern Nebenämtern	1834-1867
4010	Anstellung der Magistratsbürobeamten	1852-1872
4011	Anstellung der unteren Beamten	1867-1904
4012	Erteilung des Bürgerrechts	1828-1848
4013	Einführung der Gemeindeordnung (Gesetz vom 11. März 1850)	1851-1852
4015	Kommunalhaushalt	1829-1862
	Kommunalhaushaltspläne und Verwaltungsberichte	
4016	Bd 1	1863-1880
4017	Bd 2	1881-1888
	Haushaltsplan der Stadt	
4018	für das Rechnungsjahr 1921	1921
4019	für das Rechnungsjahr 1933	1933
	Etats- und Rechnungswesen und Steuerangelegenheiten	
4020	Bd 1	1933-1938
4021	Bd 2	1939-1946
	Rechnungsextrakte des Magistrat über die Verwaltung des Kämmereivermögens	
	Bd 1 fehlt	
4022	Bd 2	1841-1871
	Beschwerden über zu starke Heranziehung zu den Abgaben	
	Bd 1 fehlt	
4023	Bd 2	1839-1861
4024	Bd 3	1862-1873

Erhebung der Gemeindesteuern und Beschwerden darüber
4025 Bd 1 1873-1885
4026 Bd 2 1886-1911
4027 Bd 3 1911-1924

Stadtsparkasse
4029 Bd 1 1877-1905
4030 Bd 2 1905-1921
4031 Bd 3 1922-1931
4032 Bd 4 1929-1935
4033 Bd 5 1934-1938

4034 An- und Verkauf von Kommunalgrundstücken 1823-1862

4035 Verkauf städtischer Grundstücke 1863-1912

4036 Verstöße in Hütungsangelegenheiten 1825-1845

4037 Vergrößerung des Begräbnisplatzes 1836-1837

4038 Entwässerung der Schloß-Ende-Straße in der Vorstadt Damm und die Unterhaltung des Straßenpflasters 1831-1836

4039 Entwässerungsanlage des Garnisonlazaretts 1896-1904

Be- und Entwässerung der Stadt
4040 Bd 1 1905-1918
4041 Bd 2 1918-1939

3.28. Ketzin

4042 Ein- und Durchführung der Städteordnung 1809-1854
Enthält auch: Plaue.

Wahl und Einführung der Bürgermeister und der übrigen Magistratspersonen
4043 Bd 1 1854-1911
4044 Bd 2 1912-1942

Zesch, Otto, geb. 16.1.1857, Bürgermeister, 1905-1923
siehe I Pers. Nr. 6377/2

4045 Anstellung der unteren Beamten des Magistrats 1836-1911

4046	Erteilung des Bürgerrechts	1835-1856
4047	Einführung der Gemeindeordnung (Gesetz vom 11. März 1850)	1851-1852
4048	Rechnungsextrakte des Magistrats über die Verwaltung des städtischen Gemeindevermögens	1812-1872
4049	Kommunalhaushalt	1831-1862
	Kommunalhaltspläne und Verwaltungsberichte	
4050	Bd 1	1863-1883
	Bd 2 fehlt	
4051	Bd 3	1895-1905
4052	Haushaltsplan der Stadt für das Rechnungsjahr 1931	1931
4053	Etats- und Rechnungswesen und Steuerangelegenheiten	1933-1939
	Erhebung der Gemeindesteuern und Beschwerden darüber	
4054	Bd 1	1832-1873
	Bd 2 fehlt	
4055	Bd 3	1892-1921
4056	Nachtigallensteuer	1843
4060	Separation	1815-1816
	Stadtsparkasse	
4057	Bd 1	1878-1905
4058	Bd 2	1906-1913
4059	Bd 3	1913-1924
4061	Ackerwröhe zu Ketzin	1869
4062	Entwässerung der Stadt	1901-1943

3.29. Königs Wusterhausen

4063	Bürgermeister und Beigeordnete	1934-1944
4064	Etats- und Rechnungswesen und Steuerangelegenheiten	1936-1940

3.30. Köpenick

	Ein- und Durchführung der neuen Städteordnung Bd 1-2 fehlen	
4065	Bd 3	1821-1837
4066	Bd 4	1858-1871
	Wahl und Einführung der Bürgermeister und der übrigen Magistratspersonen	
4067	Bd 1	1872-1906
4068	Bd 2	1907-1922
	Behnke, Ludwig, geb. 26.3.1882, Erster Bürgermeister, *siehe I Pers. Nr. 259/1*	1919-1920
	Dr. jur. Langerhaus, Georg, geb. 23.9.1870, Bürgermeister, *siehe I Pers. Nr. 3159/1*	1904-1920
	Prünert, Erwin, geb. 11.5.1877, Zweiter Bürgermeister, *siehe I Pers. Nr. 4322/1*	1908-1918
4069	Anstellung der unteren Beamten und Beschwerden gegen sie, Beschwerden der Kommunalforstbeamten	1842-1870
4070	Anstellung des Sekretärs und der Magistratsbürobeamten	1867-1873
4071	Beschwerden gegen den Magistrat	1810-1864
4072	Beschwerden über Magistratsmitglieder	1865-1919
4073	Beschwerden in verschiedenen Gemeindeangelegenheiten	1874-1922
4073/1	Beschwerden über untere Beamte des Magistrats	1890-1912
4074	Erteilung der Bürgerbriefe	1812-1857
4075	Vereinigung des Kietzes mit der Stadt	1810-1824
4076	Grenzen des Gemeindebezirks und Einverleibung von Grundstücken in denselben	1851-1873
	Grenzen des Gemeindebezirks und Einverleibung von Grundstücken in denselben	
4077	Bd 1	1871-1874

	Bd 2 fehlt	
4078	Bd 3	1877-1879
4079	Bd 4	1879-1921
4080	Bildung einer Landgemeinde aus der Kolonie Oberschöneweide	1874-1898
4081	Umgemeindung einiger Teile der Bahnhöfe Köpenick und Hirschgarten	1909-1915
4082	Umgemeindung dreier Grundstücksparzellen von Köpenick nach Dahlwitz	1914-1915
4083	Eingemeindung der Landgemeinde Kietz in den Stadtbezirk Köpenick	1889-1897
4084	Ortsstatuten auf Grund des § 11 der Städteordnung vom 30. Mai 1853	1869-1907
	Kommunalhaushalt	
4086	Bd 1	1832-1859
4087	Bd 2	1860-1867
4088	Kommunalhaushaltspläne und Verwaltungsberichte	1868-1879
4089	Haushaltsplan der Stadt für das Rechnungsjahr 1919	1919
	Rechnungsextrakte des Magistrats über die Verwaltung des städtischen Gemeindevermögens und die städtische Verwaltung	
	Bd 1 fehlt	
4090	Bd 2	1839-1864
4091	Kassenraub in Köpenick am 16. Okt. 1906 durch den Schuster Wilhelm Voigt	1906-1908
4092	Finanzierung der höheren Lehranstalten	1902-1914
	Beschwerden der Einwohner über Abgaben	
	Bd 1 fehlt	
4093	Bd 2	1841-1863
4094	Bd 3	1864-1867
4095	Erhebung der Gemeindesteuern und Beschwerden darüber	1868-1885
4096	Erhebung eines Einzugs- und Hausstandsgeldes	1854-1862

	Erhebung eines Bürgerrechtsgeldes und Beschwerden darüber	
4097	Bd 1	1862-1880
4098	Bd 2	1880-1901
	Be- und Entwässerung der Stadt	
4099	Bd 1	1892-1906
4100	Bd 2	1906-1914
4101	Bd 3	1914-1924

3.31. Kremmen

	Ein- und Durchführung der revidierten Städteordnung vom 17. März 1831	
4102	Bd 1	1836-1848
4103	Bd 2	1848-1863
	Wahl und Einführung der Bürgermeister und der übrigen Magistratspersonen	
4104	Bd 1	1864-1891
4105	Bd 2	1892-1935
4106	Bd 3	1933-1945
	Disziplinaruntersuchung gegen den Bürgermeister Ahlers wegen Verletzung seiner Amtspflichten	
4107		1854-1867
4107/1		1855
	Voigt, August, geb. 24.1.1872, Bürgermeister, *siehe I Pers. Nr. 5863/1*	1899-1924
4108	Anstellung der unteren Beamten und der Forstschutzbeamten	1829-1872
4109	Anstellung der Magistratsbeamten und Sekretäre	1857
6382	Verfahren gegen den Polizeihauptwachtmeister Wilhelm Krüger mit dem Ziel der Feststellung seiner dauernden Dienstunfähigkeit	1932-1933
4112	Beschwerden gegen die Stadtverordnetenversammlung und einzelne Mitglieder	1831-1870
4113	Beschwerden über Magistratsmitglieder	1839-1909

4114	Einführung der Gemeindeordnung (Gesetz vom 11. März 1850)	1851-1853
	Kommunalhaushalt	
4115	Bd 1	1830-1856
4116	Bd 2	1857-1867
4117	Kommunalhaushaltspläne und Verwaltungsberichte	1868-1884
4118	Etats- und Rechnungswesen und Steuerangelegenheiten	1933-1943
4119	Nachtigallensteuer	1843
	Sparkasse und Darlehnskasse	
4120	Bd 1	1856-1909
4121	Bd 2	1909-1923
4122	Beschwerden wegen Verweigerung der Teilnahme an der Heide- und Hütungsberechtigung und am Kiennadelharken, Bewirtschaftung der Stadtforst	1817-1857
4123	Verstöße in Hütungs- und Forstangelegenheiten	1833-1869
4124	Verkauf städtischer Grundstücke	1836-1881
4125	Anträge der Besitzer von Grundstücken auf Beschaffung von Vorflut	1843-1926
4126	Be- und Entwässerung der Stadt	1929-1944

3.32. Kyritz

	Ein- und Durchführung der neuen Städteordnung	
	Bd 1 fehlt	
4127	Bd 2	1826-1860
	Wahl und Einführung der Bürgermeister und Ratsmitglieder	
4128	Bd 1	1861-1896
4129	Bd 2	1897-1935
4130	Bd 3	1935-1943
	Rünger, Wilhelm, geb. 4.6.1866, Bürgermeister, *siehe I Pers. Nr. 4711/1*	1898-1931

4131	Gesuch der Magistratsangehörigen um Genehmigung der Übernahme von Nebenämtern	1829-1860
	Anstellung der unteren Beamten den Magistrats	
4132	Bd 1	1855-1894
4133	Bd 2	1892-1911
4134	Gegenseitige Beschwerden des Magistrats und der Stadtverordneten	1810-1838
4135	Beschwerden in verschiedenen Gemeindeangelegenheiten	1880-1929
4136	Erteilung des Bürgerrechts	1818-1853
4137	Einführung der Gemeindeordnung (Gesetz vom 11. März 1850)	1852-1853
	Kommunalhaushalt	
4138	Bd 1	1830-1857
4139	Bd 2	1858-1863
4140	Bd 3	1864-1872
	Kommunalhaushaltspläne und Verwaltungsberichte	
	Bd 1 fehlt	
4141	Bd 2	1873-1884
	Bd 3 fehlt	
4142	Bd 4	1899-1910
4143	Etats der Kämmerei- und Kommunalkasse für die Rechnungsjahre 1846-1848	1846-1848
4144	Etat der Stadt- und Schulkasse	1882-1883
	Haushaltsplan der Stadt	
4145	für das Rechnungsjahr 1921-1922	1921-1922
4146	für das Rechnungsjahr 1931	1931
4147	Etats- und Rechnungswesen und Steuerangelegenheiten	1933-1942
4148	Rechnungsfeststellungsbeschlüsse und Revision der städtischen Kassen	1850-1911
	Beschwerden mehrerer Einwohner über zu starke Heranziehung zu den Kriegs- und anderen städtischen Lasten	
	Bd 1-2 fehlen	

4149	Bd 3	1837-1843
4150	Bd 4	1844-1862
4151	Regulierung der polizeilichen Gegenstände bei der Separation auf der Feldmark der Stadt	1835-1841
	Stadtsparkasse	
4152	Bd 1	1884-1906
4153	Bd 2	1907-1934
4154	Bd 3	1935-1938
4155	Bd 4	1938-1941
4156	Bd 5	1941-1943
4157	Bericht der Prüfungsstelle des Brandenburgischen Sparkassen- und Giroverbandes über 1940 durchgeführte Prüfung der Stadtsparkasse	1940
	Be- und Entwässerung	
4158	Bd 1	1912-1939
4159	Bd 2	1939-1943

3.33. Lenzen

4176	Ein- und Durchführung der Städteordnung	1825-1853
	Wahl und Einführung der Bürgermeister und der übrigen Magistratspersonen Bd 1 fehlt	
4177	Bd 2	1888-1931
4178	Bd 3	1932-1942
	Jürgens, Hans, Bürgermeister, *siehe I Pers. Nr. 2484/1*	1901-1920
4179	Gesuche von Magistratspersonen um Genehmigung zur Übernahme von Nebenämtern	1809-1872
4180	Anstellung eines Stadtexekutors und anderer unterer Beamter sowie der Forstbeamten	1822-1873
4181	Anstellung der Stadtsekretäre	1855-1873
4182	Anstellung der unteren Beamten des Magistrats	1873-1912

	Beschwerden gegen den Magistrat Bd 1 fehlt	
4183	Bd 2	1825-1850
4184	Gegenseitige Beschwerden zwischen dem Magistrat und den Stadtverordneten	1830-1836
	Benutzung und Verwaltung des städtischen Vermögens	
4185	Bd 1	1867-1678
4186	Bd 2	1879-1910
	Kommunalhaushalt	
4187	Bd 1	1830-1861
4188	Bd 2	1862-1870
	Kommunalhaushaltspläne und Verwaltungsberichte	
4189	Bd 1	1871-1875
4190	Bd 2	1876-1880
4191	Bd 3	1880-1885
4192	Etats- und Rechnungswesen und Steuerangelegenheiten	1933-1946
	Haushaltsplan der Stadt	
4193	für das Rechnungsjahr 1938	1938
4194	für das Rechnungsjahr 1939	1939
	Rechnungsfeststellungsbeschlüsse und Revision der städtischen Kassen Bd 1 fehlt	
4195	Bd 2	1894-1932
4196	Aufbringung der Kommunalsteuern	1823-1868
	Erhebung der Gemeindesteuern und Beschwerden darüber Bd 1 fehlt	
4197	Bd 2	1842-1887
4198	Abgabenverhältnisse des Dorfes Mödlich	1839-1840
	Stadtsparkasse Bd 1-4 fehlen	
4199	Bd 5	1911-1929
4200	Bd 6	1930-1936
4201	Bd 7	1933-1937

4202	Bd 8	1937-1939
4203	Bd 9	1939-1940
4204	Bd 10	1940-1943
4205	Gesuche um Hütungsberechtigung sowie Beschwerden über das Weiderecht	1810, 1823, 1853-1854
4206	Separation	1814-1858
4207	Streitigkeiten der Einwohner über Weidebenutzung sowie Beschwerden über Pfändungen	1818-1863
4208	Handakte über den Prozeß des Fiskus in Vertretung der Buhnenmeisterei in Lenzen gegen die Bürgerschaft wegen Separations- und Hütungsangelegenheiten	1820-1825
4209	Zuweisung von 3 Morgen Wiese an den Schulzen in der Kolonie Lenzersilge durch den Magistrat	1824-1826
	Kultivierung und Acker- und Forstgrundstücke und die Separation der städtischen Feldmark	
4210	Bd 1	1827-1832
4210/1	Bd 2	1832-1873
4211	Beschwerden über die Entfernung eines Zaunes am Schäferwerder Enthält u.a.: Plan des Schäferwerders an der Elbe.	1835-1836
4212	Benutzung der Gildehöfe durch das Tuchmachergewerk	1838-1839
4213	Entwässerung der Stadt	1921-1922

3.34. Lichtenberg

4214	Verleihung der Stadtrechte an Lichtenberg	1901-1908
4215	Wahl und Einführung der Bürgermeister sowie der übrigen Magistratspersonen	1907-1920
	Cassebaum, Oskar, geb. 15.2.1878, Stadtrat, *siehe I Pers. Nr. 765*	1914
	John, Otto, geb. 12.3.1870, Stadtrat, *siehe I Pers. Nr. 2465*	1919

	Knipping, Franz, Stadtbaurat, *siehe I Pers. Nr. 2732/1*	1908-1909
	Dr. Maretzky, Oskar, geb. 2.6.1881, Zweiter Bürgermeister, *siehe I Pers, Nr. 3506/2*	1918-1920
	Uhlig, Johannes, geb. 23.2.1869, Stadtbaurat, *siehe I Pers. Nr. 5772*	1909
	Dr. Unger, Emil, geb. 20.8.1863, Zweiter Bürgermeister, *siehe I Pers. Nr. 5793*	1908-1915
	Witzke, Oskar, geb. 28.10.1860, Stadtrat, *siehe I Pers. Nr. 6222/0*	1919
	Ziethen, Oskar, geb. 7.8.1858, Oberbürgermeister, *siehe I Pers. Nr. 6389*	1908-1920
4216	Stadtausschuß	1908-1920
4218	Grenzen des Gemeindebezirks und Eingemeindungen nach Lichtenberg	1910-1919
4219	Vereinigung von Boxhagen-Rummelsburg mit Lichtenberg	1910-1912
4220	Separation der städtischen Feldmark	1908-1919
	Entwässerung der Stadt	
	Bd 1-2 fehlen	
4221	Bd 3	1905-1912
4222	Bd 4	1912-1923

3.35. Liebenwalde

	Ein- und Durchführung der neuen Städteordnung	
	Bd 1-2 fehlen	
4223	Bd 3	1827-1841
4224	Bd 4	1841-1853
4225	Bd 5	1854-1871
	Wahl und Einführung der Bürgermeister und der übrigen Magistratspersonen	
4226	Bd 1	1873-1911
4227	Bd 2	1912-1935
4228	Bd 3	1936-1945

	Wagner, Bürgermeister, *siehe I Pers. Nr. 5909/1*	1902-1903
	Dienststrafverfahren gegen Walter Gorecke, Stadtkämmerer, *siehe I P Nr. 1416*	1932-1933
4229	Anstellungen der unteren Beamten beim Magistrat	1831-1861
4230	Anstellung der unteren Beamten des Magistrats	1862-1911
4231	Anstellung der Heidewärter	1839-1867
4233	Gegenseitige Beschwerden des Magistrats und der Stadtverordneten	1820-1845
	Beschwerden gegen den Magistrat und dessen Mitglieder	
4234	Bd 1	1829-1855
4235	Bd 2	1856-1872
4236	Unterlagen zum Bericht der Regierung Potsdam vom 30. Sept. 1859 über die Beschwerde des ehemaligen Bürgermeisters Hahn in Liebenwalde wegen Verweigerung der Bestätigung seiner Wahl zum Beigeordneten und Kämmerer in Zehdenick	1838-1853
4237	Beschwerden gegen den Magistrat	1840
4241	Erteilung des Bürgerrechts	1810-1861
	Kommunalhaushalt	
4242	Bd 1	1832-1858
4243	Bd 2	1859-1870
4244	Kommunalhaushaltspläne und Verwaltungsberichte	1871-1885
	Haushaltsplan der Stadtgemeinde Liebenwalde	
4245	für das Rechnungsjahr 1910	1910
4246	für das Rechnungsjahr 1916	1916
4247	für das Rechnungsjahr 1917	1917
4248	für das Rechnungsjahr 1919	1919
4249	für das Rechnungsjahr 1921	1921
4250	für das Rechnungsjahr 1922	1922
4251	für das Rechnungsjahr 1931	1931
4252	für das Rechnungsjahr 1932	1932
4253	Etats- und Rechnungswesen und Steuerangelegenheiten	1933-1945

4254 Verteilungsverfahren zur Befriedigung der Gläubiger der Stadt 1931-1935

4255 Rechnungsfeststellungsbeschlüsse und Revision der städtischen Kassen 1848-1904

Beschwerden mehrerer Einwohner über die Verteilung der Kriegs- und bürgerlichen Lasten, Grundsätze über die Verteilung der Lasten
Bd 1 fehlt
4256 Bd 2 1841
4257 Bd 3 1858-1861
4258 Bd 4 1862-1872

4259 Erhebung der Gemeindesteuern und Beschwerden darüber 1873-1911

4259/1 Behütung der Stadtheide 1810-1843

4260 Verstöße in Hütungsangelegenheiten 1850-1860

4261 Be- und Entwässerung 1911-1936

3.36. Lindow

Ein- und Durchführung der neuen Städteordnung
Bd 1 fehlt
4262 Bd 2 1839-1852

Wahl und Einführung des Bürgermeisters und der übrigen Magistratspersonen
4263 Bd 1 1854-1893
4264 Bd 2 1894-1943

Graebke, Franz, geb. 15.9.1879, Bürgermeister, 1914-1919
siehe I Pers. Nr. 1656/1

Manger, Paul, geb. 3.11.1860, Bürgermeister, 1900-1912
siehe I Pers. Nr. 3492/1

Dienststrafverfahren gegen Bürgermeister Max Zenker, 1933-1934
siehe I P Nr. 1492

4265 Gesuch der Magistratspersonen um Genehmigung zur Übernahme von Vormundschaften und Nebenämtern 1818-1869

4266	Wahl der Stadtverordneten	1896-1924
4267	Beschwerden gegen den Magistrat	1829-1863
4268	Beschwerden über Magistratsmitglieder	1829-1905
4269	Beschwerden, insbesondere des Kaufmanns und Kämmerers Schultze, gegen den Bürgermeister Kupfer	1840-1845
4270	Revision der Gemeindeverwaltung und Beschwerde	1878-1922
4271	Beschwerden in verschiedenen Gemeindeangelegenheiten	1875-1930
4272	Erteilung des Bürgerrechts	1837-1842
4273	Kommunalhaushalt	1830-1862
4274	Kommunalhaushaltspläne und Verwaltungsberichte	1863-1879
4275	Stadthaushaltsplan für die Rechnungsjahre 1892-1895	1892
	Haushaltsplan der Kämmereikasse	
4276	für das Rechnungsjahr 1920	1920
4277	für das Rechnungsjahr 1922	1922
4278	Etats- und Rechnungswesen und Steuerangelegenheiten	1933-1943
	Rechnungsextrakte des Magistrats über die Verwaltung des städtischen Gemeindevermögens	
	Bd 1 fehlt	
4279	Bd 2	1841-1879
4280	Beschwerden mehrerer Einwohner über zu starke Heranziehung zu den Kriegslasten und -abgaben und Feststellung der Grundsätze zur Aufbringung der Gelder und Verteilung der Lasten	1813-1848
	Erhebung der Gemeindesteuern und Beschwerden darüber	
4281	Bd 1	1849-1837
4282	Bd 2	1887-1911
4283	Besteuerung der Nachtigallen	1860
4284	Verteilung der Einquartierungslasten	1872-1885

	Stadtsparkasse	
4285	Bd 1	1857-1905
4286	Bd 2	1906-1921
4287	Bd 3	1922-1925
4287/1	Abschätzung, Nutzung und Einteilung der Lindower Bürgerheide	1822-1850
	Be- und Entwässerung der Stadt	
	Bd 1 fehlt	
4288	Bd 2	1927-1940
4289	Bd 3	1941-1945

3.37. Luckenwalde

	Ein- und Durchführung der Städteordnung	
	Bd 1 fehlt	
4290	Bd 2	1836-1852
4291	Bd 3	1853-1872
	Wahl und Einführung der Bürgermeister und der übrigen Magistratspersonen	
4292	Bd 1	1873-1900
4293	Bd 2	1901-1924
4294	Bd 3	1925-1934
4295	Bd 4	1934
4296	Bd 5	1934-1935
4297	Bd 6	1936-1941
4298	Bd 7	1940-1945
	Dr. Werner, Bernhard, Bürgermeister, *siehe I Pers. Nr. 6083/1*	1903-1909
	Falck, Ernst, geb. 16.4.1888, Bürgermeister, *siehe I Pers. Nr. 1208/1*	1922-1933
4301	Disziplinarverfahren gegen den Ersten Bürgermeister Dr. Falck	1924-1926
	Dr. Salomon, Hermann, geb. 4.9.1888, Erster Bürgermeister, *siehe I Pers. Nr. 4745/2-4*	1930-1932
	Dienststrafverfahren gegen den Ersten Bürgermeister Dr. Hermann Salomon, *siehe Rep. 31 B Nr. 1160-Nr. 1161*	1932-1933

	Schmidt, Hermann, Zweiter Bürgermeister, *siehe I Pers. Nr. 5035/1*	1908-1914
	Suchsland, Oskar, Bürgermeister, *siehe I Pers. Nr. 4863/1*	1899-1909
4302	Anstellung der Magistratsbeamten	1826-1867
4303	Anstellung der Stadtsekretäre	1855-1873
	Anstellung der mittleren und unteren Beamten	
	Bd 1 fehlt	
4304	Bd 2	1891-1895
	Bd 3-6 fehlen	
4305	Bd 7	1920-1926
	Beschwerden gegen den Magistrat	
4307	Bd 1	1828-1863
4308	Bd 2	1864-1910
4309	Beschwerden mehrerer Personen wegen des ihnen vom Magistrat verweigerten Bürgerrechts	1813-1849
4310	Erteilung des Bürgerrechts	1814-1843
4311	Kommunalverband der Papier- und Walkmühle bei Woltersdorf und Luckenwalde sowie Vereinigung von Elsthal mit Luckenwalde	1823-1870
4312	Inkommunalisierung des sogenannten tiefen Geheges in den Gemeindebezirk Luckenwalde bzw. Gottow	1873-1886
4313	Inkommunalisierung des tiefen Geheges in den Gemeindebezirk Luckenwalde	1873-1878
4314	Rückgabe einer von dem Magistrat und den Stadtverordneten ausgestellten Obligation über ein aus der Kämmerei zur Bestreitung einiger Bauten an der der Bürgerschaft gehörenden Ziegelscheune aufgenommenes Kapital	1810-1848
	Kommunalhaushalt	
4315	Bd 1	1829-1860
4316	Bd 2	1861-1873
	Kommunalhaushaltspläne und Verwaltungsberichte	
4317	Bd 1	1873-1885

	Bd 2-5 fehlen	
4318	Bd 6	1909-1921
4319	Bd 7	1922-1930
	Haushaltsplan der Stadt	
4320	für das Rechnungsjahr 1932	1932
4321	für das Rechnungsjahr 1934	1934
4322	für das Rechnungsjahr 1935	1935
4322/1	für das Rechnungsjahr 1936	1936
	Haushaltssatzung	
4323	für das Rechnungsjahr 1938	1938
4324	für das Rechnungsjahr 1940	1940
4325	für das Rechnungsjahr 1941	1941
	Etats- und Rechnungswesen und Steuerangelegenheiten	
4326	Bd 1	1933-1938
4327	Bd 2	1939-1945
4328	Rechnungsfeststellungsbeschlüsse und Revision der städtischen Kasse	1841-1895
	Beschwerden über zu hohe Abgaben	
4329	Bd 1	1822-1850
4330	Bd 2	1851-1854
	Beschwerden mehrerer Einwohner über zu starke Heranziehung zu den Kommunalbedürfnissen und Abgaben	
	Bd 1 fehlt	
4331	Bd 2	1835-1848
4332	Bd 3	1848-1858
4333	Bd 4	1859-1865
4334	Bd 5	1869-1869
4335	Bd 6	1870-1872
	Erhebung der Gemeindesteuern und Beschwerden darüber	
4336	Bd 1	1873-1876
4337	Bd 2	1876-1880
4338	Bd 3	1880-1883
4339	Bd 4	1883-1885
	Bd 5-7 fehlen	
4340	Bd 8	1913-1922

	Stadtsparkasse	
4341	Bd 1	1883-1902
4342	Bd 2	1903-1911
4343	Bd 3	1911-1919
4344	Bd 4	1920-1929
4345	Bd 5	1930-1936
4346	Bd 6	1935-1938
4347	Bd 7	1939-1941
4348	Bd 8	1942-1943
4349	Gesuch des Magistrats und mehrerer Personen um Genehmigung zur teilweisen Veräußerung von Grundstücken	1813-1863
	Be- und Entwässerung der Stadt	
4350	Bd 1	1895-1911
4351	Bd 2	1911-1931
4352	Bd 3	1932-1944

3.38. Lychen

	Ein- und Durchführung der Städteordnung	
	Bd 1 fehlt	
4353	Bd 2	1821-1847
4354	Bd 3	1848-1873
	Wahl und Einführung der Bürgermeister und übrigen Magistratspersonen	
4355	Bd 1	1873-1908
4356	Bd 2	1910-1945
	Model, Bürgermeister, *siehe I Pers. Nr. 3745/1*	1901-1910
4357	Untersuchung gegen den entwichenen Kämmerer Ratzlow wegen Unterschlagungen, Beschwerden der Stadtverordneten gegen den Bürgermeister	1866-1869
4358	Anstellung der unteren Beamten des Magistrats	1841-1846
4359	Gegenseitige Beschwerden des Magistrats und der Stadtverordneten	1812-1848
4360	Beschwerden gegen den Magistrat	1826-1872

4361	Beschwerden gegen die Stadtverordneten	1830-1852
4362	Erteilung des Bürgerrechts	1811-1845
4363	Einführung der Gemeindeordnung (Gesetz vom 11. März 1850)	1852
	Kommunalhaushalt	
4364	Bd 1	1829-1862
4365	Bd 2	1863-1887
4366	Etats- und Rechnungswesen und Steuerangelegenheiten	1933-1938
4367	Bericht über die Prüfung der Haushaltsrechnung der Stadt für das Rechnungsjahr 1934	1934
	Rechnungsextrakte des Magistrats über die Verwaltung das Gemeindevermögens	
	Bd 1 fehlt	
4368	Bd 2	1832-1871
4369	Rechnungsfeststellungsbeschlüsse und Revision der städtischen Kassen	1873-1911
4370	Aufbringung der Kriegskontributionsgelder und der übrigen durch den Krieg der Stadt Lychen verursachten Ausgaben sowie die von den Kirchen dem Hospital und den geistlichen und übrigen Einrichtungen zu leistenden Beiträge	1810-1867
4371	Erhebung der Gemeindesteuern und Beschwerden darüber	1868-1905
4372	Stadtsparkasse	1912-1919
4373	Stadtsparkasse	1921
4374	Verkauf städtischer Grundstücke	1836-1908
	Wasserversorgung und Entwässerung der Stadt	
4375	Bd 1	1905-1917
4376	Bd 2	1918-1943

3.39. Märkisch Buchholz (Wendisch Buchholz)

	Ein- und Durchführung der revidierten Städteordnung	
4377	Bd 1	1831-1843
4378	Bd 2	1844-1860
	Wahl und Einführung der Bürgermeister und der übrigen Magistratsmitglieder	
4379	Bd 1	1862-1887
4380	Bd 2	1888-1937
4381	Bd 3	1938-1941
	Mohns, Hermann, Bürgermeister, *siehe I Pers. Nr. 3764/1*	1906-1932
	Wegener, Franz, geb. 12.6.1902, Bürgermeister, *siehe I Pers. Nr. 5984/1*	1931-1933
4382	Anstellung der unteren Beamten des Magistrats	1850-1936
4383	Besoldung, Ruhegehalt, Witwen und Waisenversorgung der Beamten	1920-1937
4384	Beschwerden über Magistratsmitglieder	1841-1897
4385	Beschwerden in verschiedenen Gemeindeangelegenheiten	1877-1925
4388	Einführung der Gemeindeordnung (Gesetz vom 11. März 1850)	1851-1852
4389	Grenzen des Gemeindebezirks und Einverleibung von Grundstücken in denselben	1892-1895
4390	Ortsstatuten auf Grund des § 11 der Städteordnung vom 30. Mai 1853	1879-1938
4391	Rechnungsextrakte des Magistrats über die Verwaltung des Gemeindevermögens	1810-1872
4392	Rechnungsfeststellungsbeschlüsse und Revision der städtischen Kassen	1873-1938
4393	Kommunalhaushalt	1832-1870
	Kommunalhaushaltspläne und Verwaltungsberichte	
4394	Bd 1	1871-1887

	Bd 2 fehlt	
4395	Bd 3	1905-1938
4396	Etats- und Rechnungswesen und Steuerangelegenheiten	1933-1941
	Erhebung der Gemeindesteuern und Beschwerden darüber	
4397	Bd 1	1841-1889
4398	Bd 2	1891-1911
4399	Bd 3	1912-1931
4400	Bd 4	1932-1935
4401	Steuerordnungen	1899-1933
4402	Nachtigallensteuer	1843
4403	Erhebung der Hundesteuer und Beschwerden darüber	1847-1936
4404	Erhebung der Bürgerrechtsgelder und Beschwerden darüber	1854-1892
4405	Verteilung der Einquartierungslast	1872-1873
4406	Einrichtung städtischer Sparkassen	1883
4407	Separation der Wiesen und Äcker	1806-1835
4408	Separation der städtischen Feldmark	1848-1864
4409	Befreiung des Freigutes von den öffentlichen Lasten und Abgaben	1837
4410	Verkauf städtischer Grundstücke	1847-1925

3.40. Meyenburg

4411	Ein- und Durchführung der neuen Städteordnung	1809-1857
	Wahl und Einführung der Bürgermeister und der übrigen Magistratspersonen	
4412	Bd 1	1884-1887
4413	Bd 2	1887-1945
	Schmidt, Karl, geb. 5.4.1881, Bürgermeister, *siehe I Pers. Nr. 5043/1*	1910-1916

	Schneider, geb. 13.1.1886, Bürgermeister, *siehe I Pers. Nr. 5096/1*	1917-1925
4414	Beschwerden gegen den Bürgermeister und Magistrat	1839-1876
4415	Beschwerden gegen Magistratsmitglieder	1880-1907
4417	Polizei- und Kommunalverwaltung über die Pfarr-, Pfarrwitwen- und Schulgebäude	1829
4418	Einführung der Gemeindeordnung (Gesetz vom 11. März 1850)	1852
	Kommunalhaushalt	
4419	Bd 1	1832-1862
4420	Bd 2	1863-1873
4421	Kommunalhaushaltspläne und Verwaltungsberichte	1873-1885
4422	Haushaltspläne der Stadt für die Rechnungsjahre von 1915 bis 1928	1915-1928
4423	Etats- und Rechnungswesen und Steuerangelegenheiten	1933-1935
4424	Rechnungsfeststellungsbeschlüsse und Revision der städtischen Kassen	1849-1911
	Erhebung der Gemeindesteuern und Beschwerden darüber	
4425	Bd 1	1814-1879
4426	Bd 2	1880-1911
4427	Benutzung der Lehmgrube auf der städtischen Feldmark	1847
4428	Kläranlage der Stadt	1937-1938

3.41. Mittenwalde

	Ein- und Durchführung der Städteordnung	
	Bd 1-3 fehlen	
4429	Bd 4	1841-1851
4430	Bd 5	1851-1863
4431	Bd 6	1864-1871

	Wahl und Einführung der Bürgermeister und der übrigen Magistratspersonen	
4432	Bd 1	1873-1904
4433	Bd 2	1905-1938
4434	Bd 3	1940-1944
	Schwartz, Otto, geb. 23.1.1863, Bürgermeister, *siehe I Pers. Nr. 5342/1*	1908
4435	Gesuche von Magistratspersonen um Erlaubnis zur Übernahme von Vormundschaften und Nebenämtern	1838-1872
4436	Anstellung des Stadtsekretärs	1837-1863
4437	Anstellung eines Kirchenmusikers	1840-1841
4438	Anstellung der unteren Beamten des Magistrats	1891-1911
4439	Beschwerden der Stadtverordneten gegen den Magistrat	1811-1842
	Beschwerden gegen den Magistrat	
4440	Bd 1	1827-1850
4441	Bd 2	1851-1864
4442	Bd 3	1865-1906
4443	Beschwerden gegen die Bürgermeister Woike und Braun	1841-1849
4445	Revision der Gemeindeverwaltung und Beschwerden über die Gemeindeverwaltung	1897-1911
4448	Bürgerrecht	1827-1850
4449	Einführung der Gemeindeordnung (Gesetz vom 11. März 1850)	1852-1861
	Kommunalhaushalt	
4450	Bd 1	1825-1855
4451	Bd 2	1856-1867
	Kommunalhaushaltspläne und Verwaltungsberichte	
	Bd 1-3 fehlen	
4452	Bd 4	1867-1885
	Kommunalhaushaltsplan	
4452/1	für das Rechnungsjahr 1912	1911-1919

4453	Etats- und Rechnungswesen und Steuerangelegenheiten	1933-1941
4454	Revision der Kommunalverwaltung	1838
4455	Anlagen zum Revisionsbericht über die Kommunalverwaltung	1838
4456	Rechnungsextrakte der Kämmereikasse	1840-1891
	Beschwerden mehrerer Einwohner über zu starke Heranziehung zu den Kriegs- und übrigen städtischen Lasten	
4457	Bd 1	1811-1849
4458	Bd 2	1850-1867
4459	Erhebung der Gemeindesteuern und Beschwerden darüber	1868-1900
4460	Beschwerden der Gemeinde Ragow und von Bauern und Büdnern in Gallun wegen zu hoher Dienstleistungen und Abgaben an den Magistrat, Remissionsgesuche, Ablösung der Dienste	1812-1853
4461	Besteuerung der Nachtigallen	1843
4462	Erhebung eines Bürgerrechtsgeldes und Beschwerden darüber	1854-1900
4463	Stadtsparkasse	1896-1899
4464	Verpachtung und Vererbpachtung verschiedener Grundstücke	1832
4465	Verkauf städtischer Grundstücke	1852-1908
4466	Kläranlagen für das Kreiskrankenhaus	1908-1944

3.42. Nauen

	Ein- und Durchführung der Städteordnung	
	Bd 1-3 fehlen	
4493	Bd 4	1835-1847
4494	Bd 5	1848-1853
4495	Bd 6	1854-1859
	Wahl und Einführung der Bürgermeister und der übrigen Magistratspersonen sowie Beschwerden	
	Bd 1 fehlt	
4495/1	Bd 2	1888-1911

4496	Bd 3	1912-1940
4497	Bd 4	1941-1945
	Kuhnke, Bürgermeister, *siehe I Pers. Nr. 3063/1*	1905-1915
	Lange, Paul, geb. 20.6.1877, Bürgermeister *siehe I Pers. Nr. 3153/1*	1913-1925
4498	Beschwerden gegen den Kämmerer Schulze und den Bürgermeister Harte	1843-1845
	Anstellung der Nachtwächter und anderer unterer Beamter des Magistrats	
4499	Bd 1	1818-1852
4500	Bd 2	1853-1869
	Anstellung der unteren Beamten des Magistrats	
4501	Bd 1	1870-1893
4502	Bd 2	1894-1911
4503	Besetzung der Stadtsekretärstelle	1855-1868
	Beschwerden gegen den Magistrat	
4506	Bd 1	1829-1853
4507	Bd 2	1854-1864
	Beschwerden gegen den Bürgermeister Harte und den Magistrat	
4508	Bd 1	1839-1847
4509	Bd 2	1848-1855
4510	Beschwerden gegen untere Beamte des Magistrats	1888-1898
4510/1	Disziplinaruntersuchung gegen den Polizeiwachtmeister Blumenthal wegen unsittlichen Verhaltens und Betriebs eines Schanklokals, in dem Sozialdemokraten verkehren	1892
4511	Erteilung des Bürgerrechts	1823-1854
4512	Einführung der Gemeindeordnung	1851-1852
4513	Kämmerei-, Wacht- und Bürgerkassenrechnungen	1808-1809
	Kommunalhaushalt	
4514	Bd 1	1815-1855

4515	Bd 2	1856-1862
4516	Bd 3	1863-1869
	Kommunalhaushaltspläne und Verwaltungsberichte	
4517	Bd 1	1870-1880
4518	Bd 2	1881-1888
4519	Etat für die Kämmereikasse	1874-1876
4520	Etat für die Kämmereikasse	1880-1881
	Haushaltsplan der Allgemeinen Verwaltung der Stadt	
4521	für das Rechnungsjahr 1918	1918
4522	für das Rechnungsjahr 1939	1919
4523	für das Rechnungsjahr 1920	1920
4524	für das Rechnungsjahr 1923	1923
4525	Etats- und Rechnungswesen sowie Steuerangelegenheiten	1934-1940
	Rechnungsextrakte des Magistrats über die Verwaltung des städtischen Gemeindevermögens Bd 1 fehlt	
4526	Bd 2	1837-1852
4527	Rechnungsfeststellungsbeschlüsse und Revision der städtischen Kasse	1860-1890
	Beschwerden über zu starke Heranziehung zu den Kommunalabgaben Bd 1-2 fehlen	
4528	Bd 3	1844-1855
4529	Bd 4	1856-1866
	Stadtsparkasse	
4530	Bd 1	1856-1888
4531	Bd 2	1888-1911
4532	Bd 3	1911-1931
4533	Gesuche mehrerer Einwohner um Genehmigung der teilweisen Veräußerung ihrer Grundstücke	1811-1839
4534	Veräußerung der Kommunalgrundstücke	1817-1862

	Verkauf städtischer Grundstücke Bd 1 fehlt	
4535	Bd 2	1879-1908
4536	Separation	1820-1861
4537	Separation der städtischen Feldmark	1862-1909
4538	Die große Koppelkommune	1821-1857
4539	Verstöße in Hütungsangelegenheiten	1823-1864
4540	Vorflutangelegenheiten	1851-1863
	Be- und Entwässerung der Stadt	
4541	Bd 1	1905-1929
4542	Bd 2	1930-1942
4543	Bd 3	1942-1944

3.43. Neukölln (Rixdorf)

	Wahl und Einführung des Bürgermeisters und der übrigen Magistratspersonen	
4544	Bd 1	1899-1911
4545	Bd 2	1912-1921
4546	Einführung der Städteordnung in Rixdorf	1899
	Arlart, Walter, geb. 16.9.1873, Stadtrat, *siehe I Pers. Nr. 93*	1911
	Bruno, Max, geb. 1.4.1884, Stadtrat, *siehe I Pers. Nr. 662*	1918-1919
	Buchenau, Arthur, geb. 3.6.1879, Stadtschulrat, *siehe I Pers. Nr. 694/0*	1919
	Granier, Johannes, geb. 4.7.1868, Stadtrat, *siehe I Pers. Nr. 1689*	1899-1902
	Kaiser, Kurt, geb. 26.1.1865, Oberbürgermeister, *siehe I Pers. Nr. 2523/2*	1907
	Lange, Friedrich, Stadtrat, siehe I Pers. Nr. 3140	1919
	Lindner, Max, geb. 1.3.1881, Stadtrat, *siehe I Pers. Nr. 3324/1*	1917-1919

	Mier, Paul, geb. 29.4.1867, Stadtrat, *siehe I Pers. Nr. 3734*	1907-1918
	Scholz, Alfred, geb. 15.5.1876, Bürgermeister *siehe I Pers. Nr. 5144*	1919
	Dr. Weinreich, Richard, geb. 25.3.1871, Zweiter Bürgermeister, *siehe I Pers. Nr. 6024/2*	1902-1918
	Wutzky, Emil, geb. 4.10.1871, Stadtrat, *siehe I Pers. Nr. 6326*	1919
	Zizler, Josef, geb. 19.3.1881, Stadtbaurat, *siehe I Pers. Nr. 6412*	1917
4547	Wahl der Stadtverordneten	1900-1918
4548	Ausscheiden der Stadt Rixdorf aus dem Kreise Teltow	1899
4549	Ortsstatuten auf Grund des § 11 der Städteordnung	1900-1914
	Be- und Entwässerung der Stadt	
	Bd 1 fehlt	
4550	Bd 2	1910-1925
4551	Bd 3	1926-1937

3.44. Neuruppin

	Wahl und Einführung der Bürgermeister und der übrigen Magistratspersonen sowie Beschwerden	
	Bd 1 fehlt	
4552	Bd 2	1888-1911
4553	Bd 3	1912-1937
4554	Bd 4	1938-1944
	Burghardt, Hermann, geb. 16.1.1850, Zweiter Bürgermeister, *siehe I Pers. Nr. 750/1*	1899-1912
	Heinze, Paul, geb. 27.8.1887, Bürgermeister *siehe I Pers. Nr. 2013/1*	1914-1918
	Warzecha, Max, geb. 29.5.1861, Erster Bürgermeister, *siehe I Pers. Nr. 5929/1*	1899-1923
4555	Gesuche von Magistratsmitgliedern um Genehmigung zur Übernahme von Nebenämtern	1822-1869

4556	Ermittlungen im dienststrafrechtlichen Interesse in Verfolg des gegen den 1. Bürgermeister Dr. Blümel und den 2. Bürgermeister Possin geführten Strafermittlungsverfahrens wegen Korruption	1933
4557	Anstellung des Stadtförsters und anderer unterer Beamter des Magistrats	1820-1863
	Anstellung der unteren Beamten des Magistrats	
	Bd 1 fehlt	
4558	Bd 2	1891-1903
4559	Beschwerden über die Dienstführung des Magistrats	1817-1848
	Beschwerden gegen einzelne Magistratsmitglieder und den Magistrat	
4560	Bd 1	1823-1857
4561	Bd 2	1858-1904
4562	Beschwerden in verschiedenen Gemeindeangelegenheiten	1874-1910
4568	Erteilung des Bürgerrechts	1826-1859
4569	Unterbringung des Steueramtes und der Mühlenwaage	1834
	Kommunalhaushalt	
4570	Bd 1	1829-1853
4571	Bd 2	1854-1862
4572	Bd 3	1863-1867
	Kommunalhaushaltspläne und Verwaltungsberichte	
4573	Bd 1	1868-1879
4574	Bd 2	1879-1885
4574/1	Etat der Kämmereikasse für das Etatsjahr 1887-1888	1886-1887
4575	Zusammenstellung der Einnahmen und Ausgaben und Rechnungsauszug der Stadtgemeinde für das Jahr 1932 sowie Zusammenstellung der noch nachzubewilligenden Beträge	1933
4576	Etats- und Rechnungswesen und Steuerangelegenheiten	1934-1945
4577	Kommissionsakte des Regierungsreferendars Bendemann über die Revision der Kommunalverwaltung zu Neuruppin	1834

	Rechnungsextrakte des Magistrats über die Verwaltung des Gemeindevermögens	
	Bd 1 fehlt	
4578	Bd 2	1843-1862
4579	Rechnungsfeststellungbeschlüsse und Revision der städtischen Kassen	1863-1906
4582	Vergütungsforderungen für Kriegsleistungen	1817-1845
4582/1	Erhebung des Schosses	1821-1822
	Beschwerden über die Kriegs- und städtischen Abgaben	
	Bd 1 fehlt	
4583	Bd 2	1822-1847
4584	Bd 3	1848
	Erhebung der Gemeindesteuern und Beschwerden darüber	
	Bd 1-2 fehlen	
4585	Bd 3	1905-1921
4586	Grundsätze der Kommunalbesteuerung	1823-1854
4587	Einquartierung	1826
4588	Nachtigallensteuer	1843-1853
	Stadtsparkasse	
4589	Bd 1	1886-1909
4590	Bd 2	1909-1929
4591	Bd 3	1930-1935
4592	Bd 4	1936-1938
4593	Bd 5	1937-1941
4594	Bd 6	1939-1941
4595	Bd 7	1941-1944
4596	Forderungen des Grantzow als Erbpächter des Stadthofes an den Magistrat für die bisher genossene Akzisefreiheit	1812-1843
4597	Beschwerden in Hütungsangelegenheiten	1826-1865
4598	Separationen	1827-1841
4599	Grasnutzung zwischen den Tuchrahmen vor dem Seetore	1835

4600	Befestigung der Seeufer außerhalb der Stadtmauer von dem Scheunentor bis zur Lohmühle und Bepflanzung und Verschönerung des an den Neuruppiner See grenzenden Sandberges durch den Verschönerungsverein	1835-1864
	Verkauf städtischer Grundstücke	
4601	Bd 1	1817-1875
4602	Bd 2	1876-1905
4603	Benutzung und Verwaltung des städtischen Vermögens Enthält u.a.: Hütungsablösungen.	1880
4604	Anlage eines Begräbnisplatzes durch den Kaufmann Gentz in Gentzrode	1868
	Be- und Entwässerung der Stadt Neuruppin	
4605	Bd 1	1895-1910
4606	Bd 2	1910-1939
4607	Bd 3	1940-1941

3.45. Neustadt (Dosse)

	Ein- und Durchführung der Städteordnung	
4608	Bd 1	1809-1835
4609	Bd 2	1836-1861
	Wahl und Einführung der Bürgermeister und der übrigen Magistratspersonen Bd 1-2 fehlen	
4610	Bd 3	1862-1895
4611	Bd 4	1896-1929
4612	Bd 5	1930-1943
	Dr. Knarr, Karl, geb. 27.7.1880, Bürgermeister, *siehe I Pers. Nr. 2703/1*	1910-1913
	Petrik, Karl, Bürgermeister, *siehe I Pers. Nr. 4183/2*	1897-1898
	Reinecke, Martin, geb. 9.6.1877, Bürgermeister, *siehe I Pers. Nr. 4483/0*	1925-1930
	Rösler, Martin, geb. 31.5.1877, Bürgermeister, *siehe I Pers. Nr. 4626/3*	1905-1910

4613	Beschwerden gegen die Magistratsmitglieder	1829-1897
	Disziplinaruntersuchung gegen den Bürgermeister Oskar Stosberg	
4614	Bd 1	1893-1895
4615	Bd 2	1895-1896
4616	Erteilung des Bürgerrechts	1829-1842
4617	Einführung der Gemeindeordnung (Gesetz vom 11. März 1850)	1852-1853
4618	Eingemeindung des Bahnhofs Neustadt (Dosse)	1892-1893
4619	Rechnungsextrakte des Magistrats über die Verwaltung des Gemeindevermögens	1810-1869
4620	Kommunalhaushaltspläne und Verwaltungsberichte	1832-1885
4621	Etats- und Rechnungswesen sowie Steuerangelegenheiten	1933-1943
4622	Beschwerden mehrerer Einwohner über zu starke Heranziehung zu den Kriegs- und anderen städtischen Lasten und Abgaben, Aufstellung der Grundsätze zur Verteilung der Lasten und Aufbringung der Gelder	1814-1852
	Erhebung der Gemeindesteuern und Beschwerden darüber	
4623	Bd 1	1853-1890
4624	Bd 2	1891-1911
4625	Be- und Entwässerung der Stadt	1907-1943

3.46. Niemegk

	Wahl und Einführung der Bürgermeister und der übrigen Magistratsmitglieder	
	Bd 1 fehlt	
4626	Bd 2	1880-1913
4627	Bd 3	1913-1941
	Schneider, August, geb. 17.4.1865, Bürgermeister, *siehe I Pers. Nr. 5092*	1901-1916
	Teimning, Paul, geb. 27.3.1884, Bürgermeister, *siehe I Pers. Nr. 5604/1*	1917-1934

4628	Anstellung der unteren Beamten des Magistrats	1834-1921
4629	Beschwerde des Bürgermeisters Jaenichen gegen den Gerichtsschöffen Pant in Rädigke wegen Beleidigungen bei Ausübung seines Amtes Enthält u.a.: Beschwerden über Abgaben, 1848.	1842-1849
4630	Revision der Kommunalverwaltung und Beschwerden über die Kommunalverwaltung	1879-1901
	Beschwerden über Magistratsmitglieder	
	Bd 1 fehlt	
4631	Bd 2	1892-1910
4632	Erteilung des Bürgerrechts	1818-1835
4633	Einführung der Gemeindeordnung (Gesetz vom 15. März 1850)	1851
4634	Rechnungsextrakte des Magistrats über die Verwaltung des Kämmereivermögens	1821-1873
4635	Rechnungsfeststellungsbeschlüsse und Revision der städtischen Kassen	1874-1904
4636	Kommunalhaushalt	1831-1858
	Kommunalhaushaltspläne und Verwaltungsberichte	
4637	Bd 1	1859-1878
4638	Bd 2	1879-1885
4639	Bd 3	1886-1901
4640	Etats- und Rechnungswesen und Steuerangelegenheiten	1933-1939
	Beschwerden über Kommunalabgaben	
4641	Bd 1	1824-1841
4642	Bd 2	1841-1863
4643	Rückstände bei den Kommunalabgaben	1844-1845
	Stadtsparkasse	
	Bd 1 fehlt	
4644	Bd 2	1882-1903
4645	Bd 3	1903-1917
4646	Bd 4	1918-1932

4647 Verkauf städtischer Grundstücke 1820-1908

4648 Separation der städtischen Feldmark 1832-1835

4649 Verstöße in Hütungs- und Feldpolizeiangelegenheiten 1866-1872

4650 Erweiterung des Kirchhofes 1867-1868

Kanalisationsanlagen und Wasserwerk
4651 Bd 1 1908-1922
4652 Bd 2 1922-1944

4653 Beseitigung der Molkereiabwässer 1912

Nowawes
siehe Babelsberg und Kreis Teltow

3.47. Oderberg

Ein- und Durchführung der Städteordnung
Bd 1 fehlt
4654 Bd 2 1813-1850

Wahl und Einführung der Bürgermeister und der übrigen Magistratspersonen
Bd 1 fehlt
4655 Bd 2 1883-1925
4656 Bd 3 1925-1942

Hahn, Wilhelm, geb. 7.9.1891, Bürgermeister 1919-1931
siehe I Pers. Nr. 1869

Sieg, Wilhelm, geb. 28.9.1847, Bürgermeister, 1905-1919
siehe I Pers. Nr. 4818/1

4657 Anstellung der unteren Beamten des Magistrats 1820-1911

4658 Anstellung der Magistratsbürobeamten 1868-1872

Beschwerden gegen den Magistrat
4659 Bd 1 1829-1866
4660 Bd 2 1867-1880

	Beschwerden über untere Beamte des Magistrats	
4661	Bd 1	1885-1893
4662	Bd 2	1895-1910
4664	Bericht über den Verfall des Nahrungserwerbs der Stadt und Vorschläge zur Wiederaufhilfe der Stadt Enthält u.a.: Überschwemmungen im Kreise Angermünde.	1832
4665	Kommunalhaushalt	1829-1835
	Kommunalhaushaltspläne und Verwaltungsberichte	
4666	Bd 1	1856-1880
4667	Bd 2	1880-1885
	Haushaltsplan der Stadt	
4668	für das Rechnungsjahr 9998	1918
4669	für das Rechnungsjahr 1919	1919
4670	für das Rechnungsjahr 1929	1929
4671	für das Rechnungsjahr 1930	1930
4672	für das Rechnungsjahr 1931	1931
4673	für das Rechnungsjahr 1936	1936
4674	für das Rechnungsjahr 1937	1937
	Etats- und Rechnungswesen und Steuerangelegenheiten	
4675	Bd 1	1932-1938
4676	Bd 2	1936-1942
4677	Finanzverhältnisse der Stadt	1930-1931
4678	Staatsbeihilfe	1935-1936
	Rechnungsextrakte des Magistrats über die Verwaltung des städtischen Gemeindevermögens Bd 1 fehlt	
4679	Bd 2	1840-1872
4680	Rechnungsfeststellungsbeschlüsse und Revision der städtischen Kassen	1873-1911
	Beschwerden mehrerer Einwohner über zu starke Heranziehung zu den Kriegs- und anderen städtischen Lasten	
4681	Bd 1	1812-1855
4682	Bd 2	1856-1868

	Erhebung der Gemeindesteuern und Beschwerden darüber	
4683	Bd 1	1869-1885
	Bd 2 fehlt	
4684	Bd 3	1907-1924
4685	Veräußerung städtischer Grundstücke	1831-1896
4686	Eigentumsrecht am Oderberger See, die Fischereigerechtigkeit auf dem See und deren Ablösung	1862-1864
	Be- und Entwässerung der Stadt	
4688	Bd 1	1893-1923
4689	Bd 2	1924-1943
4687	Verstöße in Hütungs- und Feldpolizeiangelegenheiten	1867-1873

3.48. Oranienburg

	Ein- und Durchführung der neuen Städteordnung	
	Bd 1 fehlt	
4690	Bd 2	1841-1853
	Wahl und Einführung der Bürgermeister und der übrigen Magistratsmitglieder sowie Beschwerden	
	Bd 1 fehlt	
4691	Bd 2	1887-1912
	Bd 3-4 fehlen	
4692	Bd 5	1934-1938
4693	Bd 6	1938-1945
	Beuthner, Gotthard, geb. 29.2.1864, Bürgermeister, *siehe I Pers. Nr. 360/1*	1884-1914
	Dr. Horn, Gustav, geb. 27.9.1883, Bürgermeister, *siehe I Pers. Nr. 2301/0*	1923-1933
	von Loebell, Hans-Joachim, geb. 29.8.1885, Bürgermeister, *siehe I Pers. Nr. 3351/2*	1913-1916
4694	Besetzung der Stellen für untere Beamte	1827-1905
4695	Dienststrafsache gegen den Polizeihauptwachtmeister Walter Hänsel	1932-1934

4696	Gegenseitige Beschwerden und Streitigkeiten zwischen Magistrat und Stadtverordneten	1824-1862
4697	Beschwerden über die Stadtverordnetenversammlung	1837-1849
4698	Beschwerden über Magistratsmitglieder	1863-1888
4699	Verhältnisse der Amtsfreiheit Oranienburg zur Stadt	1809-1835
4700	Erteilung des Bürgerrechts	1811-1857
	Kommunalhaushalt	
4701	Bd 1	1836-1858
4702	Bd 2	1859-1863
4703	Bd 3	1864-1872
	Kommunalhaushaltspläne und Verwaltungsberichte	
4704	Bd 1	1873-1878
4705	Bd 2	1879-1885
4705/1	Bericht über den Stand und die Verwaltung der Gemeindeangelegenheiten für die Zeit von 1902 bis 1906	1906
	Haushaltsplan der Stadt	
4706	für das Rechnungsjahr 1882-1883	1882
4707	für das Rechnungsjahr 1913	1912
4708	für das Rechnungsjahr 1914	1913
4709	für das Rechnungsjahr 1933	1930-1933
4710	für das Rechnungsjahr 1936	1935-1936
4711	für das Rechnungsjahr 1937	1937
	Etats- und Rechnungswesen und die Steuerangelegenheiten	
4712	Bd 1	1933-1939
4713	Bd 2	1940-1944
	Rechnungsextrakte des Magistrats über die Verwaltung des Gemeindevermögens	
	Bd 1 fehlt	
4714	Bd 2	1839-1872
4715	Rechnungsfeststellungsbeschlüsse und Revision der städtischen Kassen	1873-1911

Beschwerden über Abgaben

	Bd 1 fehlt	
4716	Bd 2	1839-1853
4717	Bd 3	1854-1861
4718	Bd 4	1861-1871
	Erhebung der Gemeindesteuern und Beschwerden darüber	
4719	Bd 1	1872-1880
4720	Bd 2	1880-1885
4721	Nachtigallensteuer	1842
	Stadtsparkasse	
4723	Bd 1	1888-1909
4724	Bd 2	1909-1927
4725	Bd 3	1928-1934
4726	Bd 4	1934-1937
4727	Bd 5	1937-1939
4728	Bd 6	1939-1941
4729	Bd 7	1942-1944
4722	Einrichtung einer Sparkasse	1827-1857
4730	Einschlag und Verkauf des Holzes der Lindenallee bei Oranienburg sowie Grenzstreitigkeiten	1799-1870
4731	Separationen	1810-1864
4732	Verkauf städtischer Grundstücke	1818-1890
4733	Hütungsstreitigkeiten und Pfändungen bei Hütungen auf fremdem Grunde	1820-1870
4734	Überweisung der dem Assessor Meinert in Havelhausen von der Stadt Oranienburg überlassenen 22 Morgen Borgsdorfer Forstgrund	1823-1828
4736	Friedhof	1912-1914
	Be- und Entwässerung der Stadt	
4737	Bd 1	1896-1911
4738	Bd 2 Enthält u.a.: Bauzeichnungen der Kläranlage, 1912.	1911-1931
4739	Bd 3	1932-1943

	Enthält u.a.: Bauzeichnungen der Kläranlage, 1935-1942.	
4740	Bd 4	1944

3.49. Perleberg

	Ein- und Durchführung der Städtordnung	
	Bd 1-2 fehlen	
4741	Bd 3	1841-1849
4742	Bd 4	1850-1865
	Wahl und Einführung der Bürgermeister und der übrigen Magistratsmitglieder	
4743	Bd 1	1866-1905
4744	Bd 2	1906-1935
4745	Bd 3	1936-1941
	Moll, Erich, geb. 16.6.1880, Bürgermeister, *siehe I Pers. Nr. 3774/1*	1920-1944
	Pohl, Alexander, geb. 1.4.1877, Bürgermeister, *siehe I Pers. Nr. 4265/2*	1910-1916
	Rohde, Hermann, geb. 1.3.1825, Bürgermeister, *siehe I Pers. Nr. 4635*	1846-1881
	Schönermark, Felix, geb. 9.9.1857, Bürgermeister, *siehe I Pers. Nr. 5118/1*	1901-1909
	Schulze, Otto, Beigeordneter, *siehe I Pers. Nr. 5281/0*	1905-1906
4746	Gesuche der Magistratsmitglieder um Genehmigung der Annahme von Nebenämtern	1813-1860
	Anstellung der unteren Beamten des Magistrats	
4747	Bd 1	1835-1862
4748	Bd 2	1863-1894
4749	Bd 3	1895-1911
4751	Anstellung der Bürobeamten des Magistrats	1861-1870
4752	Wahl der Stadtverordnete	1906-1933
	Beschwerden über den Magistrat	

4753	Bd 1	1828-1859
4754	Bd 2	1859-1864
4755	Bd 3	1865-1909
4756	Revision der Gemeindeverwaltung und Beschwerden über die Gemeindeverwaltung	1882-1894
4757	Erteilung des Bürgerrechts	1810-1854
4758	Einführung der Gemeindeordnung (Gesetz vom 11. März 1850)	1852-1853
4759	Ortsstatuten auf Grund des § 11 der Städteordnung vom 30. Mai 1853	1867-1928
4760	Benutzung und Verwaltung des städtischen Vermögens	1873-1876
4761	Forderung des Magistrats in Pritzwalk an den Magistrat in Perleberg auf Rückzahlung von 847 Rtlr. Prozeßkosten	1823-1864
	Kommunalhaushalt	
4762	Bd 1	1829-1857
4763	Bd 2	1858-1863
4764	Bd 3	1864-1867
4765	Bd 4	1868-1872
	Kommunalhaushaltspläne und Verwaltungsberichte	
4766	Bd 1	1873-1879
4767	Bd 2	1879-1883
4768	Bd 3	1884-1888
	Kämmereikassenetat	
4769	für das Rechnungsjahr 1879-1880	1879
4770	für das Rechnungsjahr 1880-1881	1880
4771	für das Rechnungsjahr 1882-1883	1882
4772	für das Rechnungsjahr 1883-1884	1883
4773	für das Rechnungsjahr 1884-1885	1884
4774	Etats- und Rechnungswesen und Steuerangelegenheiten	1934-1944
	Rechnungsextrakte des Magistrats über die Verwaltung des Gemeindevermögens	
	Bd 1 fehlt	
4775	Bd 2	1840-1858
4776	Rechnungsfeststellungsbeschlüsse und Revision der städtischen	1859-1911

Kassen

	Beschwerden über Abgaben, Grundsätze bei der Aufbringung der Kommunalabgaben	
	Bd 1 fehlt	
4777	Bd 2	1844-1861
4778	Erhebung der Gemeindesteuern und Beschwerden darüber	1862-1874
	Gemeindesteuern	
	Bd 1-4 fehlen	
4779	Bd 5	1930-1933
	Stadtsparkasse	
4780	Bd 1	1852-1873
4781	Bd 2	1871-1894
4782	Bd 3	1894-1911
4783	Bd 4	1912-1930
4784	Bd 5	1930-1935
4785	Bd 6	1936-1937
4786	Bd 7	1938-1940
4787	Bd 8	1941-1944
4788	Verstöße in Hütungsangelegenheiten, Beschwerden über Pfändungen wegen Befahrens der Nebenwege	1817-1868
4789	An- und Verkauf von Kommunalgrundstücken	1823-1869
	Separationen	
4790	Bd 1	1837-1838
4791	Bd 2	1841-1847
	Be- und Entwässerung der Stadt	
4792	Bd 1	1892-1911
4793	Bd 2	1912-1939
4794	Bd 3	1939-1943
4795	Entwässerung der Stadt	1899-1900

3.50. Plaue

4795/1	Ein- und Durchführung der neuen Städtordnung *siehe auch I Kom Nr. 4042*	1809-1841
4796	Gemeindevertretung	1862-1871
	Wahl und Einführung der Bürgermeister und der übrigen Magistratspersonen sowie Beschwerden	
4797	Bd 1	1872-1906
4798	Bd 2	1907-1933
4799	Bd 3	1933-1943
	Biedler, Bürgermeister, *siehe I Pers. Nr. 4577/1*	1902-1906
	Krause, Benno, geb. 24.10.1879, Bürgermeister *siehe I Pers. Nr. 2906*	1919-1945
	Weinreich, Georg, geb. 2.10.1874, Bürgermeister, *siehe I Pers. Nr. 6024/1*	1907-1919
4801	Beschwerden über Magistratsmitglieder	1867-1903
4803	Verhandlungen über den Bürgermeister Lersch wegen Beschwerden über ihn	1874-1876
4804	Verhandlungen über die Anschuldigungen des Bürgermeisters Lersch gegen den Rektor Kühnemund	1875-1876
4805	Untersuchung gegen den Bürgermeister Lersch wegen pflichtwidriger Handlungen	1876-1880
4806	Beschwerden über untere Beamte des Magistrats	1876-1878
4807	Abgrenzung des Guts- und Gemeindebezirks	1870-1908
4808	Rechnungsfeststellungsbeschlüsse und Revision der städtischen Kassen	1873-1911
	Haushaltsplan der Kämmereikasse	
4809	für das Rechnungsjahr 1914	1914
4810	für das Rechnungsjahr 1917	1917
4811	für das Rechnungsjahr 1918	1918
4812	für das Rechnungsjahr 1920	1920-1921

	Nachtragshaushaltsplan der Kämmereikasse	
4813	für das Rechnungsjahr 1920	1921
	Haushaltsplan der Kämmereikasse	
4814	für das Rechnungsjahr 1926	1926
4815	für das Rechnungsjahr 1927	1927
4816	Etats- und Rechnungswesen und Steuerangelegenheiten	1933-1942
4817	Wirtschaftsberatung deutscher Gemeinden AG: Bericht über die bei der Straßenbahn durchgeführten Pflichtprüfung für das Geschäftsjahr 1936	1937
4818	Beschwerden mehrerer Einwohner über zu starke Heranziehung zu den Kriegs- und städtischen Lasten	1813-1867
	Stadtsparkasse	
4819	Bd 1	1881-1906
4820	Bd 2	1906-1917
4821	Bd 3	1918-1937
4822	Bd 4	1937-1939
4823	Bd 5	1940-1943
4824	Wasserangelegenheiten	1940-1943

3.51. Potsdam

3.51.1. Verfassung und Verwaltung, Personal

6360	Anstellung und Besoldung der Magistratsmitglieder und anderer rathäuslicher Bedienter Bd 3	1797-1809
	Ein- und Durchführung der neuen Städteordnung	
	Bd 1 fehlt	
4825	Bd 2	1815-1840
4826	Bd 3	1841-1850
	Wahl und Einführung der Bürgermeister und der übrigen Magistratspersonen	
	Bd 1 fehlt	
4827	Bd 2	1876-1891
4828	Bd 3	1892-1905

4829	Bd 4	1905-1922
4830	Bd 5	1923-1935
4831	Bd 6	1935-1944
4832	Die Bezeichnung Haupt- und Residenzstadt seitens des Magistrats und der Stadtverordnetenversammlung bei Glückwunschadressen an den König	1907-1908
	Beyer, Friedrich Wilhelm Alexander, geb. 25.2.1803, Oberbürgermeister, *siehe I Pers. Nr. 368*	1845-1867
	Beyrichen, Friedrich, geb. 6.10.1900, Bürgermeister, *siehe I Pers. Nr. 373*	1937-1939
	Dehms, Werner, geb. 25.11.1883, Bürgermeister, *siehe I Pers. Nr. 882*	1919-1938
	Diefenbach, Hans Erich, geb. 4.8.1906, Stadtrat, *siehe I Pers. Nr. 903*	1938-1939
	Dreves, Hans, Stadtbaurat, *siehe I Pers. Nr. 1040*	1916-1917
	Fischer, Karl, Stadtbaurat, *siehe I Pers. Nr. 1282*	1925-1926
	Friedrichs, Hans, geb. 9.11.1875, Oberbürgermeister, *siehe I Pers. Nr. 1395*	1934-1944
	Dr. ing. Fritsch, Georg Agathon Karl, geb. 18.5.1890, Stadtbaurat, *siehe I Pers. Nr. 1407*	1932
	Jähne, Richard, geb. 6.11.1858, Oberbürgermeister, *siehe I Pers. Nr. 2386/0*	1897-1905
	Dr. jur. Liphardt, Ernst, geb. 8.9.1880, Stadtrat, *siehe I Pers. Nr. 3343*	1914, 1917-1918
	Ludwig, Herbert, geb. 13.2.1907, Stadtrat, *siehe I Pers. Nr. 3400*	1938-1941
	Nigmann, Max, geb.14.4.1851, Stadtbaurat, *siehe I Pers. Nr. 3982*	1892-1918
	Dr. Ohms, Hermann, geb. 6.1.1880, Stadtschulrat, *siehe I Pers. Nr. 4048*	1920-1931
	Dr. Over, Johannes, Stadtrat, *siehe I Pers. Nr. 4078*	1894-1918

	Dr. Rauscher, Arno, geb. 17.7.1874, Oberbürgermeister, *siehe I Pers. Nr. 4418*	1913-1934
	Rodig, Erich, geb. 5.6.1869, Zweiter Bürgermeister, *siehe I Pers. Nr. 4613/1*	1907-1913
	Vorkastner, Karl, geb. 1834, Zweiter Bürgermeister, *siehe I Pers. Nr. 5887*	1897-1907
	Vosberg, Kurt, geb. 18.10.1863, Oberbürgermeister, *siehe I Pers. Nr. 5889-5890*	1906-1927
	Zwicker, Hans, Stadtrat, *siehe I Pers. Nr. 6426*	1898-1922
4832/1	Entwurf einer Geschäftsinstruktion und eines Geschäftsregulativs nach § 190 der Städteordnung für den Magistrat	1833-1834
6361	Besetzung der Registrator-, Kanzlisten- und Kopistenstelle beim Magistrat	1766-1811
	Anstellung der Polizeiinspektoren, Polizei- und Marktmeister sowie Polizeidiener und -kommissare	
6363	Bd 2	1790-1809
	Anstellung der unteren Beamten des Magistrats	
4833	Bd 1	1809-1851
4834	Bd 2	1852-1864
4835	Bd 3	1864-1896
	Bd 4 fehlt	
4836	Bd 5	1907-1931
4837	Bd 6	1931-1934
4838	Bd 7	1934-1941
4839	Bd 8	1941-1945
4842	Schulzendienst in der Teltower Vorstadt	1824
4843	Regulierung des Nachtwächterwesens	1864-1874
	Prozeß des Magistrats gegen den Fiskus wegen Übernahme bzw. Erstattung der Besoldungen der für die Stadt Potsdam erforderlichen Nachtwachtbeamten	
4844	Bd 1	1865-1870
4845	Bd 2	1871-1874
4846	Bd 3	1873-1874

4847	Handakte des Rechtsanwalts Engels als Mandatars des Fiskus im Prozeß gegen die Stadtgemeinde wegen Übernahme oder Erstattung der Besoldungen der für die Stadt erforderlichen Nachtwachtbeamten Enthält u.a.: Feuer-, Polizei- und Lösch-Ordnung für die Residenz-Stadt Potsdam, 1847.	1865-1866
4848	Handakte des Justizrats Lüdicke in Berlin über den Prozeß des Fiskus gegen die Stadtgemeinde wegen 5000 Rtlr. Besoldungsgelder der Nachtwachtbeamten der Stadt Potsdam	1866-1867
4849	Beschwerde des Fiskus über die Stadtgemeinde wegen Gehaltszahlungen an Beamte	1867
4850	Handakte des Justizrats Kelch über den Prozeß der Stadtgemeinde gegen den Fiskus wegen Erstattung der Nachtwächtergehälter von 9944 Rtlr.	1872
4851	Handakte des Justizrats Lüdicke zu Berlin über den Prozeß des Fiskus gegen die Stadtgemeinde wegen Erstattung der Nachtwächtergehälter von 9944 Rtlr.	1872
4852	Kommissionsakte des Rechtsanwalts und Justizrats Arndt in Berlin über den Prozeß der Stadtgemeinde gegen den Fiskus wegen Zahlung von Gehältern	1873-1874
4853	Handakte des Justizrats Kelch im Prozeß des Fiskus gegen die Stadtgemeinde wegen Erstattung verauslagter Pensionen im Betrage von 11683 Rtlr.	1868
4854	Handakte des Justizrats Lüdicke in Berlin über den Prozeß des Fiskus gegen die Stadtgemeinde wegen Erstattung der an emeritierte Polizeibeamte gezahlten Pensionen im Betrage von 9308 Rtlr.	1870
4855	Wahl der Stadtverordneten	1877-1939
4856	Stadtausschuß	1879-1935
6362	Gesuch des Magistrats um Bewilligung eines halben Gnadenjahres für die Erben der Magistratsmitglieder	1800-1814
4857	Einrichtung einer Witwen- und Waisenverpflegungsanstalt für besoldete Kommunalbeamte und Lehrer	1879-1894

	Besoldung, Ruhegehalt, Witwen- und Waisenversorgung der Kommunalbeamten	
4858	Bd 1	1920-1926
4859	Bd 2	1926-1934
4860	Bd 3	1935-1938
4861	Bd 4	1939-1942
4862	Bd 5	1942-1944
4863	Besoldung der städtischen Beamten	1931-1933
4864	Einspruch des Magistrats gegen die Festsetzung der Besoldung für die Beamten und Angestellten der Stadtverwaltung	1932
4865	Beschwerden über Magistratsmitglieder	1829-1909
	Beschwerden in verschiedenen Gemeindeangelegenheiten	
4866	Bd 1	1875-1904
4867	Bd 2	1913-1934
4868	Bd 3	1935-1945
4869	Revision der Gemeindeverwaltung, Beschwerden über diese Verwaltung	1898-1913
	Bürgerrecht	
	Bd 1 fehlt	
4870	Bd 2	1844-1853
4871	Erweiterung des Kommunalbezirks der Stadt	1847-1850
4872	Grenzen des Gemeindebezirks und Eingemeindung von Grundstücken in denselben	1866-1879
	Grenzen des Gemeindebezirks und Eingemeindung von Grundstücken in denselben	
4873	Bd 1	1892-1922
4874	Bd 2	1923-1940
4875	Eingemeindung des Bahnhofs Potsdam in den Stadtbezirk	1869-1876
4876	Eingemeindung der zur Artilleriekaserne gehörenden Grundstücke des Gutsbezirks Potsdam - Bornim - Wildpark - Forst und der Gemeinde Nedlitz in den Stadtbezirk Potsdam	1896

4877 Eingemeindung der Orte Nedlitz, Bornim, Bornstedt und Eiche nach Potsdam 1934-1937

Eingemeindung des Wilhelmsstifts, der Anstalt für Epileptische und der Potsdamer Nuthewiesen in den Stadtbezirk Potsdam 1897-1921
siehe I Kom Nr. 2800

4878 Eingemeindungen nach Potsdam 1938-1939

4879 Vergrößerung des Stadtkreises 1938-1940

4880 Ortschaftsverzeichnis des Stadtbezirks 1872-1929

Ortsstatuten auf Grund des § 11 der Städteordnung vom 30. Mai 1853
4881 Bd 1 1875-1905
4882 Bd 2 1910-1930

4883 Anlagen zum Bericht vom 13. Jan. 1913 über Ortsstatuten der Stadt 1893-1912
Enthält: Ortsstatuten, Satzungen und Ordnungen kommunaler Einrichrungen und Steuern.

3.51.2. Verwaltungsberichte, Etats- und Rechnungs-Sachen

4884 Zahlung von Zuschüssen aus der General-Staatskasse zu den Polizei-Administrationskosten an die Kämmerei 1809-1821

Kommunalhaushalt
4885 Bd 1 1829-1848
4886 Bd 2 1849-1854
4887 Bd 3 1855-1860
4888 Bd 4 1861-1867
4889 Bd 5 1868-1871

Kommunalhaushaltspläne und Verwaltungsberichte
4890 Bd 1 1871-1875
4891 Bd 2 1876-1880
4892 Bd 3 1880-1888
Bd 4-6 fehlen
4893 Bd 7 1912-1922
4894 Bd 8 1921-1928
4895 Bd 9 1929-1933

4896	Bd 10	1933-1934
4897	Bd 11	1934-1935
4898	Bd 12	1935-1936
4899	Bd 13	1935-1936
4900	Bd 14	1936-1937
4901	Bd 15	1937-1938
4902	Bd 16	1938-1939
4903	Bd 17	1940-1944
	Bericht des Magistrats über den Stand und die Verwaltung der Gemeindeangelegenheiten	
4904	während der Jahre 1867-1868	1868
4905	während der Jahre 1869-1870	1870
4906	während der Jahre 1870-1871	1871
4906/1	während der Jahre 1871-1872	1872
4906/2	während der Jahre 1872-1873	1873
4906/3	Verwaltungsbericht der Schuldeputation für 1881 und 1882 sowie Spezialetats des Victoria-Gymnasiums, der Hauptschulkasse und der Eisenhart-Schulkasse für 1887/88	1879-1887
	Haushaltsplan der Stadt	
4907	für das Rechnungsjahr 1882-1883	1882
4908	für das Rechnungsjahr 1883-1884	1883
4909	für das Rechnungsjahr 1884-1885	1884
4910	für das Rechnungsjahr 1885-1886	1885
4910/1	für das Rechnungsjahr 1886-1887	1886
4910/2	für das Rechnungsjahr 1887-1888	1887
4910/3	für das Rechnungsjahr 1890-1891	1890
4911	für das Rechnungsjahr 1919	1919
4912	für das Rechnungsjahr 1920	1920
4913	für das Rechnungsjahr 1922	1922
4914	für das Rechnungsjahr 1924	1924
4915	für das Rechnungsjahr 1925	1925
4917	für das Rechnungsjahr 1926	1926
4918	für das Rechnungsjahr 1927	1927
4919	für das Rechnungsjahr 1930	1930
4920	für das Rechnungsjahr 1931	1931
4921	für das Rechnungsjahr 1934	1934
4922	für das Rechnungsjahr 1936	1936
	Haushaltssatzung der Stadt	
4923	für das Rechnungsjahr 1941	1941
4924	für das Rechnungsjahr 1943	1943-1944

4924/1 Extraordinarienrechnung der Stadt Potsdam für das Rechnungsjahr vom 1. Juni 1808 bis 1. Juni 1809 — 1809-1810

Hauptabschluß der Stadthauptkasse und der bei ihr verwalteten Nebenkassen und Fonds

4925 für das Etatsjahr 1879-1880 — 1880
4926 für das Etatsjahr 1880-1881 — 1881
4927 für das Etatsjahr 1881-1882 — 1882
4927/1 für das Etatsjahr 1885-1886 — 1886

4928 Hauptabschluß der Stadthauptkasse und Jahresabschlüsse der zum Stadthaushalt gehörenden und von der Stadthauptkasse verwalteten Fonds für das Rechnungsjahr 1919 — 1920

4929 Abschluß der Stadthauptkasse sowie Jahresabschlüsse der städtischen Werke und Vermögensübersicht für das Rechnungsjahr 1924 — 1925

Abschluß der Stadthauptkasse sowie Jahresabschlüsse der Verwaltungen mit kaufmännischer Buchführung und Vermögensübersicht

4930 für das Rechnungsjahr 1925 — 1926
4931 für das Rechnungsjahr 1928 — 1929
4932 für das Rechnungsjahr 1929 — 1930

4933 Außerordentliche Revisionen der städtischen Kassen — 1824-1872

4934 Rechnungsfeststellungsbeschlüsse und Revision der städtischen Kassen — 1886-1934

Wirtschaftsprüfung deutscher Gemeinden AG: Bericht über die bei den Stadtwerken, Abt. Elektrizitätswerk und Straßenbahn, durchgeführte Pflichtprüfung

4935 für das Geschäftsjahr 1936 — 1937
4936 für das Geschäftsjahr 1937 — 1938

4937 Prozeß des Magistrats gegen den Fiskus wegen Bewilligung der Kosten für Armenpflege, Straßenreinigung und Brunnenbauten — 1854-1864

4938 Handakte des Justizrats Fleischer über den Prozeß des Fiskus gegen den Magistrat wegen 3600 Rtlr. und Zinsen — 1860

4939 Handakte des Rechtsanwalts Naudé über den Prozeß des Fiskus gegen den Magistrats wegen 3600 Rtlr. und Zinsen — 1861

4940	Handakte des Justizrats Lüdicke in Berlin über den Prozeß des Fiskus gegen den Magistrat wegen 3600 Rtlr. und Zinsen	1862-1863
4941	Finanzierung der höheren Lehranstalten	1898-1933

3.51.3. Abgaben, Lasten

	Kommunalbesteuerung	
4942	Bd 1	1807-1852
4943	Bd 2	1853-1873
	Beschwerden über die Kommunalbesteuerung und andere städtische Lasten Bd 1-5 fehlen	
4944	Bd 6	1835-1847
4945	Bd 7	1848-1850
4946	Bd 8	1851-1860
4947	Bd 9	1860-1861
4948	Bd 10	1862-1865
4949	Bd 11	1866-1869
4950	Bd 12	1869-1870
4951	Bd 13	1870-1872
	Erhebung der Einkommensteuer und Beschwerden darüber	
4952	Bd 1	1872-1874
4953	Bd 2	1874
4954	Bd 3	1875-1877
4955	Bd 4	1878-1879
4956	Bd 5	1879-1884
	Gemeindesteuerangelegenheiten Bd 1-10 fehlen	
4957	Bd 11	1925-1929
4958	Bd 12	1928-1930
4959	Bd 13	1930-1932
4960	Bd 14	1932-1934
4961	Bd 15	1935-1939
4962	Bd 16	1939-1943
4963	Steuerordnungen	1895-1925

	Erhebung der Schlachtsteuer als Gemeindesteuer Bd 1-2 fehlen	
4964	Bd 3	1905-1911
4965	Kommunallasten der russischen Kolonie Alexandrowka	1829-1908
4966	Verhältnisse der russischen Kolonie Alexandrowka	1890-1891
4968	Erhöhung und Verpachtung des Marktstädtegeldes	1809-1873
	Unterstützung der Stadt aus dem Kommunal-Akzisefonds zur Tilgung der Stadtschulden und Deckung der außerordentlichen Ausgaben Bd 1 fehlt	
4969	Bd 2	1832-1835
4970	Entrichtung eines Kanons von verschiedenen Grundstücken	1834-1835
4971	Entschädigung der im engeren mahl- und schlachtsteuerpflichtigen Bezirk wohnenden Etablissementsbesitzer für den erhobenen Kommunalsteuerzuschlag	1840-1853
	Erhebung der Hundesteuer und Beschwerden darüber Bd 1-2 fehlen	
4972	Bd 3	1844-1847
4973	Erhebung der Hundesteuer und Beschwerden darüber	1847-1910
4974	Einführung der Nachtigallensteuer	1844-1848
4975	Besteuerung des eingebrachten Wildbrets	1847-1849
4976	Erhebung eines Einzugs- und Hausstandsgeldes	1851-1859
4977	Beschwerden gegen den Magistrat wegen des Bürgerrechtsgeldes und anderer Abgaben	1860-1892
4978	Verteilung der Einquartierungslast	1870-1892

3.51.4. Sparkasse

	Stadtsparkasse	
	Bd 1 fehlt	
4979	Bd 2	1872-1896
4980	Bd 3	1896-1909
4981	Bd 4	1910-1917
4982	Bd 5	1918-1929
4983	Bd 6	1930-1935
4984	Bd 7	1935-1937
4985	Bd 8	1938
4986	Bd 9	1939-1940
4987	Bd 10	1940-1942
4988	Bd 11	1942-1944

4989 Bericht über die im Nov. 1937 bei der Stadtsparkasse durchgeführte Sonderprüfung über die Darlesangelegenheit „Schützengilde e.V." Potsdam — 1937

4990 Geschäftsbericht der Stadtsparkasse für das Rechnungsjahr 1939 — 1940

3.51.5. Grundstücks-Sache

4991 Aufstellung der Tuchrahmen des Tuchscherergewerks zwischen dem Nauener- und Jägertor, der dafür zu entrichtende Rahmenzins und die anderweitige Benutzung dieses Platzes — 1802-1842

6364 Ackertausch in der Brandenburger Vorstadt zwischen der Ratsmeierei und dem Zimmermeister Vogel — 1809

4992 Benutzung des Wachthauses an der Paddenbrücke am Bassin und seine Instandsetzung — 1811-1824

4992/1 Gesuch des Schlachtergewerks um Erlassung des bisher für die Fleischschauen der Lämmerei gezahlten Zinses sowie Beschwerden wegen anderweitiger Benutzung oder Verpachtung der Scharren in dem ehemaligen Ordonanzhause und der neuen Hauptwache — 1812-1848

4993 Einzäunung von Grundstücken, Grenzüberschreitungen mehrerer Eigentümer und Grundbesitzer sowie die Gesuche von Bürgern um Belassung der der Kommune gehörenden, eigenmächtig zugelegten Grundstücke zur Benutzung für gewerbliche Zwecke — 1823-1872

4994	Vergrößerung des Grundstücks des Zimmermeisters Karl Kneib zwischen dem Brandenburger und Neustädter Tor und Neubau des Abzugskanals am Neustädter Tor Enthält u.a.: Situationsplan.	1834-1841
4995	Berichtigung des Besitztitels mehrerer städtischer Grundstücke	1836-1861
4996	Feldhüterlohn und Beschwerden darüber	1845
4997	Prozeß zwischen dem Magistrat und Kaufmann Carl Ernst Hiller wegen des ehemaligen städtischen Müllplatzes am Wassertor	1846-1851
4998	Ankauf des Grundstücks des Mühlenmeisters Walsleben an der Kolonie Alexandrowka Enthält u.a.: Situationspläne.	1857-1865
4999	Angelegenheiten der Kolonie Alexandrowka	1861-1875
	Verkauf städtischer Grundstücke	
4999/1	Bd 1	1833-1885
5000	Bd 2	1886-1910
5001	Bd 3	1911-1939

3.51.6. Begräbnisplätze

5002	Anlegung von Begräbnisplätzen in oder bei Potsdam	1890-1942
5003	Feuerbestattungsanlage	1913-1942

3.51.7. Wasserversorgung

5004	Projekt der Absperrung des aus der Mauerstraße und von den Häusern am Mühlenberge herkommenden Wassers von dem Eintritt in das Bassin bei der Friedenskirche	1857-1873
5005	Ableitung des Tage- und Wirtschaftswassers aus der Kaserne in der Elisabethstraße	1863-1880
5006	Ableitung des in die Kolonie Alexandrowka einströmenden Wassers in den Heiligen See	1865-1878

5007 Wasserleitung 1874-1886
Enthält u.a.: Pläne.

5008 Vorflutsangelegenheiten 1875-1880

5009 Entwässerung der Berliner Vorstadt 1875-1890

Kanalisierung der Stadt
5010 Bd 1 1876-1885
5011 Bd 2 1886-1888
5012 Bd 3 1888-1893

5013 Entwässerung von Grundstücken 1880-1888

5014 Einbau von Wasserleitungen auf Grundstücken 1882-1883

Entwässerung städtischer Straßen und Straßenteile sowie von städtischen Grundstücken nach dem Stadtkanal
5015 Bd 1 1879-1887
5016 Bd 2 1887-1893
Enthält u.a.: Pläne.

5017 Entwässerung der Augustastraße 1883-1885

Entwässerung von Privatgrundstücken nach dem Stadtkanal und der Havel
Bd 1 fehlt
5018 Bd 2 1888-1889

5019 Entwässerung des Luisenplatzes und dessen Umgegend sowie die Tonrohrleitung in der Brandenburger Vorstadt 1884-1885
Enthält u.a.: Plan.

Allgemeine Be- und Entwässerung der Stadt
5020 Bd 1 1887-1889
5021 Bd 2 1890-1893
5022 Bd 3 1893-1894
5023 Bd 4 1894-1907
Enthält u.a.: Plan.
5024 Bd 5 1910-1929
Enthält u.a.: Pläne der Kläranlage für die Teltower Vorstadt, Rohrleitungsplan von Caputh.
5025 Bd 6 1929-1934
Enthält u.a.: Bauberechnung und Pläne des Wasserwerks III bei

	Eiche, Hydrologische Untersuchungen im Gebiet von Eiche, Plan der Kläranlage für die Teltower Vorstadt am Templiner See.	
5026	Bd 7 Enthält u.a.: Pläne für das Wasserwerk III bei Eiche, Pläne einer Grundwasseranreicherungsanlage.	1934-1939
5027	Bd 8 Enthält u.a.: Wasserverteilungs- und Drucklinienplan für einen Verbundsanschluß der Stadtteile Bornim, Bornstedt, Golm, Eiche und Geltow an das Werk III in Eiche.	1939-1942
5028	Bd 9	1941-1942
5028/1	Wasserwerke I und II der Stadt Potsdam Enthält: Lageplan des Wasserwerkes I, 1:300, 1908. - Profil der Wassergewinnungsanlage des Wasserwerkes I, Längen 1:200, Höhen 1:100, (1911). - Lageplan des Wasserwerkes II 1:1000, 1914, 1921. - Hydrologische Vorarbeiten auf dem Grundstück des Wasserwerkes II: Profil und Lageplan der Versuchsbohrung, Längen 1:1000, Höhen 1:250 (um 1915).	1908-1921
	Wasserangelegenheiten von	
5029	Ortsteil Babelsberg	1939-1944
5030	Ortsteil Rehbrücke Enthält u.a.: Pläne.	1940-1944
5031	Ortsteil Fahrland	1939-1942
5032	Ortsteil Golm	1936-1942
5033	Ortsteil Nedlitz	1941-1942
	Notauslässe der Entwässerungsanlagen und Auslaßkanäle von den Klärstationen	
5034	Bd 1 Enthält u.a.: Erläuterungsbericht und Pläne.	1888-1896
5035	Bd 2 Enthält u.a.: Pläne der Kläranlage Luisenstraße.	1897-1901
5036	Überwachung der Notauslässe	1902-1923
5037	Kläranlagen in der Holzmarktstraße und Neuen Luisenstraße Enthält u.a.: Pläne und Beschreibung.	1900-1903
5038	Straßenrinnsteine und deren Anschluß an die allgemeinen Entwässerungsanlagen	1889-1893
5039	Anschluß von Privatgrundstücken an die städtischen Entwässerungsanlagen	1890-1894

5040	Entwässerung der Nauener Vorstadt Enthält u.a.: Erläuterungsbericht und Pläne.	1890-1914
5041	Entwässerung der Teltower Vorstadt Enthält u.a.: Lageplan der Entwässerungskanäle der Leipziger und Saarmunder Straße.	1891-1914
	Entwässerungsanlage der Observatorien auf dem Telegrafenberge bei Potsdam, *siehe I Kom Nr. 2890*	1909-1911
	Entwässerung der Brandenburger Vorstadt	
5042	Bd 1 Enthält u.a.: Pläne.	1892-1921
5043	Bd 2 Enthält u.a.: Angaben über die Abwässer von Anlagen der Zeppelin-Luftschiffbau-Gesellschaft.	1921-1928
5044	Stadtkanal	1910
5045	Entwurf einer Grundwasser-Anreicherungsanlage für die geplante Erweiterung des Werkes III der Stadt Potsdam	1931-1937
5046	Wasserversorgung der Park- und Gartenanlagen	1939-1940

3.52. Prenzlau

	Ein- und Durchführung der Städteordnung Bd 1-2 fehlen	
5047	Bd 3	1842-1864
	Wahl und Einführung der Bürgermeister und der übrigen Magistratsmitglieder Bd 1 fehlt	
5048	Bd 2	1888-1910
5050	Bd 4	1934-1939
5051	Bd 5	1940-1945
	Fischer, Karl, geb. 3.8.1874, Erster Bürgermeister, *siehe I Pers. Nr. 1282/1*	1902-1907
	Mertens, Reinhold, geb. 4.1.1846, Bürgermeister, *siehe I Pers. Nr. 3651/1*	1899-1908

	Versetzung des Bürgermeisters Dr. Herbert Meyer, geb. 19.2.1899, in den Ruhestand, *siehe I Pers. Nr. 3695/1*	1934-1935
	Petry, Max, geb. 28.8.1885, Zweiter Bürgermeister, *siehe I Pers. Nr. 4184*	1929-1930
	Wieacker, Franz, geb. 19.9.1874, Erster Bürgermeister, *siehe I Pers. Nr. 6129/1*	1908-1912
5052	Gesuche von Magistratsmitgliedern um Genehmigung zur Übernahme von Nebenämtern	1810-1859
5054	Besetzung der Stellen für Servisrendanten, Kalkulatoren und Stadtsekretäre	1820-1869
	Anstellung der unteren Beamten des Magistrats	
	Bd 1 fehlt	
5055	Bd 2	1889-1905
5056	Bd 3	1905-1916
5058	Beschwerden gegen den Magistrat	1827-1852
5059	Beschwerden in verschiedenen Gemeindeangelegenheiten	1873-1896
5060	Beschwerden über untere Beamte des Magistrats	1885-1896
5061	Bürgerrecht und Bürgergelder	1812-1861
	Rechnungsextrakte des Magistrats über die Verwaltung des Gemeindevermögens	
	Bd 1 fehlt	
5062	Bd 2	1829-1843
5063	Bd 3	1844-1860
5064	Feststellung der Kämmereikassenrechnungen	1860-1893
	Kommunalhaushaltspläne	
5065	Bd 1	1829-1858
5066	Bd 2	1859-1864
5067	Bd 3	1865-1872

	Kommunalhaushaltspläne und Verwaltungsberichte	
5068	Bd 1	1873-1880
5069	Bd 2	1880-1887
	Enthält u.a.: Bericht über den Stand und die Verwaltung der Gemeindeangelegenheiten der Stadt für das Jahr 1885-1886.	
	Bd 3-6 fehlen	
5069/1	Bd 7	1908-1921
5070	Kämmereikassenetat	1875
	Haushaltsplan der Stadt	
5071	für das Rechnungsjahr 1918	1918
5072	für das Rechnungsjahr 1919	1918-1919
5073	für das Rechnungsjahr 1920	1920
5074	für das Rechnungsjahr 1923	1921-1923
	Haushaltssatzung	
5075	für das Rechnungsjahr 1940	1940-1941
	Etats- und Rechnungswesen und Steuerangelegenheiten	
5076	Bd 1	1933-1934
5077	Bd 2	1940-1944
	Beschwerden mehrerer Einwohner über zu starke Heranziehung zu den städtischen Lasten	
	Bd 1 fehlt	
5078	Bd 2	1837-1861
	Erhebung der Gemeindesteuer und Beschwerden darüber	
5079	Bd 1	1862-1879
	Bd 2 fehlt	
5080	Bd 3	1901-1911
	Bd 4-5 fehlen	
5081	Bd 6	1939-1942
5082	Besteuerung des Wildbrets	1848-1849
5083	Erhebung eines Einzugs-, Hausstands- und Bürgergeldes	1855-1871
5084	Regulativ über die Erhebung der Kommunaleinkommensteuer	1866
	Stadtsparkasse	
5085	Bd 1	1887-1905
5086	Bd 2	1906-1922

5087	Bd 3	1923-1929
5088	Bd 4	1930-1935
5089	Bd 4a	1925-1930
5090	Bd 5	1936-1937
5091	Bd 6	1938-1939
5092	Bd 7	1939-1942
5093	Bd 8	1943-1945
5094	Stadtbank	1921-1924
5095	Separation der städtischen Feldmark	1821-1889
5096	Benutzung und Verwaltung des städtischen Vermögens	1873
	Be- und Entwässerung der Stadt	
5097	Bd 1	1891-1912
5098	Bd 2	1912-1929
5099	Bd 3	1929-1937
5100	Bd 4	1938-1945

3.53. **Pritzerbe**

	Ein- und Durchführung der neuen Städteordnung	
	Bd 1 fehlt	
5101	Bd 2	1827-1862
	Wahl und Einführung der Bürgermeister und der übrigen Magistratspersonen	
5102	Bd 1	1863-1924
5103	Bd 2	1929-1943
	Kuntze, Hermann, Bürgermeister, *siehe I Pers. Nr. 3073/1*	1905-1909
	Vandahl, Max, geb. 22.6.1876, Bürgermeister, *siehe I Pers. Nr. 5832/0*	1909-1911
5104	Streit zwischen dem Magistrat und den Stadtverordneten	1821-1854
5105	Beschwerden gegen die Magistratsdirigenten, insbesondere den Bürgermeister Ranneberg	1834-1863
5106	Disziplinaruntersuchung gegen den Bürgermeister Ranneberg wegen Bestechung, Amtsverletzung und Urkundenfälschung	1862

5107	Einführung der Gemeindeordnung (Gesetz vom 11. März 1850)	1851-1852
5108	Rechnungsextrakte des Magistrats über die Verwaltung des städtischen Gemeindevermögens	1812-1855
5109	Rechnungsfeststellungsbeschlüsse und Revision der städtischen Kassen	1857-1911
5110	Hypothekenscheine der Stadtkommune	1827-1845
5111	Kommunalhaushalt	1832-1865
5112	Kommunalhaushaltspläne und Verwaltungsberichte	1866-1886
	Haushaltsplan der Stadt	
5113	für das Rechnungsjahr 1919	1919
5113/1	für das Rechnungsjahr 1921	1921
5114	Etats- und Rechnungswesen sowie Steuerangelegenheiten	1932-1940
5115	Beschwerden mehrerer Einwohner über zu starke Heranziehung zu den Kriegs- und anderen Lasten	1809-1850
	Erhebung der Gemeindesteuern und Beschwerden darüber	
5116	Bd 1	1851-1889
5117	Bd 2	1892-1911
5118	Streit der Acker- und Wördebürger mit den Kleinbürgern wegen des zu leistenden Betrages zu den Vorspannfuhren	1833-1834
5119	Beschwerden von Ackerbürgern wegen Beeinträchtigung ihres Grundbesitzes durch Versanden	1850
5120	Verstöße in Hütungsangelegenheiten	1854
5121	Verwaltung der der Grundbürgersozietät gemeinschaftlich gehörenden Grundstücke	1870-1871

3.54. Pritzwalk

	Ein- und Durchführung der Städteordnung Bd 1-2 fehlen	
5122	Bd 3	1838-1854
5123	Bd 4	1854-1872
	Wahl und Einführung der Bürgermeister und der übrigen Magistratsmitglieder und Beschwerden gegen dieselben	
5124	Bd 1	1874-1887
5125	Bd 2	1888-1930
5126	Bd 3	1931-1944
	Doerfel, Emil, geb. 18.2.1857, Bürgermeister, *siehe I Pers. Nr. 966/1*	1899-1905
	Wagener, Gustav, geb. 10.3.1868, Bürgermeister, *siehe I Pers. Nr. 5898/1*	1906-1917
5127	Besetzung der Stellen für untere Beamte	1825-1838
5128	Anstellung eines Stadtsekretärs	1839-1871
5129	Anstellung der unteren Beamten des Magistrats	1873-1911
	Disziplinarverfahren gegen den Polizeiassistenten Paul Flaschel wegen Bestechung und anderer Vergehen	
5129/1	Bd 1	1920-1923
5130	Bd 2 Enthält u.a.: Betätigung Flaschels im Reichs-Banner, Hinweis auf Haft im KZ Alt Daber.	1921-1934
5131	Besoldung, Ruhegehalt, Witwen- und Waisenversorgung der Gemeindebeamten	1920-1935
5132	Beschwerden gegen den Magistrat	1825-1850
5133	Beschwerden und Untersuchungen gegen den Bürgermeister Reinicke wegen Überschreitung seiner Amtsbefugnis sowie Unterschlagung öffentlicher Gelder	1827-1831
5134	Kommissionsakte des Landrats von Kalckreuth über die Beschwerde der Stadtverordneten gegen den Magistrat wegen der Bearbeitung von Steuerangelegenheiten	1852-1853

5135	Erteilung des Bürgerrechts	1810-1857
5136	Einführung der Gemeindeordnung (Gesetz vom 11.3.1850)	1851-1852
5137	Ortsstatuten auf Grund des § 11 der Städteordnung	1879-1930
	Extrakte aus den städtischen Rechnungen über die Verwaltung des Gemeindevermögens	
5138	Bd 1	1814-1848
5139	Bd 2	1849-1871
5140	Rechnungsfeststellungsbeschlüsse und Revision der städtischen Kassen	1873-1930
	Kommunalhaushalt	
5141	Bd 1	1830-1853
5142	Bd 2	1854-1864
5143	Bd 3	1864-1869
	Kommunalhaushaltspläne und Verwaltungsberichte	
5144	Bd 1	1870-1879
5145	Bd 2	1880-1884
5146	Bd 3	1884-1887
	Bd 4-7 fehlen	
5147	Bd 8	1912-1929
5148	Bd 9	1927-1933
5149	Etats- und Rechnungswesen sowie Steuerangelegenheiten	1933-1945
5150	Einnahmeetat für die Stadt- und Kämmereikasse	1880-1881
5151	Ausgabeetat für die Stadt- und Kämmereikasse	1880-1881
5152	Beschwerden mehrerer Einwohner über zu starke Heranziehung zu den öffentlichen Lasten und Abgaben	1832-1864
	Erhebung der Gemeindesteuern und Beschwerden darüber	
5153	Bd 1	1865-1885
5154	Bd 2	1886-1911
5155	Bd 3	1912-1924
5156	Nachtigallensteuer	1842

	Stadtsparkasse	
5157	Bd 1	1880-1905
5158	Bd 2	1906-1929
5159	Bd 3	1932-1936
5160	Bd 4	1935-1938
5161	Bd 5	1939-1941
5162	Bd 6	1942-1943
5163	Feldpolizeiordnung und Verstöße gegen sie	1833-1870
5164	An- und Verkauf von Grundstücken	1851-1885
5165	Regulierung des Wasserstandes bei der Scherzschen Wassermühle sowie Vorflutangelegenheiten	1851-1852
	Be- und Entwässerung der Stadt	
5166	Bd 1	1913-1934
5167	Bd 2	1935-1944

3.55. Putlitz

	Ein- und Durchführung der neuen Städteordnung	
	Bd 1 fehlt	
5168	Bd 2	1827-1853
	Wahl und Einführung der Bürgermeister und der übrigen Magistratspersonen	
5169	Bd 1	1854-1889
5170	Bd 2	1889-1930
5171	Bd 3	1931-1942
	Heinze, Wilhelm, geb. 29.7.1877, Bürgermeister, *siehe I Pers. Nr. 2166/1*	1911-1934
5172	Anstellung der unteren Beamten des Magistrats	1849-1896
5173	Anstellung der Waisenräte	1888
5174	Wahl der Stadtverordneten	1889-1894
5175	Gegenseitige Beschwerden des Magistrats und der Stadtverordneten	1822-1849

5176	Beschwerden gegen den Magistrat	1827-1862
	Beschwerden über Mitglieder des Magistrats	
5177	Bd 1	1863-1890
5178	Bd 2	1891-1898
5179	Revision der Gemeindeverwaltung und Beschwerden über die Gemeindeverwaltung	1882-1906
5180	Erteilung des Bürgerrechts	1832-1852
5181	Einführung der Gemeindeordnung (Gesetz vom 11. März 1850)	1852
5181/1	Ortsstatuten auf Grund des § 11 der Städteordnung	1879-1929
5182	Rechnungsextrakte des Magistrats über die Verwaltung des Gemeindevermögens und die Kommunalverwaltung im allgemeinen	1812-1863
5183	Kommunalhaushalt	1830-1868
	Kommunalhaushaltspläne und Verwaltungsberichte	
5184	Bd 1	1869-1885
	Bd 2 fehlt	
5185	Bd 3	1904-1933
5186	Etats- und Rechnungswesen und Steuerangelegenheiten	1933-1943
5187	Streit der Stadtverordneten mit dem Magistrat und dem Prignitzer Kreisdirektorium wegen der Kontributionsverteilung	1811
5188	Aufteilung der Kriegslieferungsbeiträge und der Einquartierungslasten, Beschwerden über die Einquartierung	1814-1847
	Erhebung der Gemeindesteuern und Beschwerden darüber	
5189	Bd 1	1848-1885
5190	Bd 2	1886-1911
5191	Steuerordnungen	1895-1924
5191/1	Erhebung des Bürgerrechtsgeldes und Beschwerden darüber	1853-1892
	Stadtsparkasse	
5192	Bd 1	1883-1905
5193	Bd 2	1906-1917

5194	Bd 3	1918-1931
5195	Bd 4	1932-1934
5196	Bd 5	1938-1939
5197	Bd 6	1939-1942
5198	Bd 7	1943-1944
5199	Verstöße in Hütungsangelegenheiten	1830-1864
5199/1	Verkauf städtischer Grundstücke	1856-1914
5200	Vorflutregulierung und Brückenbauten über den Stadtgraben	1873
5201	Be- und Entwässerung	1913-1944

3.56. Rathenow

3.56.1. Verfassung und Verwaltung, Personal

	Ein- und Durchführung der Städteordnung Bd 1-2 fehlen	
5203	Bd 3	1836-1843
5204	Bd 4	1844-1848
5205	Bd 5	1848-1872
	Wahl und Einführung der Bürgermeister und der übrigen Magistratsmitglieder	
5206	Bd 1	1876-1896
5207	Bd 2	1897-1929
5208	Bd 3	1930-1937
5209	Bd 4	1937-1942
5210	Bd 5	1943-1945
	Dr. Ackermann, Friedrich, geb. 25.12.1866, Erster Bürgermeister, *siehe I Pers. Nr. 13/1*	1906-1907
	Dumke, Karl, geb. 28.11.1882, Bürgermeister, *siehe I Pers. Nr. 1076*	1934-1944
	Dr. Hagen, Eduard, geb. 1.1.1880, Bürgermeister, *siehe I Pers. Nr. 1856*	1913-1942
	Dr. Hahn, Kurt, geb. 11.8.1905, Oberbürgermeister, *siehe I Pers. Nr. 1867*	1938-1942

	Koblanck, Fritz, Zweiter Bürgermeister, *siehe I Pers. Nr. 2747*	1904-1912
	Lange, Friedrich, geb. 5.6.1844, Bürgermeister , *siehe I Pers. Nr. 3139*	1898-1906
	Dr. Lindemann, Richard, geb. 13.1.1886, Stadtrat, *siehe I Pers. Nr. 3312*	1918
	Lindner, Ernst, geb. 30.11.1873, Oberbürgermeister, *siehe I Pers. Nr. 3323*	1904-1933
	Dienststrafverfahren gegen Oberbürgermeister Lindner, *siehe I P Nr. 1456*	1933
	Plitt, Karl, geb. 24.5.1890, Stadtbaurat, *siehe I Pers. Nr. 4240*	1939-1945
	Dr. Räth, Wilhelm, geb. 7.10.1883, Oberbürgermeister, *siehe I Pers. Nr. 4375*	1934-1938
	Szillat, Paul, geb. 30.10.1888, Oberbürgermeister, *siehe I Pers. Nr. 4875*	1927-1928
5211	Gesuche von Mitgliedern des Magistrats um Genehmigung zur Übernahme von Nebenämter	1810-1838
5212	Besetzung der Stadtmusikusstelle	1841
	Anstellung der mittleren und unteren Beamten des Magistrats	
5213	Bd 1	1842-1889
5214	Bd 2	1890-1905
5215	Bd 3	1905-1911
5216	Bd 4	1911-1919
5217	Bd 5	1920-1930
5218	Bd 6	1932-1937
5220	Wahl der Stadtverordneten Enthält u.a.: Zahl der Stadtverordneten der Arbeiterparteien.	1881-1933
5221	Stadtausschuß	1880-1914

	Besoldung, Ruhegehalt, Witwen- und Waisenversorgung der Beamten	
5222	Bd 1	1920-1933
5223	Bd 2	1934-1936
5224	Bd 3	1937-1939
5225	Gegenseitige Beschwerden des Magistrats und der Stadtverordneten	1810-1849
	Beschwerden über den Magistrat	
5226	Bd 1	1815-1847
5227	Bd 2	1848-1870
5228	Bd 3	1871-1928
5229	Beschwerden gegen den Bürgermeister Schulz	1831-1848
	Beschwerden gegen den Stadtbaurat und Kämmerer Perl Bd 1 fehlt	
5230	Bd 2	1835-1836
5231	Beschwerden gegen den Stadtbaurat Laacke	1837-1844
5232	Beschwerden der Stadtverordneten gegen den ehemaligen Kämmerer und Bauratsherrn Laacke wegen Mängel in der Stadtverwaltung Enthält u.a.: Präsenz-Liste der Stadverordnetenversammlung 1842/43.	1843
5233	Beschwerden gegen den Bürgermeister Fischer	1844-1849
5234	Beschwerden gegen Bürgermeister Grosse	1853
	Beschwerden in verschiedenen Gemeindeangelegenheiten	
5235	Bd 1	1876-1925
5236	Bd 2	1926-1941
5237	Revision der Gemeindeverwaltung und Beschwerden über die Gemeindeverwaltung	1885-1914
5238	Verweigerung des Bürgerrechts	1811-1851
5239	Erteilung des Bürgerrechts	1815-1848

5240	Einführung der Gemeindeordnung (Gesetz vom 11. März 1850)	1851
	Ortsstatuten auf Grund des § 11 der Städteordnung vom 30. Mai 1853	
5241	Bd 1	1865-1896
5242	Bd 2	1897-1934
5243	Grenzen des Gemeindebezirks und Einverleibung von Grundstücken in denselben sowie Ausscheiden der Stadt aus dem Kreisverband	1876-1941
5243/1	Druckschrift: Die Aufgabenlage des Raumes Rathenow	1938-1939

3.56.2. Verwaltungsberichte, Etats- und Rechnungs-Sachen

	Kommunalhaushalt	
5244	Bd 1	1826-1841
5245	Bd 2	1842-1857
5246	Bd 3	1858-1862
5247	Bd 4	1863-1867
	Kommunalhaushaltspläne und Verwaltungsberichte	
5248	Bd 1	1868-1875
5249	Bd 2	1876-1880
5250	Bd 3	1880-1887
	Haushaltsplan (Etat der Stadtkasse)	
5251	für das Rechnungsjahr 1881-1882	1881
5252	für das Rechnungsjahr 1882-1883	1882
5253	für das Rechnungsjahr 1883-1884	1883
5254	für das Rechnungsjahr 1884-1885	1884
5255	für das Rechnungsjahr 1885-1886	1885
5256	für das Rechnungsjahr 1886-1887	1886
5257	für das Rechnungsjahr 1887-1888	1887
5258	für das Rechnungsjahr 1888-1889	1888
5259	für das Rechnungsjahr 1889-1890	1889
	Haushaltspläne und Verwaltungsberichte Bd 4-7 fehlen	
5260	Bd 8	1903-1929
5261	Bd 9	1929-1934
5262	Bd 10	1935
5263	Bd 11	1936

5264	Bd 12	1936-1937
5265	Bd 13	1938-1939
5266	Bd 14	1940-1943
	Haushaltssatzung und Haushaltsplan	
5267	für das Rechnungsjahr 1935	1935
5268	für das Rechnungsjahr 1936	1936
5269	für das Rechnungsjahr 1937	1937
5270	für das Rechnungsjahr 1938	1938
	für das Rechnungsjahr 1938	
5271	Bd 1	1938
5272	Bd 2	1938
5273	Haushaltsplan der Stadtverwaltung für das Rechnungsjahr 1939	1939
	Haushaltssatzung der Stadtverwaltung	
5274	für das Rechnungsjahr 1939	1939
5275	für das Rechnungsjahr 1940	1940
	Anlagenheft zum Haushaltsplan der Stadt	
5276	für das Rechnungsjahr 1940	1940
	Haushaltsplan der Stadt	
5277	für das Rechnungsjahr 1942	1942
5278	Rechnungsextrakte des Magistrats über die Verwaltung des Gemeindevermögens	1842-1872
	Revision der städtischen Kassen	
5279	Bd 1	1872-1906
5280	Bd 2	1907-1930
5281	Bericht über die Ordnungsprüfung der Jahresrechnung 1934 der Stadtverwaltung	1936
5282	Bericht über die Ordnungsprüfung der Jahresrechnungen 1935-1936 der Stadtverwaltung	1938
5283	Bericht über die unvermutete Kassen- und Vorratsprüfung bei der Stadtverwaltung vom 22.-29. Nov. 1937	1937
5284	Schlußbericht des Rechnungsprüfungsamtes über die Prüfung der Haushaltsrechnungen für 1937	1938

5285	Bericht über die unvermutete Kassenprüfung der Stadthauptkasse vom 23.-31. Mai 1940	1940
	Bericht über die bei den städtischen Gas- und Wasserwerken durchgeführte Pflichtprüfung	
5286	für das Geschäftsjahr 1935	1936
5287	für das Geschäftsjahr 1936	1937
5288	für das Geschäftsjahr 1938	1940
5289	für das Wirtschaftsjahr 1940	1941-1942
5290	Finanzierung der höheren Lehranstalten	1898-1944

3.56.3. Abgaben, Lasten

5291	Erhebung einer Hundesteuer und Beschwerden darüber	1832-1939
	Beschwerden über Kontribution und Kommunalabgaben Bd 1-3 fehlen	
5292	Bd 4	1837-1853
	Gemeindeabgaben Bd 1-4 fehlen	
5293	Bd 5	1923-1926
5294	Bd 6	1926-1930
5295	Bd 7	1930-1933
5296	Bd 8	1932-1937
5297	Bd 9	1938-1943
5298	Steuerordnungen	1892-1924
5299	Einführung der Nachtigallensteuer	1843-1844
5300	Besteuerung des einzuführenden Wildbrets	1848-1866
5301	Erhebung des Bürgerrechtsgeldes und Beschwerden darüber	1852-1906
5302	Verteilung der Einquartierungslast	1869-1896

3.56.4. Sparkasse

	Stadtsparkasse	
5303	Bd 1	1831-1880

5304	Bd 2	1880-1903
5305	Bd 3	1904-1918
5306	Bd 4	1919-1935
5307	Bd 5	1935-1937
5308	Bd 6	1937-1938
5309	Bd 7	1938-1939
5310	Bd 8	1940-1941
5311	Bd 9	1942-1944
5312	Stadtbank	1923-1933
5313	Prüfung der Stadtsparkasse	1934-1936
5314	Bericht über die unvermutete Prüfung der Stadtsparkasse	1935
5315	Sonderbericht über die bei der außerordentlichen Prüfung der Stadtsparkasse festgestellten Unregelmäßigkeiten des früheren Sparkassenleiters Schreiber	1935
5316	Anklage und Haftsache gegen den Sparkassendirektor Schreiber	1936
5317	Verfahren gegen den Sparkassendirektor Fritz Schreiber Enthält u.a.: Anlagen zum Sonderbericht in Sachen Schreiber.	1935
	Geschäftsberichte der Stadtsparkasse	
5319	für das 88. Geschäftsjahr 1938	1938-1939
5320	für das 89. Geschäftsjahr 1939	1939-1940

3.56.5. Grundstücks-Sachen

5321	An- und Verkauf von Kommunalgrundstücken	1822-1872
	Verkauf städtischer Grundstücke	
5322	Bd 1	1874-1904
5323	Bd 2	1905-1939
5324	Verpachtung der Kämmereigrundstücke der Wasser-, Mahl- und Schneidemühle sowie der Ziegeleien	1823-1862
5324/1	Abbruch der städtischen Schneidemühle	1839
5325	Separation und Aufhebung der Hütung	1835-1855

5326	Separation der städtischen Feldmark	1856-1907

3.56.6. Begräbnisplätze

5327	Begräbnisplätze	1925-1944

3.56.7. Wasserversorgung

	Be- und Entwässerung der Stadt	
	Bd 1 fehlt	
5329	Bd 2	1900-1910
5330	Bd 3	1911-1929
5331	Bd 4	1930-1941
5332	Bd 5	1939-1945
5333	Erläuterungsbericht zur Kanalisation	1903

3.57. Rheinsberg

	Ein- und Durchführung der Städteordnung	
5334	Bd 1	1809-1811
	Bd 2 fehlt	
5335	Bd 3	1833-1850
	Wahl und Einführung des Bürgermeisters und der übrigen Magistratsmitglieder	
5336	Bd 1	1851-1889
5337	Bd 2	1890-1929
5338	Bd 3	1930-1944
	Cusch, Richard, geb. 10.12.1859, Bürgermeister, *siehe I Pers. Nr. 753/2*	1903-1918
5339	Gesuch der Magistratsmitglieder um Genehmigung der Annahme von Nebenämtern	1830-1854
5340	Anstellung der unteren Beamten des Magistrats	1833-1855
5341	Anstellung der unteren Beamten des Magistrats	1856-1896
5343	Wahl der Stadtverordneten	1875-1927

5344	Beschwerden gegen die Bürgermeister Zarnack und Hoppe und gegen den Magistrat	1835-1850
5345	Beschwerden der Stadtverordnetenversammlung gegen den vormaligen Bürgermeister Hoppe	1846-1847
5346	Kommissionsakte des Regierungsassessors Franz Wulffing über die Revision der Polizei und Kommunalverwaltung	1844-1845
5347	Erlangung und Verweigerung des Bürgerrechts	1818-1855
5348	Einführung der Gemeindeordnung (Gesetz vom 11. März 1850)	1851-1853
5349	Benutzung und Verwaltung des städtischen Vermögens	1879-1894
5350	Kommunalhaushalt	1829-1875
	Kommunalhaushaltspläne und Verwaltungsberichte	
	Bd 1 fehlt	
5351	Bd 2	1874-1888
5352	Haushaltsplan der Stadt für die Etatsjahre 1914, 1918-1922	1914-1922
	Haushaltsplan der Kämmereikasse	
5353	für das Rechnungsjahr 1926	1926
5354	Etats- und Rechnungswesen und die Steuerangelegenheiten	1933-1940
	Kassenwesen	
5355	Bd 1	1848-1911
5356	Bd 2	1912-1931
5357	Besteuerung der Nachtigallen	1843
	Gemeindesteuerangelegenheiten	
	Bd 1-2 fehlen	
5358	Bd 3	1912-1925
5359	Einrichtung einer städtischen Sparkasse	1897-1898
5360	Separation	1814-1866
5361	Verkauf städtischer Grundstücke	1850-1907

5362 Verstöße gegen Feldpolizeibestimmungen 1865

5363 Be- und Entwässerung 1903-1944

3.58. Rhinow

Wahl und Einführung der Bürgermeister und der übrigen Magistratspersonen 1842-1885
5364 Bd 1 1886-1939
5365 Bd 2

Simon, Otto, Bürgermeister, *siehe I Pers. Nr. 4828/1* 1905-1927

5367 Bürgerrechtsangelegenheiten 1842-1858

5368 Einführung der Gemeindeordnung (Gesetz vom 11. März 1850) 1851-1852

5369 Rechnungsextrakte des Magistrats und Aufbringung der Stadtverwaltungskosten 1810-1871

5370 Kommunalhaushalt 1836-1870

Haushaltsplan der Kämmereikasse
5371 für das Rechnungsjahr 1910 1910
5372 für das Rechnungsjahr 1911 1911

5373 Etats- und Rechnungswesen sowie Steuerangelegenheiten 1933-1936

5374 Gemeindesteuerangelegenheiten 1889-1895

5375 Teilnahme der Kommune an den für die zu leistenden Nachbarsrechte von dem Rittergute für 4 Bürgergüter abgetretenen Grundstücken und Getreidepächten. 1852

5376 Verstöße in Hütungs- und Feldpolizeiangelegenheiten 1868-1874

5377 Be- und Entwässerung 1912

Rixdorf
siehe Neukölln

Saarmund
siehe bei Kreis Zauch-Belzig

3.59. Schöneberg

	Wahl und Einführung der Bürgermeister und der übrigen Magistratspersonen Bd 1 fehlt	
5378	Bd 2	1907-1920
	Blankenstein, Paul, geb. 1864, Stadtrat, *siehe I Pers. Nr. 410/0*	1898-1917
	Dominicus, Alexander, geb. 19.4.1873, Oberbürgermeister, *siehe I Pers. Nr. 1002/2*	1911
	Egeling, Paul, Stadtbaurat, *siehe I Pers. Nr. 1087/2*	1900-1914
	Gerlach, Friedrich, Stadtbaurat, *siehe I Pers. Nr. 1528/1*	1899-1911
	Machowicz, Anton, geb. 16.1.1864, Bürgermeister, *siehe I Pers. Nr. 3453*	1906, 1917-1918
5379	Verhandlungen über die Bestätigung des Rechnungsdirektors Anton Machowicz zum Kämmerer	1905-1906
	Roemer, Max, geb. 11.1.1870, Stadtbaurat, *siehe Rep. 2 A I Pers. Nr. 4623*	1911-1914
5381	Stadtausschuß	1892-1919
5382	Beschwerden in verschiedenen Gemeindeangelegenheiten	1900-1918
5383	Vereinigung der Landgemeinde Friedenau mit Schöneberg bzw. Berlin-Wilmersdorf	1899-1912
5384	Ausscheiden der Stadt Schöneberg aus dem Kreis Teltow	1899
5385	Grenzregulierung zwischen Schöneberg und Charlottenburg	1906-1917
5386	Grenzregulierung zwischen Wilmersdorf und Schöneberg	1907-1911
5397	Ortsstatuten	1900-1909

5388	Separation der städtischen Feldmark	1899-1920
	Be- und Entwässerung	
5389	Bd 1	1891-1905
5390	Bd 2	1905-1911
5391	Bd 3	1911-1912
5392	Bd 4	1912-1926
5393	Prozeß des Fiskus gegen die Charlottenburger Wasserwerke wegen Verlängerung der Wasserlieferungsverträge	1917-1918

3.60. Schwedt

	Ein- und Durchführung der neuen Städteordnung	
5394		1814-1840
5395		1840-1865
	Wahl und Einführung der Bürgermeister und der übrigen Magistratspersonen	
5396	Bd 1	1866-1888
5397	Bd 2	1888-1913
5398	Bd 3	1914-1939
5399	Bd 4	1939-1945
	Albrecht, Franz, geb. 22.6.1860, Bürgermeister, *siehe I Pers. Nr. 30/1*	1898-1928
	Bernhardt, Fritz, Bürgermeister, *siehe I Pers. Nr. 337/4a*	1891-1911
5401	Anstellung der Ratsdiener, Gefangenenwärter und anderer unterer Beamter	1821-1864
	Anstellung der unteren Beamten den Magistrats	
5402	Bd 1	1865-1893
5403	Bd 2	1894-1925
5404	Anstellung der Magistrats-Bürobeamten und Gesuche um Gehaltserhöhungen	1824-1868
	Beschwerden gegen den Magistrat	
5406	Bd 1	1827-1863
5407	Bd 2	1863-1870
5408	Bd 3	1870-1906

5409 Verweigerung des Bürgerrechts für den Kaufmann Steinicke in Stettin und Verweigerung der Tragung der Lasten von seinen in Schwedt gelegenen Grundstücken 1823-1834

5410 Bürgerrecht

Grenzen des Gemeindebezirks und Einverleibung von Grundstücken in denselben 1825-1856
5411 Bd 1 fehlt
Bd 2 1850-1888

Kommunalhaushalt
5412 Bd 1 1829-1858
5413 Bd 2 1859-1866
5414 Bd 3 1867-1873

Kommunalhaushaltspläne und Verwaltungsberichte 1873-1876
5415 Bd 1 1877-1883
5416 Bd 2

Etat der Kämmereikasse
5417 für das Rechnungsjahr 1877-1878 1877
5418 für das Rechnungsjahr 1878-1879 1878
5419 für das Rechnungsjahr 1885-1886 1885

5420 Etats- und Rechnungswesen sowie Steuerangelegenheiten der Stadtgemeinde 1933-1943

Rechnungsextrakte des Magistrats über die Verwaltung des städtischen Vermögens
Bd 1 fehlt
5421 Bd 2 1840-1863

5422 Rechnungsfeststellungsbeschlüsse und Revision der städtischen Kasse 1864-1887

5423 Beschwerde der Amtsbürger der Vierradener Vorstadt wegen der ihnen vom Magistrat zu viel aufgebürdeten Lasten 1812-1816

Beschwerden über die Veranlagung zur Aufbringung der Kontribution und anderer Abgaben sowie Gesuche um Erlaß der Beiträge, Vereinigung der Schloßfreiheit und der Vierradener Vorstadt mit der Gemeinde
Bd 1 fehlt

5424	Bd 2	1819-1823
5425	Bd 3	1824-1832
5426	Bd 4	1833-1838
5427	Bd 5	1839-1848
5428	Bd 6	1848-1862
5429	Bd 7	1863-1867
5430	Bd 8	1868-1873
5431	Erhebung der Gemeindesteuern und Beschwerden darüber	1873-1878
5432	Nachtigallensteuer	1843
	Stadtsparkasse	
5433	Bd 1	1825-1857
5434	Bd 2	1858-1871
5435	Bd 3	1901-1911
5436	Bd 4	1912-1929
5437	Bd 5	1930-1938
5438	Bd 6	1938-1940
5439	Bd 7	1940-1942
5440	Bd 8	1943-1945
5441	Rechtsgutachten über die Haftbarkeit des Sparkassenvorstehers und anderer städtischer Beamter für Unterschlagungen des Stadtkämmerers Moldenhauer	1873
5442	Veräußerung von Kommunalgrundstücken	1817-1873
5443	Verkauf städtischer Grundstücke	1873-1905
5444	Benutzung der städtischen Hütungsreviere sowie Verstöße in Hütungsangelegenheiten	1833-1860
5445	Vertretung des Gemeindevermögens bei der Gemeinheitsteilung	1835-1839
	Wasserwerk und Kanalisation	
5448	Bd 1	1901-1921
5449	Bd 2	1921-1939
5450	Bd 3	1940-1944

3.61. Spandau

3.61.1. Verfassung und Verwaltung, Personal

	Ein- und Durchführung der Städteordnung Bd 1-2 fehlen	
5471	Bd 3	1821-1837
5472	Bd 4	1838-1847
5473	Bd 5	1848-1853
5474	Bd 6	1854-1861
5475	Bd 7	1862-1872
	Wahl und Einführung der Bürgermeister und der übrigen Magistratspersonen	
5476	Bd 1	1873-1888
5477	Bd 2	1888-1905
5478	Bd 3	1906-1920

Dr. jur. Behnisch, Walter, geb. 12.2.1882, Stadtrat, 1919
siehe I Pers. Nr. 258

Elkart, Stadtbaurat, *siehe I Pers. Nr. 1126/2* 1918

Dr. ing. Fischer, Ewald, Stadtbaurat, *siehe I Pers. Nr. 1272* 1916

Foerstemann, Ernst, geb. 6.3.1860, Kämmerer, 1897
siehe I Pers. Nr. 1325/1

Koeltze, Friedrich, geb. 23.4.1852, Oberbürgermeister, 1902-1918
siehe I Pers. Nr. 2777/1

Kramm, Georg, geb. 8.12.1878, Stadtschulrat, 1919
siehe I Pers. Nr. 2895

Dr. jur. Schmoll, Alfred, Kämmerer, *siehe I Pers. Nr. 5081* 1919

Stahl, Emil, geb. 17.11.1879, Zweiter Bürgermeister, 1919
siehe I Pers. Nr. 5422

Weber, Max, geb. 7.11.1864, Stadtkämmerer, 1848-1914
siehe I Pers. Nr. 5956

Dr. Woelck, Kurt, geb. 12.11.1882, Oberbürgermeister, 1914-1920
siehe I Pers. Nr. 6225

	Wolf, Paul, geb. 17.11.1857, Zweiter Bürgermeister, *siehe I Pers. Nr. 6246*	1913-1919
5479	Anträge von Magistratsmitgliedern um Genehmigung zur Übernahme von Nebenämtern	1822-1868
	Besetzung der Stellen für untere Beamte beim Magistrat	
5480	Bd 1	1810-1854
5481	Bd 2	1855-1861
5482	Bd 3	1862-1868
5483	Bd 4	1869-1880
	Anstellung von Kanzlisten, Registraturgehilfen und Polizeisekretären	
5484	Bd 1	1842-1866
5485	Bd 2	1866-1870
5486	Unregelmäßigkeiten des Armenpflegers Moehring bei Verteilung der für die Armen der Stadt verabreichten Geschenke	1840-1853
	Beschwerden über untere Beamte des Magistrats	
	Bd 1 fehlt	
5490	Bd 2	1895-1913
5493	Gegenseitige Beschwerden des Magistrats und der Stadtverordneten	1820-1853
	Beschwerden gegen den Magistrat	
5494	Bd 1	1830-1855
5495	Bd 2	1856-1862
5496	Beschwerden gegen die Magistratsmitglieder	1872-1912
5497	Beschwerden und Untersuchung gegen den Bürgermeister Zimmermann	1841-1848
5499	Beschwerden in verschiedenen Gemeindeangelegenheiten.	1897-1921
5500	Verweigerung des Bürgerrechts für mehrere Personen	1818-1841
5501	Grenzstreitigkeiten insbesondere zwischen dem Magistrat und der Kommandantur	1842-1864

	Regulierung der Kommunalverhältnisse der Bewohner der Pulverfabrik bei Spandau	
5502	Bd 1 Enthält u.a.: Eingemeindung der Pulverfabrik in die Stadt Spandau.	1844-1863
5503	Bd 2	1864-1867
	Eingemeindung der Gewehr- und Pulverfabrik sowie verschiedener anderer Etablissements in den Stadtbezirk.	
5504	Bd 1	1869-1872
5505	Bd 2	1872-1878
5506	Feststellung des Gemeindebezirks der Stadt Spandau nach der Einführung der Gemeindeordnung vom 11. März 1850. Enthält u.a.: Regulierung der Kommunalverhältnisse der Pulverfabrik. - Eingemeindung von Etablissements in die Stadt.	1850-1852
5507	Einführung der Gemeindeordnung (Gesetz vom 11. März 1850)	1852
5508	Eingemeindung der Gemeinde Damm in den Kommunalverband der Stadt Spandau	1854-1869
	Stadtgrenzen Bd 1 fehlt	
5509	Bd 2	1911-1920
5510	Ausscheiden der Stadt Spandau aus dem Kreise Osthavelland	1881-1887
5511	Ortschaftsverzeichnis des Stadtkreises Spandau	1903-1914
5512	Ortsstatuten auf Grund des § 11 der Städteordnung vom 30. Mai 1853	1878-1914

3.61.2. Verwaltungsberichte, Etats- und Rechnungs-Sachen

	Kommunalhaushalt	
5513	Bd 1	1830-1853
5514	Bd 2	1854-1859
5515	Bd 3	1860-1865
5516	Bd 4	1866-1869

	Kommunalhaushaltspläne und Verwaltungsberichte	
5517	Bd 1	1870-1874
5518	Bd 2	1875-1880
5519	Bd 3	1880-1888
5520	Bericht über die Verwaltung und den Stand der Gemeindeangelegenheiten für das Jahr 1862-1868	1868
5521	Entwurf des Stadthaushaltsplanes für das Rechnungsjahr 1870	1870
5522	Etats für die Rechnungsjahre 1882-1886	1882-1886
	Rechnungsextrakte des Magistrats über die Verwaltung des Gemeindevermögens Bd 1-2 fehlen	
5523	Bd 3	1848-1853
5524	Bd 4	1854-1861
5525	Bd 5	1862-1871
5526	Finanzierung des Stadtschullehrerseminars und der Turnlehrerbildungsanstalt	1908

3.61.3. Abgaben, Lasten

5526/1	Schoßangelegelegenheiten	1821-1822
5527	Rückständige Kommunalabgaben	1824-1839
5528	Erhebung einer Hundesteuer und Beschwerden darüber	1829-1879
	Beschwerden der Einwohner über zu starke Heranziehung zu den bürgerlichen Lasten Bd 1 fehlt	
5529	Bd 2	1836-1849
5530	Bd 3	1850-1856
5531	Bd 4	1857-1860
5532	Bd 5	1861-1863
5533	Bd 6	1864-1868
5534	Bd 7	1869
5535	Bd 8	1870-1872
5536	Erhebung der Kommunalsteuern sowie Einquartierungslasten	1856-1873

	Erhebung der Gemeindesteuern und Beschwerden darüber	
5537	Bd 1	1873-1875
5538	Bd 2	1875-1877
5539	Bd 3	1878-1880
5540	Bd 4	1880-1882
5541	Bd 5	1882-1884
	Bd 6-10 fehlen	
5542	Bd 11	1916-1921
5543	Erhebung einer Gemeindesteuer vom Bier sowie Zwangsversteigerungen	1892-1912
5544	Steuerordnungen	1904-1920
5545	Ausübung der gutsherrlichen Rechte durch den Magistrat über das Kämmereidorf Staaken sowie Abgaben der dortigen Einwohner an die Kämmerei in Spandau und Beschwerden über rückständige oder zu hohe Abgaben.	1837-1847
5546	Nachtigallensteuer	1842
5547	Besteuerung des Wildbrets	1848
	Erhebung des Einzugs-, Hausstands- und Bürgerrechtsgeldes	
5548	Bd 1	1854-1863
5549	Bd 2	1863-1866
5550	Bd 3	1866-1899
5551	Forderung des Kreisgerichts auf Ablösung der auf dem Gerichtshause haftenden Einquartierungslast und Umwandlung derselben in eine feste Geldrente	1856-1857

3.61.4. Sparkasse

	Stadtsparkasse	
	Bd 1-4 fehlen	
5552	Bd 5	1919-1920

3.61.5. Grundstücks-Sachen

5553	Wröhordnung für die Ackerkommune und die Besoldung der Hirten, Verstöße in Hütungsangelegenheiten	1832-1861

5554	Verpachtung und Vererbpachtung der Kämmereigrundstücke	1833-1861
5555	Separation der Feldmark	1836-1915
5556	Verkauf städtischer Grundstücke	1862-1880

3.61.6. Wasserversorgung

5557	Wasserversorgung	1890-1891
5558	Allgemeiner Entwurf zu einer Kanalisation	1891
	Kanalisation und Wasserversorgung	
5559	Bd 1	1890-1899
5560	Bd 2	1900-1908
5561	Bd 3	1909-1914
5562	Bd 4	1914-1936
5563	Bd 5	1937-1942
5564	Kläranlage des Gastwirts Brüder in Pichelswerder	1931-1943

3.62. Storkow

	Ein- und Durchführung der Städteordnung Bd 1 fehlt	
5565	Bd 2	1822-1840
5566	Bd 3	1840-1841
5567	Bd 4	1841-1843
5568	Verzicht des Bürgermeisters Tschech auf die Bürgermeisterstelle in Storkow und die anderweitige Wahl eines Bürgermeisters	1841-1843
5569	Ein- und Durchführung der Städteordnung Bd 5	1844-1859
	Wahl und Einführung der Bürgermeister und der übrigen Magistratsmitglieder	
5570	Bd 1	1863-1896
5571	Bd 2	1897-1934
5572	Bd 3	1933-1945

	Graul, Otto, geb. 12.8.1887, Bürgermeister, *siehe I Pers. Nr. 1689/1*	1923-1934
	Runge, Robert, Bürgermeister, *siehe I Pers. Nr. 4724/0*	1897-1921
	Anstellung der unteren Beamten des Magistrats	
5573	Bd 1	1824-1863
5574	Bd 2	1864-1938
5575	Wahl der Stadtverordneten Enthält u.a.: Zahl der sozialdemokratischen Stadtverordneten.	1873-1934
5576	Besoldung, Ruhegehalt, Witwen- und Waisenversorgung der Gemeindebeamten	1920-1937
5577	Geschäftsführung des Magistrats und der Stadtverordneten sowie Beschwerden darüber	1807-1840
5578	Beschwerden über Magistratsmitglieder	1841-1911
5579	Gegenseitige Beschwerden des Magistrats und des Stadtgerichts	1829-1855
5580	Revision der Kommunalverwaltung	1839-1840
5581	Revision der Gemeindeverwaltung und Beschwerden über die Gemeindeverwaltung	1885-1917
5582	Beschwerden in verschiedenen Gemeindeangelegenheiten	1887-1940
5583	Bürgerrecht und Bürgerrechtskosten	1810-1848
5584	Ortsstatuten auf Grund der Städteordnung	1879-1905
	Grenzen des Gemeindebezirks und Einverleibung von Grundstücken in denselben	
5585	Bd 1	1880-1895
5586	Bd 2	1896
5587	Gesuch des Magistrats um Aufnahme eines Kapitals für die Stadt	1814
	Kommunalhaushalt	
	Bd 1 fehlt	
5588	Bd 2	1823-1864

	Kommunalhaushaltspläne und Verwaltungsberichte Bd 1-2 fehlen	
5589	Bd 3	1895-1911
5590	Bd 4	1911-1938
5591	Etats- und Rechnungswesen sowie Steuerangelegenheiten	1933-1939
	Rechnungsfeststellungsbeschlüsse und Revision der städtischen Kassen Bd 1 fehlt	
5592	Bd 2	1886-1937
	Erhebung der Gemeindesteuern und Beschwerden darüber	
5593	Bd 1	1810-1891
5594	Bd 2	1892-1911
5595	Bd 3	1912-1937
5596	Steuerordnungen	1901-1924
5597	Erhebung der Hundesteuer und Beschwerden darüber	1852-1924
5598	Erhebung des Bürgerrechtsgeldes	1854-1892
5599	Verteilung der Einquartierungslast	1872
5600	Errichtung einer Sparkasse	1899
5602	Verkauf von städtischen Grundstücken	1848-1936
5603	Verstöße in Hütungsangelegenheiten	1857-1862
	Separationen, Instandhaltung der gemeinschaftlichen Anlagen, Beschwerden Bd 1 fehlt	
5604	Bd 2	1912-1919
5605	Be- und Entwässerung der Stadt	1910-1913

3.63. Strasburg

	Ein- und Durchführung der neuen Städteordnung Bd 1-2 fehlen	
5606	Bd 3	1840-1858
5607	Bd 4	1859-1885
	Wahl und Einführung der Bürgermeister und der übrigen Magistratspersonen Bd 1-2 fehlen	
5608	Bd 3	1937-1945
	Merk, Hermann, geb. 4.3.1856, Bürgermeister, *siehe I Pers. Nr. 3649/1*	1896-1929
	Kommissionsakten des Bürgermeisters Otto aus Demmin über die Untersuchung der Geschäftsführung des Magistrats	
5609	Bd 1	1813
5610	Bd 2	1813
5611	Bd 3	1813
5612	Anstellung der unteren Beamten des Magistrats	1825-1873
5613	Anstellung der Stadt- und Polizeisekretäre	1862-1872
5615	Beschwerden über den Magistrat	1812-1859
5616	Beschwerden über Magistratsmitglieder	1860-1909
5617	Beschwerden über untere Beamte des Magistrats	1885-1910
5618	Gesuche des Magistrats um Genehmigung zur Erteilung des Bürgerrechts an Ausländer	1812-1856
	Kommunalhaushalt	
5619	Bd 1	1829-1863
5620	Bd 2	1864-1873
5621	Kommunalhaushaltspläne und Verwaltungsberichte	1873-1885
	Haushaltsplan der Kämmereikasse	
5622	für das Rechnungsjahr 1921	1921

	Haushaltspläne der Stadtgemeinde	
5623	für die Rechnungsjahre 1918-1924	1918-1924
5624	für das Rechnungsjahr 1927	1927
5625	Etats- und Rechnungswesen sowie Steuerangelegenheiten	1933-1941
	Rechnungsextrakte des Magistrats über die Verwaltung des Gemeindevermögens	
	Bd 1 fehlt	
5626	Bd 2	1839-1871
5627	Rechnungsfeststellungsbeschlüsse und Revision der städtischen Kassen	1873-1910
5628	Tarif zur Erhebung des Marktstandsgeldes	1819
5629	Nachtigallensteuer	1842
	Erhebung der Gemeindesteuern und Beschwerden darüber	
	Bd 1 fehlt	
5630	Bd 2	1891-1910
	Stadtsparkasse	
	Bd 1 fehlt	
5631	Bd 2	1891-1911
5632	Bd 3	1912-1936
5633	Bd 4	1936-1938
5634	Bd 5	1938-1939
5635	Bd 6	1940-1944
5636	Verpachtung des Kämmereivorwerks	1819-1844
5637	Parzellierung des Stadtvorwerks	1822-1866
5638	Verstöße in Hütungsangelegenheiten	1832-1864
5639	Stadtziegeleien	1835-1838
5640	Abbrechen und Eingehen hypothekarisch verzeichneter Feuerstellen	1847-1845
	Be- und Entwässerung der Stadt	
5641	Bd 1	1904-1913
5642	Bd 2	1914-1944

3.64. Strausberg

	Ein- und Durchführung der Städteordnung	
	Bd 1 fehlt	
5643	Bd 2	1823-1847
5644	Bd 3	1848-1867
	Wahl und Einführung der Bürgermeister und der übrigen Magistratsmitglieder	
5645	Bd 1	1867-1885
5646	Bd 2	1886-1929
5647	Bd 3	1929-1943
	Goedel, Friedrich, geb. 23.9.1858, Bürgermeister, *siehe I Pers. Nr. 1583*	1897-1918
	Anstellung der unteren Beamten des Magistrats	
5648	Bd 1	1832-1890
5649	Bd 2	1890-1911
5650	Besetzung der Stadtsekretärstelle	1856-1870
5651	Gegenseitige Beschwerden des Magistrats und der Stadtverordneten	1820-1872
5653	Beschwerden gegen den Magistrat	1826-1859
5654	Beschwerden über Magistratsmitglieder	1859-1909
5656	Erteilung des Bürgerrechts	1810-1842
5657	Einführung der Gemeindeordnung (Gesetz vom 11. März 1850)	1851-1852
	Rechnungsextrakte des Magistrats über die Verwaltung des Gemeindevermögens	
	Bd 1 fehlt	
5658	Bd 2	1826-1846
5659	Bd 3	1849-1872
	Kommunalhaushalt	
5660	Bd 1	1831-1860
5661	Bd 2	1860-1868

	Kommunalhaushaltspläne und Verwaltungsberichte	
5662	Bd 1	1869-1879
5663	Bd 2	1880-1886
	Stadthaushaltsplan	
5664	für die Rechnungsjahre 1866-1868	1865
5665	für das Rechnungsjahr 1869	1868-1869
5666	für das Rechnungsjahr 1870	1869-1870
5667	für das Rechnungsjahr 1871	1870
5668	für das Rechnungsjahr 1872	1871
5669	für das Rechnungsjahr 1873	1872
	Haushaltsplan der Stadt	
5670	für das Rechnungsjahr 1932	1932
5671	Etats- und Rechnungswesen sowie Steuerangelegenheiten	1932-1944
5672	Stellungnahme zu dem Entwurf eines Vertrages über den Verkauf des Elektrizitätswerkes der Stadt Strausberg an das Märkische Elektrizitätswerk	1932
	Beschwerden mehrerer Einwohner über zu starke Heranziehung zu den Kriegs- und anderen bürgerlichen Lasten und Feststellung der Grundsätze bei Aufbringung der Gelder und Verteilung der übrigen Lasten	
	Bd 1 fehlt	
5673	Bd 2	1839-1853
	Erhebung der Gemeindesteuern und Beschwerden darüber	
5674	Bd 1	1854-1891
	Bd 2 fehlt	
5675	Bd 3	1907-1924
5676	Errichtung einer Spar- und Leihkasse	1856-1857
	Stadtsparkasse	
	Bd 1 fehlt	
5677	Bd 2	1890-1911
5678	Bd 3	1911-1921
5679	Bd 4	1922-1932
5680	Bd 5	1932-1936
5681	Bd 6	1936-1937
5682	Bd 7	1937-1940
5683	Bd 8	1940-1944

	Verkauf städtischer Grundstücke	
5684	Bd 1	1817-1875
5685	Bd 2	1876-1908
5686	Beschwerden über Beschränkung des Weidegerechtigkeit, Verstöße in Hütungsangelegenheiten	1818-1870
5687	Das Lehmgraben auf den Äckern	1832-1859
5688	Grenzstreitigkeiten zwischen den Bürgern und dem Magistrat	1836
5690	Entwässerung des Maienpfuhls und des Elsterbusches sowie Vorflutsangelegenheiten	1856-1875
	Be- und Entwässerung der Stadt	
5691	Bd 1	1901-1929
5692	Bd 2	1930-1939
5693	Bd 3	1939-1944

3.65. Teltow

	Ein- und Durchführung der neuen Städteordnung	
	Bd 1 fehlt	
5694	Bd 2	1828-1842
5695	Bd 3	1843-1866
	Wahl und Einführung der Bürgermeister und der übrigen Magistratspersonen	
5696	Bd 1	1867-1911
5697	Bd 2	1912-1939
	Bevier, Richard, Bürgermeister, *siehe I Pers. Nr. 367/1*	1891-1903
	Harder, Bürgermeister, *siehe I Pers. Nr. 1927/0*	1843-1848
	Liebig, Max, geb. 26.4.1864, Bürgermeister, *siehe I Pers. Nr. 3290/1*	1903-1910
	Oberreich, Max, geb. 17.3.1876, Bürgermeister, *siehe I Pers. Nr. 4015/2*	1919-1932
	Palleske, geb. 30.9.1860, Bürgermeister, *siehe I Pers. Nr. 4095/1*	1911-1919

5698	Einführung der revidierten Städteordnung	1832-1833
5699	Beschwerden gegen den Magistrat und die Stadtverordneten	1829-1864
5700	Beschwerden gegen den Bürgermeister Blume	1838-1843
5701	Untersuchung gegen den Bürgermeister Blume wegen seiner Geschäftsführung	1839-1840
	Beschwerden über Magistratsmitglieder	
5702		1873-1881
5703		1885-1906
5705	Revision der Gemeindeverwaltung und Beschwerden über die Gemeindeverwaltung	1884-1910
5706	Beschwerden über untere Beamte des Magistrats	1907
5707	Bürgerrecht	1828-1842
5708	Einführung der Gemeindeordnung (Gesetz vom 11. März 1850)	1852
5709	Verwaltung und Benutzung des städtischen Vermögens	1907
5710	Kämmereirechnungen	1808-1809
	Rechnungsextrakte des Magistrats über die Verwaltung des Gemeindevermögens	
	Bd 1 fehlt	
5711	Bd 2	1834-1853
5712	Rechnungsfeststellungsbeschlüsse und Revisionen der städtischen Kassen	1854-1910
5713	Kämmereikommunal-Kassenrechnungen	1838-1839
5714	Kommunalhaushalt	1824-1862
5715	Kommunalhaushaltspläne und Verwaltungsberichte	1863-1884
5716	Bericht über die Verwaltung und den Stand der Gemeindeangelegenheiten für die Etatsjahre 1903-1905	1905
5717	Verwaltungsbericht der Stadt für die Jahre 1914-1928	1930

5718	Haushaltspläne der Stadt für die Rechnungsjahre 1914, 1918-1922	1914-1922
5719	Etats- und Rechnungswesen sowie Steuerangelegenheiten	1933-1944
5720	Klagen der Einwohner wegen zu starker Belastung bei Festsetzung der Kriegslasten und anderer Beiträge	1810-1843
5721	Nachtigallensteuer	1843
	Erhebung der Gemeindesteuern und Beschwerden darüber	
5722	Bd 1	1843-1879
	Bd 2 fehlt	
5723	Bd 3	1905-1922
5724	Gemeindesteuerangelegenheiten	1934-1940
5725	Erhebung des Bürgerrechtsgeldes und Beschwerden darüber	1854-1892
5727	Antrag des Mühlenmeisters Zimmer und anderer Einwohner um Erlaß der an die Kämmerei zu entrichtenden Pacht	1820-1836
	Be- und Entwässerung der Stadt	
5728	Bd 1	1901-1912
5729	Bd 2	1912-1943

3.66. Templin

	Ein- und Durchführung der neuen Städteordnung	
	Bd 1 fehlt	
5730	Bd 2	1823-1841
5731	Bd 3	1841-1848
5732	Bd 4	1849-1870
	Wahl und Einführung der Bürgermeister und der übrigen Magistratspersonen	
5733	Bd 1	1871-1905
5734	Bd 2	1906-1929
5735	Bd 3	1929-1944
	Borgmann, Willi, geb. 15.2.1838, Bürgermeister, *siehe I Pers. Nr. 499*	1856-1864
	Mann, Adolf, Bürgermeister, *siehe I Pers. Nr. 3493/0*	1902-1911

	Neumann, Richard, Bürgermeister, *siehe I Pers. Nr. 3963/1*	1897-1909
5735/1	Gewerksassessoren (Magistratsmitglieder)	1831-1841
5736	Gesuche von Magistratsmitgliedern um Genehmigung zur Übernahme von Vormundschaften und Nebenämtern	1841-1871
	Anstellung der unteren Beamten des Magistrats	
5737		1824-1866
5738		1867-1905
5739	Anstellung eines Hilfsschreibers sowie Untersuchung gegen den Privatsekretär Bracklow wegen Unterschlagung Enthält u.a.: Bestallung für den Bürgermeister Papenbrock, 1831.	1831-1865
	Beschwerden über den Magistrat	
5740	Bd 1	1822-1842
5741	Bd 2	1849-1911
5742	Beschwerden über den Bürgermeister Nitzschke wegen seiner Amtsführung	1875-1879
5743	Gegenseitige Beschwerden des Magistrats, der Stadtverordneten und der Deputationsmitglieder	1828-1872
5744	Beschwerden über untere Beamte des Magistrats	1877-1899
5745	Bürgerrecht	1820-1848
5746	Einführung det Gemeindeordnung (Gesetz vom 11. März 1850)	1851-1852
5747	Kämmereirechnungen	1808-1809
	Rechnungsextrakte des Magistrats über die Verwaltung des Gemeindevermögens Bd 1 fehlt	
5748	Bd 2	1841-1863
	Kommunalhaushalt	
5750	Bd 1	1821-1858
5751	Bd 2	1859-1863
5752	Bd 3	1864-1872
5753	Etats der Stadtkasse für die Rechnungsjahre 1873-1883	1872-1882

	Haushaltspläne und Verwaltungsberichte der Stadt Bd 1-2 fehlen	
5754	Bd 3	1905-1922
	Haushaltsplan der Stadt	
5755	für das Rechnungsjahr 1910	1910
5756	für das Rechnungsjahr 1919	1919
5757	Bericht über die Verwaltung und den Stand der Gemeindeangelegenheiten der Stadt für die Rechnungsjahre 1924-1926	1927
	Haushaltsplan der Stadt	
5758	für das Rechnungsjahr 1926	1926
5759	für das Rechnungsjahr 1932	1932
5760	für das Rechnungsjahr 1933	1933
5761	Etats- und Rechnungswesen sowie Steuerangelegenheiten	1933-1942
5762	Beschwerden mehrerer Einwohner über zu starke Heranziehung zu den Kriegs- und anderen städtischen Lasten sowie Festsetzung der Grundsätze zur Aufbringung der Gelder und Verteilung der übrigen Lasten	1811-1860
	Erhebung von Gemeindesteuern und Beschwerden darüber Bd 1 fehlt	
5763	Bd 2	1891-1911
	Bd 3-5 fehlen	
5764	Bd 6	1921-1931
5765	Stadtsparkasse	1912-1919
5766	Veräußerung und Ankauf verschiedener Grundstücke	1817-1866
5767	Verkauf städtischer Grundstücke	1867-1895
5768	Separation einiger zur Stadt gehörenden Weideplätze sowie Zugang zu Gärten vom Ratsteichufer aus	1821-1841
5769	Verstöße in Hütungsangelegenheiten	1821-1866
5770	Verpachung der Kämmereigrundstücke	1834-1854
5771	Separation der städtischen Feldmark	1834-1843

5772	Prozeß der Mietsbürger gegen die Kämmerei-, Haus- und Hufenbesitzer wegen des von den Mietsbürgern beanspruchten Hütungs- und Holzungsrechts in dem der Stadt gehörenden Holzrevier Buchholz	1844-1846
5773	Benutzung und Verwaltung städtischen Vermögens	1883-1886
5774	Begräbnisplatz und Leichenhalle	1879-1926
5775	Anlage eines Staues im Bürgergarten bei Templin	1844-1850
	Be- und Entwässerung der Stadt	
5776	Bd 1	1900-1910
5777	Bd 2	1910-1927
5778	Bd 3	1928-1939
5779	Bd 4	1940-1944

3.67. Teupitz

	Ein- und Durchführung der Städteordnung	
5780	Bd 1	1809-1840
5781	Bd 2	1844-1867
	Wahl und Einführung der Bürgermeister und übrigen Magistratsmitglieder	
5782	Bd 1	1868-1910
5783	Bd 2	1912-1940
	Lehmann, Paul, geb. 3.7.1885, Bürgermeister, *siehe I Pers. Nr. 3223/1*	1918-1921
	Rathenow, Franz, geb. 17.4.1881, Bürgermeister, *siehe I Pers. Nr. 4408/1*	1909-1911
	Zimmermann, Hermann, geb. 7.12.1840, Bürgermeister, *siehe I Pers. Nr. 6399/0*	1899-1907
5783/1	Konduitenlisten über die Magistratsmitglieder	1809
5784	Anstellung der unteren Beamten des Magistrats	1858-1911
5785	Beschwerden über untere Beamte des Magistrats	1884-1891

5786	Revision der Gemeindeverwaltung und Beschwerden über die Gemeindeverwaltung	1892-1916
5787	Bürgerrecht	1839-1842
6365	Abnahme der Stadtkassenrechnung für 1798/99-1807/08	1799-1809
5788	Kommunalhaushaltspläne und Verwaltungsberichte	1832-1889
5789	Etatswesen	1909
5790	Etats- und Rechnungswesen sowie Steuerangelegenheiten	1933-1936
5791	Erhebung der Gemeindesteuern und Beschwerden darüber	1810-1894
5792	Nachtigallensteuer	1843
5793	Erhebung des Bürgerrechtsgeldes und Beschwerden darüber	1854-1912
5794	Acker-, Wiesen- und Hütungsseparation	1807-1852
5795	Bauholzablösung	1852-1863
5796	Entwässerung der Landesirrenanstalt	1907-1934
5797	Kläranlagen für das Kreiskrankenhaus	1915

3.68. Trebbin

5798	Wahl eines Bürgermeisters sowie Beschwerdeangelegenheiten	1814-1821
	Ein- und Durchführung der neuen Städteordnung Bd 1-3 fehlen	
5799	Bd 4	1828-1841
5800	Bd 5	1841-1853
	Wahl und Einführung der Bürgermeister und der übrigen Magistratsmitglieder	
5801	Bd 1	1854-1894
5802	Bd 2	1895-1910
5803	Bd 3	1911-1939
5804	Bd 4	1939-1945

	Baudach, Theodor, geb. 2.8.1865, Bürgermeister, *siehe I Pers. Nr. 197/1*	1904-1927
	Deussen, Eugen, geb. 22.4.1852, Bürgermeister, *siehe I Pers. Nr. 897/1*	1901-1903
5805	Anstellung der Feldhüter	1820-1822
	Anstellung der unteren Beamten des Magistrats	
5806	Bd 1	1823-1896
5807	Bd 2	1897-1911
5809	Gegenseitige Beschwerden der Stadtverordneten und des Magistrats	1809-1845
5810	Anstellung des Bürgermeisters Werkmeister und Beschwerden gegen ihn	1836-1855
5811	Beschwerden gegen den Bürgermeister Werkmeister	1837-1849
	Beschwerden gegen den Magistrat	
	Bd 1 fehlt	
5812	Bd 2	1876-1907
5813	Revision der Gemeindeverwaltung und Beschwerden über die Gemeindeverwaltung	1885-1906
5814	Beschwerden über untere Beamte des Magistrats	1887-1893
5815	Bürgerrecht	1814-1844
5816	Einführung der Gemeindeordnung (Gesetz vom 11. März 1850)	1852
5817	Rechnungsextrakte des Magistrats über die Verwaltung des städtischen Vermögens	1815-1864
5818	Rechnungsfeststellungsbeschlüsse und Revision der städtischen Kassen	1865-1911
5819	Kommunalhaushalt	1829-1867
5820	Kommunalhaushaltspläne und Verwaltungsberichte	1868-1885
5821	Etats- und Rechnungswesen und Steuerangelegenheiten	1933-1944

	Beschwerden mehrerer Einwohner über zu starke Heranziehung zu den Kriegs- und anderen städtischen Lasten und die Grundsätze zur Aufbringung der Abgaben Bd 1 fehlt	
5822	Bd 2	1841-1867
5822/1	Leistung von Fuhren durch die Gespann haltenden Einwohner	1840-1842
5823	Erhebung des Bürgerrechtsgeldes und Beschwerden darüber	1853-1909
5824	Stadtsparkasse	1903-1920
5825	Rittergutsqualität des Burglehns	1826
5825/1	Feldpolizeiordnung	1834-1839
5826	Land- und Tongraben auf städtischem Territorium	1842-1862
	Pachtverhältnisse und Hütungskontrakte sowie Verstöße in Hütungsangelegenheiten	
5827	Bd 1	1842-1861
5828	Bd 2	1861-1870
	Be- und Entwässerung der Stadt	
5829	Bd 1	1901-1936
5830	Bd 2	1937-1944

3.69. Treuenbrietzen

	Ein- und Durchführung der Städteordnung Bd 1-2 fehlen	
5831	Bd 3	1836-1847
5832	Bd 4	1848-1872
	Wahl und Einführung der Bürgermeister und der übrigen Magistratspersonen	
5833	Bd 1	1875-1911
5834	Bd 2	1912-1937
5835	Bd 3	1935-1943
5836	Disziplinaruntersuchung gegen den Bürgermeister Ernst Traugott Haberland wegen Vernachlässigung seiner Amtspflichten	1847-1848

	Anstellung von Beamten, Rats- und Polizeidienern	
5837	Bd 1	1817-1864
5838	Bd 2	1865-1906
5839	Anstellung der Stadtsekretäre	1857-1862
5841	Beschwerden gegen den Magistrat	1828-1850
5842	Beschwerden gegen Magistratsmitglieder	1906-1907
5843	Beschwerden des Stadtgerichts gegen den Magistrat	1833-1854
5846	Erteilung des Bürgerrechts	1810-1849
5847	Einführung der Gemeindeordnung (Gesetz vom 11. März 1850)	1851-1853
	Haushaltspläne der Kämmereikasse	
5848	Bd 1	1831-1853
5849	Bd 2	1854-1862
5850	Bd 3	1862-1875
5850/1	Haushaltsplan der Stadtgemeinde für das Rechnungsjahr 1930 mit Nachtrag	1930
5851	Etats- und Rechnungswesen sowie Steuerangelegenheiten	1933-1941
5852	Haushaltssatzung und Haushaltsplan der Stadt für das Rechnungsjahr 1936	1936
5853	Nachtragshaushaltssatzung der Stadt für das Rechnungsjahr 1936	1937
5854	Haushaltsplan der Stadt für das Rechnungsjahr 1937	1937
5855	Rechnungsextrakte des Magistrats über die Verwaltung des Gemeindevermögens	1842-1872
5856	Außerordentliche Prüfung der Kämmereikasse und Ordnungsprüfungen für die Rechnungsjahre 1932-1934	1935-1937
5857	Aufnahme eines Darlehens von 500 000 RM zur Arbeitsbeschaffung durch Baumaßnahmen Enthält u.a.: Haushaltsangelegenheiten.	1936

5858	Beschwerden mehrerer Einwohner über zu starke Heranziehung zu den Kriegs- und übrigen städtischen Lasten	1810-1855
5859	Erhebung der Gemeindesteuern und Beschwerden darüber	1855-1910
5860	Nachtigallensteuer	1842
	Stadtsparkasse	
5861	Bd 1	1850-1881
5862	Bd 2	1878-1905
5863	Bd 3	1905-1917
5864	Bd 4	1918-1935
5865	Bd 5	1935-1937
5866	Bd 6	1938-1940
5867	Bd 7	1941-1944
6368	Berechnung der Kosten für Vermessung, Anfertigung einer Karte und eines Vermessungsregisters der Wiesen der Stadt	1791-1810
5868	Separation	1818-1842
5869	Separation der städtischen Feldmark	1843-1911
5870	Kämmereigrundstücke und Verweigerung der Hütung des Viehs der Hüfnerschaft auf einem Teil dieser Grundstücke	1823-1841
5871	Veräußerung von Kommunalgrundstücken	1826-1865
5872	Kämmereiziegelei	1834-1840
5873	Parzellierung von Grundstücken und Verteilung der Abgaben	1834-1845
5874	Verstöße in Hütungsangelegenheiten	1835-1865
5875	Anlegung von Viehtriften	1838
5876	Grenzstreitigkeiten	1842-1859
5877	Vorflutsangelegenheiten	1854-1865
	Be- und Entwässerung der Stadt	
5878	Bd 1	1896-1909
5879	Bd 2	1910-1939
5880	Bd 3	1940-1942

5881 Anlage eines Rieselfeldes für die Pflegeanstalt 1915

5882 Abwässer der Zellulosefabrik 1936-1939

3.70. Velten

5883 Wahl und Einführung der Bürgermeister und der übrigen Magistratspersonen 1935-1944

5884 Etats- und Rechnungswesen sowie Steuerangelegenheiten 1936-1944

6371 Haushaltspläne der Gemeinde Velten für die Jahre 1906/07 bis 1909, 1911, 1912 und für 1930/31, mit Rechnungsabschlüssen 1906-1912, 1930

3.71. Vierraden

Ein- und Durchführung der Städteordnung
Bd 1 fehlt
5885 Bd 2 1828-1856

Wahl und Einführung der Bürgermeister und der übrigen Magistratsmitglieder
Bd 1-2 fehlen
5886 Bd 3 1856-1893
5887 Bd 4 1895-1911
5888 Bd 5 1912-1941

Lauschner, Bürgermeister, *siehe I Pers. Nr. 3189/1-2* 1908-1923

Dr. Müller, Paul, geb. 3.11.1876, Bürgermeister, *siehe I Pers. Nr. 3865/1* 1906

Schmidt, Gustav, geb. 6.9.1873, Bürgermeister, *siehe I Pers. Nr. 5031/2* 1901-1906

5889 Anstellung der unteren Beamten des Magistrats 1824-1911

5890 Beschwerden gegen Bürgermeister Keller 1842-1848

5892 Erteilung des Bürgerrechts 1830-1842

5893 Einführung der Gemeindeordnung (Gesetz vom 11. März 1850) 1852

5894	Rechnungsextrakte des Magistrats über die Verwaltung des Gemeindevermögens	811-1848
5895	Rechnungsfeststellungsbeschlüsse und Revision der städtischen Kassen	1848-1893
5896	Haushaltspläne und Verwaltungsberichte	1830-1871
	Kommunalhaushaltspläne und Verwaltungsberichte	
5897	Bd 1	1872-1879
	Bd 2 fehlt	
5898	Bd 3	1894-1906
5899	Etats- und Rechnungswesen sowie Steuerangelegenheiten	1933
5900	Beschwerden mehrerer Einwohner über zu starke Heranziehung zu den Kriegs- und übrigen städtischen Lasten	1810-1851
5901	Erhebung der Gemeindesteuern und Beschwerden darüber	1896-1922
5902	Kommunalsteuer	1831-1849
5903	Benutzung der Feldwege auf der Feldmark	1833-1846
5904	Brennholzablösung	1856-1866
5904/1	Anlage eines Begräbnisplatzes für die jüdische Gemeinde	1838
5905	Entwässerung einer Ackerfläche der Feldmark durch unterirdische Röhren	1852

Wendisch Buchholz
siehe Märkisch Buchholz

3.72. Werder (Havel)

5905/1	Anstellung des Bürgermeisters, Akzise- und Kriegsmetz-Einnehmers und der Magistratspersonen	1758-1814
5906	Ein- und Durchführung der Städteordnung	1809-1849

	Wahl und Einführung der Bürgermeister und übrigen Magistratsmitglieder	
5907	Bd 1	1850-1878
5908	Bd 2	1879-1912
5909	Bd 3	1914-1939
5910	Bd 4	1940-1944
	Dümichen, Bürgermeister, *siehe I Pers. Nr. 1057/1*	1906-1917
	Besetzung der Stellen für untere Beamte	
5911	Bd 1	1844-1891
5912	Bd 2	1892-1911
5913	Anstellung der Magistratsbürobeamten	1865-1870
5915	Beschwerden über Magistratsmitglieder	1836-1910
5916	Beschwerden und Untersuchungen gegen den Bürgermeister Müller u.a. wegen Annahme von Geldgeschenken	1875-1878
5917	Beschwerden in verschiedenen Gemeindeangelegenheiten	1874-1914
5918	Bürgerrecht	1823-1852
5919	Einführung der Gemeindeordnung (Gesetz vom 11. März 1850)	1851-1853
5920	Benutzung und Verwaltung des städtischen Vermögens	1886
6366	Kämmereirechnung der Stadt für 1808/09	1809
5921	Rechnungsextrakte des Magistrats über die Verwaltung des Gemeindevermögens	1810-1858
5922	Rechnungsfeststellungsbeschlüsse und Revision der städtischen Kassen	1859-1911
5923	Kommunalhaushalt	1832-1862
	Kommunalhaushaltspläne und Verwaltungsberichte	
5924	Bd 1	1863-1875
5925	Bd 2	1876-1888
5925/1	Haushaltsplan der Stadt für das Rechnungsjahr 1930	1930

	Etats- und Rechnungswesen sowie Steuerangelegenheiten Bd 1 fehlt	
5926	Bd 2	1933-1939
5927	Haushaltssatzung der Stadt	1938
5928	Finanzlage der Stadt	1934-1935
5929	Finanzlage und Finanzwirtschaft der Stadt, Beitritt der Stadt zum Umschuldungsverband	1935-1936
5930	Bericht über die Prüfung der finanziellen Maßnahmen der Stadt in den letzten 2 Jahren	1935
5931	Darlehn der Stadt bei der Werderschen Bank über 30 000 RM	1935
5932	Darlehn der Stadt bei der Bank für Landwirtschaft über 20 000 RM	1935
5933	Umwandlung der Kassenkredite der Stadt von 221 772 RM in ein langfristiges Darlehn	1935
5934	Langfristige Darlehn und Umwandlung kurzfristiger in langfristige für die Stadt	1936
	Umwandlung kurzfristiger Kredite (Kassenkredite) der Stadtgemeinde (Kämmereikasse) und des städtischen Kraftverkehrs bei der städtischen Sparkasse in langfristige Tilgungsdarlehn	
5935		1936
5936		1936
5936/1	Krankenhausbau der Stadt sowie Stellenplan der Stadtgemeinde	1938
5937	Beschwerden über zu starke Heranziehung zu den Kommunalabgaben, Verteilung der Lasten	1810-1852
	Erhebung der Gemeindesteuern und Beschwerden darüber	
5938	Bd 1	1853-1885
	Bd 2 fehlt	
5939	Bd 3	1910-1922
	Stadtsparkasse	
5940	Bd 1	1886-1903
5941	Bd 2	1894-1911

5942	Bd 3	1911-1929
5943	Bd 4	1927-1936
5944	Bd 5	1936-1938
5945	Bd 6	1939-1940
5946	Bd 7	1941-1943
5947	Sonderprüfung der Stadtsparkasse	1935-1936
5948	Vermögensrechtliche Auseinandersetzung zwischen der Stadtgemeinde und der Städtischen Sparkasse wegen der ehemals Kärgerschen Grundstücke	1935-1939
5949	Auseinandersetzung zwischen der Stadt und der Stadtsparkasse wegen der Zernseewiesen und der ehemals Kärgerschen Grundstücke	1936-1937
	Überlassung der Zernseewiesen an das Luftfahrtministerium für den Flugplatz in Werder (Havel)	
5950		1936
5951		1936
6370	Gesuch des Seifensieders Hinze um Rückgabe eines eingereichten Kaufkontrakts über die unbewegliche Hinterlassenschaft seines Vaters	1809
5951/1	Maulbeerbaumplantage	1834-1837
5952	Verstöße in Hütungs- und Feldpolizeiangelegenheiten	1869
5953	Zuschüttung des Abzugsgrabens am Lindendamm	1868
	Be- und Entwässerung der Stadt	
	Bd 1 fehlt	
5954	Bd 2	1908-1912
5955	Bd 3	1913-1929
5956	Bd 4	1930-1942

3.73. Werneuchen

	Wahl und Einführung der Bürgermeister und der übrigen Magistratsmitglieder	
5958	Bd 1 Enthält u.a.: Statut für die Stadt Werneuchen vom 11. Juli 1865.	1865-1889

5959 Bd 2 1889-1940
5960 Bd 3 1940-1945

Heggemann, Nathanael, geb. 26.8.1859, Bürgermeister, 1902-1918
siehe I Pers. Nr. 1981/1

Krause, Gustav, geb. 19.9.1881, Bürgermeister, 1918-1922
siehe I Pers. Nr. 2916

Dienststrafverfahren gegen Bürgermeister Oskar Lehmann, 1933-1937
siehe Rep. 31 B Nr. 1147

5961 Kommunalhaushaltspläne und Verwaltungsberichte 1866-1888

5962 Etats- und Rechnungswesen sowie Steuerangelegenheiten 1933-1940

5963 Rechnungsfeststellungsbeschlüsse und Revision der städtischen Kassen 1873-1910

Erhebung einer Gemeindesteuer und Beschwerden darüber
5964 Bd 1 1817-1888
5965 Bd 2 1889-1911

5966 Stadtsparkasse 1904-1923

5967 Wasserangelegenheiten in Werneuchen 1930-1944

3.74. Wilmersdorf

5968 Wahl und Einführung der Bürgermeister und der übrigen Magistratsmitglieder 1906-1920

5969 Verleihung der Stadtrechte an die Landgemeinde Deutsch Wilmersdorf 1906-1907

Brohm, Oskar, geb. 2.3.1874, Gemeindeschöffe und zweiter Stellvertreter des Amts- und Gemeindevorstehers, 1907
siehe I Pers. Nr. 627/1

Habermann, Ernst, geb. 8.6.1866, Oberbürgermeister, 1907-1919
siehe I Pers. Nr. 1843/0

	Herrnring, Otto, geb. 22.8.1858, Stadtbaurat, *siehe I Pers. Nr. 2075*	1907-1918
	Junghans, Paul, Stadtrat, *siehe I Pers. Nr. 2503*	1916-1918
	Lambert, Otto, geb. 5.7.1856, Stadtbaurat, *siehe I Pers. Nr. 3128*	1907, 1912
	Müller, Hermann, Stadtbaurat, *siehe I Pers. Nr. 3844*	1907, 1917
	Peters, Alfred, geb. 6.7.1965, Zweiter Bürgermeister, *siehe I Pers. Nr. 4167/1*	1907-1918
	Rohde, Gottlieb, Besoldeter Kämmerer, *siehe I Pers. Nr. 4633/2*	1909
	Schmidt, Hugo, geb. 9.5.1870, Stadtbaurat, *siehe I Pers. Nr. 5040/1*	1918
	Dienststrafverfahren gegen den ehemaligen Bürgermeister Wendland, *siehe I P Nr. 1489/3*	1935
5971	Wahl der Stadtverordneten	1906-1912
5972	Beschwerden in verschiedenen Gemeindeangelegenheiten	1907-1920
	Die Blisse-Stiftung	
	Bd 1 fehlt	
5973	Bd 2	1908-1915
5974	Anlegung von Begräbnisplätzen	1912-1920
5975	Berechnung zu dem Entwurf für die Kanalisation von Wilmersdorf	1902

3.75. Wilsnack

5976	Ein- und Durchführung der Städteordnung	1809-1841
	Wahl und Einführung der Bürgermeister und der übrigen Magistratspersonen	
	Bd 1 fehlt	
5977	Bd 2	1890-1936
5978	Bd 3	1941-1943

	Dr. Knarr, Martin, geb. 30.8.1876, Bürgermeister, *siehe I Pers. Nr. 2703/2*	1906-1916
	Schulz, Alfred, geb. 12.10.1877, Bürgermeister, *siehe I Pers. Nr. 5245/2*	1916-1921
5979	Gesuche der Magistratsmitglieder um Genehmigung zur Übernahme von Nebenämtern	1829-1872
5980	Anstellung der unteren Beamten des Magistrats	1827-1910
5981	Wahl der Stadtverordnetenversammlung	1841-1889
	Beschwerden über Magistratsmitglieder	
5983		1838-1870
5984		1893-1914
5985	Erteilung des Bürgerrechts	1816-1842
5986	Einführung der Gemeindeordnung (Gesetz vom 11. März 1850)	1852
5986/1	Ortsstatuten auf Grund des § 11 der Städteordnung	1879-1931
	Kommunalhaushaltspläne und Verwaltungsberichte	
5987	Bd 1	1830-1876
5988	Bd 2	1877-1885
5989	Etats- und Rechnungswesen sowie Steuerangelegenheiten	1933-1943
5990	Staatsbeihilfen für die Stadt	1936-1940
5991	Gewährung einer einmaligen und außerordentlichen Beihilfe aus dem staatlichen Ausgleichstock zwecks Minderung der städtischen Schuldenlast	1939
5992	Rechnungsfeststellungsbeschlüsse und Revision der städtischen Kassen	1838-1890
5993	Beschwerden mehrerer Einwohner über zu starke Heranziehung zu den Kriegs- und anderen städtischen Lasten	1810-1838
	Erhebung der Gemeindesteuern und Beschwerden darüber	
5994	Bd 1	1839-1891
5995	Bd 2	1892-1911

Stadtsparkasse
5996 Bd 1 1872-1905
5997 Bd 2 1905-1913
5998 Bd 3 1914-1924
5999 Bd 4 1930-1936
6000 Bd 5 1936-1939
6001 Bd 6 1939-1941
6002 Bd 7 1941-1944

3.76. Wittenberge

3.76.1. Verfassung und Verwaltung, Personal

Ein- und Durchführung der Städteordnung
Bd 1 fehlt
6003 Bd 2 1809-1852

Wahl und Einführung der Bürgermeister und der übrigen Magistratsmitglieder
6004 Bd 1 1853-1890
6005 Bd 2 1893-1911
6006 Bd 3 1911-1935
6007 Bd 4 1936-1945

Dr. jur. Bocksch, Hugo, geb. 1.10.1876, Erster Bürgermeister, *siehe I Pers. Nr. 439* 1910-1924

Dr. Klose, Stadtrat, *siehe I Pers. Nr. 2691* 1923

Dr. Linden, Franz, geb. 30.3.1886, Bürgermeister, *siehe I Pers. Nr. 3313* 1922-1933

Meyer, Hans-Hermann, geb. 23.11.1898, Oberbürgermeister, *siehe I Pers. Nr. 3694* 1932-1945

Nedwig, Paul, Erster Bürgermeister, *siehe I Pers. Nr. 3928/1* 1902-1911

Schneider, Georg, geb. 21.9.1864, Bürgermeister, *siehe I Pers. Nr. 5093* 1899-1934

Ussling, Oskar, geb. 25.1.1890, Zweiter Bürgermeister, *siehe I Pers. Nr. 5826* 1930-1945

6008	Ausscheiden der Stadt Wittenberge aus dem Kreise Westprignitz und Bildung eines Stadtkreises	1921-1922
	Dienststrafsache gegen den Stadtrat Otto Schulz wegen Bauangelegenheiten der Gemeinnützigen Wohnungsbaugesellschaft Wittenberge	
6010		1932-1934
6011		1933
6012	Unbesoldete Stadträte und andere kommunale Angelegenheiten	1930-1932
6014	Anstellung der unteren Beamten des Magistrats	1824-1872
	Anstellung der mittleren und unteren Beamten des Magistrats	
6015	Bd 1	1873-1900
6016	Bd 2	1901-1907
6017	Bd 3	1907-1911
	Bd 4 fehlt	
6018	Bd 5	1919-1926
6019	Bd 6	1926-1929
	Bd 7 fehlt	
6020	Bd 8	1934-1938
6021	Bd 9	1939-1945
6025	Wahl der Stadtverordneten Enthält u.a.: „Volks-Zeitung“, Sozialdemokratisches Organ für die Ost- und Westprignitz, 4. Jg., Nr. 81-83 vom 5.-7. Apr. 1922, Wittenberge.	1875-1933
6026	Stadtausschuß	1886-1937
	Besoldung, Ruhegehalt, Witwen- und Waisenversorgung der Beamten	
6027	Bd 1	1920-1924
6028	Bd 2	1924-1934
6029	Bd 3	1934-1937
6030	Bd 4	1938-1944
6031	Gegenseitige Beschwerden des Magistrats und der Stadtverordneten	1825-1849
	Beschwerden über Magistratsmitglieder	
6032	Bd 1	1831-1905
6033	Bd 2	1906-1911

6034	Beschwerden über untere Beamte des Magistrats	1877-1911
	Beschwerden in verschiedenen Gemeindeangelegenheiten	
6035	Bd 1	1880-1924
6036	Bd 2	1924-1933
6037		1925-1927
6038	Revision der Gemeindeverwaltung und Beschwerden über die Gemeindeverwaltung	1894-1914
6039	Verweigerung des Bürgerrechts	1820-1852
6040	Grenzen des Gemeindebezirks und Einverleibung von Grundstücken in denselben	1840-1942
6041	Einführung der Gemeindeordnung (Gesetz vom 11. März 1850)	1851-1852
6042	Ortsstatuten auf Grund des § 11 der Städteordnung vom 30. Mai 1853	1877-1933

3.76.2. Verwaltungsberichte, Etats- und Rechnungs-Sache

6043	Kommunalhaushalt	1820-1863
	Kommunalhaushaltspläne und Verwaltungsberichte	
6044	Bd 1	1864-1876
6045	Bd 2	1877-1885
	Bd 3-6 fehlen	
6046	Bd 7	1911-1924
6047	Bd 8	1924-1931
6048	Bd 9	1932-1935
6049	Bd 10	1935-1936
6050	Bd 11	1936-1937
6051	Anleihekontrolle der Stadt	1933-1941
6052	Bericht über die Verwaltung und den Stand der Gemeindeangelegenheiten für das Rechnungsjahr 1907	1908
6053	Etats der Stadt	1913-1926

	Haushaltspläne der Stadt	
6054		1924
6055		1925
6056		1926
6057		1924-1926
6058		1927
6059		1927-1931
6060		1932
6061		1933
6062		1932-1934
6063		1934
6065		1940
6066		1940
6068		1941
6069		1941
6070		1943
6071	Rechnungsextrakte des Magistrats über die Verwaltung des Gemeindevermögens	1810-1855
	Rechnungsfeststellungsbeschlüsse und Revision der städtischen Kassen	
6072	Bd 1	1856-1911
6073	Bd 2	1912-1931
6074	Bericht über die Ordnungsprüfung der Jahresrechnung 1934 der Stadtverwaltung	1936
	Berichte über die bei den städtischen Gas- und Wasserwerken und beim Packhof durchgeführte Pflichtprüfung	
6075	für die Geschäftsjahre 1934, 1935	1936
6076	für das Geschäftsjahr 1936	1937
6077	für das Geschäftsjahr 1936	1937
6078	für das Geschäftsjahr 1936	1938
6079	Wirtschaftsplan für die Stadtwerke Wittenberge für 1943	1943
6081	Finanzierung der höheren Lehranstalten	1900-1945

3.76.3. Abgaben, Lasten

6082	Beschwerden mehrerer Einwohner über zu starke Heranziehung zu den Kriegs- und anderen städtischen Lasten, Gesuche um Erlaß der Abgaben	1817-1858
	Gemeindesteuerangelegenheiten und Beschwerden darüber	
6083	Bd 1	1858-1886
	Bd 2-4 fehlen	
6084	Bd 5	1922-1924
6084/1	Bd 6	1924-1925
6085	Bd 7	1925-1928
6086	Bd 8	1927-1929
6087	Bd 9	1929-1932
6088	Bd 10	1931-1934
6089	Bd 11	1934-1944
6090	Steuerordnungen	1918-1924
6091	Erhebung einer Hundesteuer und Beschwerden darüber	1845-1942
	Erhebung des Bürgerrechtsgeldes und Beschwerden	
6092	Bd 1	1854-1910
6093	Bd 2	1913-1914
6094	Verteilung der Einquartierungslast	1869-1926

3.76.4. Sparkasse

	Stadtsparkasse	
6095	Bd 1	1849-1880
6096	Bd 2	1884-1905
6097	Bd 3	1906-1913
6098	Bd 4	1913-1929
	Bd 5 fehlt	
6099	Bd 6	1930-1936
6100	Bd 7	1936-1937
6101	Bd 8	1938-1940
6102	Bd 9	1940-1942
6103	Bd 10	1942-1944

3.76.5. Grundstücks-Sachen

6104 Separation der städtischen Feldmark 1819-1941

6105 Rittergut (Burg) Wittenberge der Kämmerei 1835-1850

6106 Klage mehrerer Bürgerstellenbesitzer gegen den Magistrat wegen Verpachtung einiger Ländereien 1837-1841

6107 Klage von 81 Vollbürger- und 26 Halbbürgerstellenbesitzern gegen die Stadtkommune wegen Herausgabe erhobener und Überlassung künftiger Grundzinse 1838-1849

Verkauf städtischer Grundstücke
6108 1838-1889
6109 1890-1939

6110 Bebauung der in der Richtung nach den neuen Eisenbahnhöfen gelegenen Bürgergrundstücke 1846-1847

3.76.6. Begräbnisplätze

6111 Friedhofsangelegenheiten 1928-1944

3.76.7. Wasserversorgung

Be- und Entwässerung der Stadt
6113 Bd 1 1897-1906
6114 Bd 2 1907-1929

3.77. Wittstock

Ein- und Durchführung der Städteordnung
Bd 1-2 fehlen
6115 Bd 3 1823-1848

Wahl und Einführung der Bürgermeister und der übrigen Magistratspersonen
6116 Bd 1
6117 Bd 2 1849-1888
6118 Bd 3 1888-1934
1934-1943

	Festerling, Konrad, geb. 11.10.1881, Bürgermeister, *siehe I Pers. Nr. 1241/1*	1919-1945
	Dr. Schulz, Franz, geb. 10.10.1856, Bürgermeister, *siehe I Pers. Nr. 5294/2*	1899-1919
6119	Genehmigung der Gesuche von Magistratsmitgliedern um Übernahme von Nebenämtern	1858-1868
6120	Disziplinarverfahren gegen den Sparkassendirektor Willy Kirchner, den Girokassenvorsteher Walter Amelung und den Bürgermeister Voigt wegen Amtsverbrechens Enthält u.a.: Flugblatt der Reichspartei des deutschen Mittelstandes, Wahlkreis I Potsdam.	1927-1929
6120/1	Disziplinarveröffentlichungsbeschlüsse in der Disziplinarsache gegen den Bürgermeister Voigt in Wittstock wegen Amtsvergehens, insbesondere bei der Verwaltung der Sparkasse	1926-1931
	Dienststrafverfahren gegen Bürgermeister Waldemar Voigt, *siehe I P Nr. 1486-1487 und Rep. 31 B Nr. 1168-Nr. 1169*	1932-1934
6121	Anstellung der unteren Beamten des Magistrats	1821-1871
	Anstellung der unteren Beamten des Magistrats	
6122	Bd 1	1872-1910
6123	Bd 2	1911-1931
6383	Dienststrafakten über den Stadtobersekretär Wilhelm Kehrberg	1929-1932
6127	Dienststrafverfahren gegen den Girokassenvorsteher Amelung wegen Dienstvergehens	1932-1938
6129	Beschwerden gegen den Magistrat	1829-1865
6130	Beschwerden gegen den Magistrat und den Bürgermeister	1842-1881
6131	Bürgerrecht	1810-1855
6132	Einverleibung der Amtsfreiheit in den Kommunalverband der Stadt	1836-1848

6133	Kommissionsakten des Regierungsrats Marot über die Vereinigung der Amtsfreiheit und der Röbelschen Mühle mit dem Kommunalverbande der Stadt	1847
6134	Einführung der Gemeindeordnung vom 11. März 1850	1852-1860
6135	Kämmereirechnungen	1808-1809
	Rechnungsextrakte des Magistrats und die Kommunalverwaltung	
	Bd 1 fehlt	
6136	Bd 2	1829-1858
	Kommunalhaushalt	
6137	Bd 1	1830-1856
6138	Bd 2	1857-1861
6139	Bd 3	1862-1867
6140	Bd 4	1868-1871
	Kommunalhaushaltspläne und Verwaltungsberichte	
6141	Bd 1	1873-1879
6142	Bd 2	1879-1885
	Bd 3-4 fehlen	
6142/1	Bd 5	1904-1906
	Haushaltsplan der Stadt	
6143	für das Rechnungsjahr 1882-1883	1882
6144	für das Rechnungsjahr 1883-1884	1883
6145	für das Rechnungsjahr 1885-1886	1884-1886
6146	für das Rechnungsjahr 1887-1888	1886
6147	für das Rechnungsjahr 1888-1889	1887
	Haushaltsplan der Stadt	
6149	für das Rechnungsjahr 1922	1922
6150	für das Rechnungsjahr 1926	1926
6151	Etats- und Rechnungswesen sowie Steuerangelegenheiten	1933-1944
	Verteilung und Aufbringung der Kommunalabgaben und anderen Lasten, Beschwerden über zu hohe Abgaben	
	Bd 1 fehlt	
6152	Bd 2	1841-1853
6153	Erhebung der Gemeindesteuern und Beschwerden darüber	1854-1885

6154	Nachtigallensteuer	1842-1843
	Stadtsparkasse	
6155	Bd 1	1848-1888
6156	Bd 2	1889-1910
6157	Bd 3	1911-1929
6158	Bd 4	1929-1935
6159	Revision der Sparkassen	1929-1931
6159/1	Stadtziegelei	1837
6160	Verstöße in Hütungs- und Feldpolizeiangelegenheiten	1868
6161	Kanalisation des inneren Wallgrabens	1887
	Kanalisation und Wasserwerk der Stadt	
6162	Bd 1	1897-1933
6163	Bd 2	1934-1937
6164	Bd 3	1936-1942
6165	Wasserversorgungs- und Abwasserbeseitigungsanlagen	1942-1945
6166	Kläranlage für die Landarmen- und Siechenanstalt	1919-1940

3.78. Wriezen

	Ein- und Durchführung der Städteordnung	
	Bd 1 fehlt	
6167	Bd 2	1822-1848
6168	Bd 3	1849-1873
	Wahl und Einführung der Bürgermeister und der übrigen Magistratsmitglieder	
6169	Bd 1	1873-1905
6170	Bd 2	1906-1939
6171	Bd 3	1939-1943
6172	Dormann, Egon, geb. 20.3.1844, Bürgermeister	1899-1906
	Haase, Hermann, geb. 24.2.1860, Bürgermeister, *siehe I Pers. Nr. 1838/1*	1906-1925

6173	Besetzung des Polizeidiener- und Marktmeisterpostens	1823-1862
6176	Gegenseitige Beschwerden des Magistrats und der Stadtverordneten	1811-1845
6177	Beschwerden über den Magistrat	1822-1855
6178	Beschwerden über die Magistratsmitglieder	1856-1909
6179	Beschwerden über untere Beamte des Magistrats	1891-1904
6180	Erteilung des Bürgerrechts	1810-1856
6181	Einführung der Gemeindeordnung (Gesetz vom 11. März 1850)	1852
	Kommunalhaushalt	
6182	Bd 1	1828-1861
6183	Bd 2	1862-1872
	Kommunalhaushaltspläne und Verwaltungsberichte	
6184	Bd 1	1873-1880
6185	Bd 2	1880-1885
	Etat der Kämmereikasse	
6186	Bd 1	1883-1884
6187	Bd 2	1884-1885
6188	Bd 3	1885-1886
6189	Bd 4	1886-1887
6190	Bd 5	1887-1888
6191	Etats- und Rechnungswesen sowie Steuerangelegenheiten	1933-1944
	Rechnungsextrakte des Magistrats über die Verwaltung des städtischen Vermögens	
	Bd 1 fehlt	
6192	Bd 2	1836-1847
6193	Rechnungsfeststellungsbeschlüsse und Revision der städtischen Kassen	1848-1892
	Verteilung der Kommunallasten und Beschwerden über sie	
	Bd 1 fehlt	
6194	Bd 2	1823-1849
6195	Bd 3	1850-1870

6196	Erhebung von Gemeindesteuern und Beschwerden darüber	1895-1922
6197	Nachtigallensteuer	1843
6198	Prozeß des Magistrats gegen den Fiskus wegen 497 Rtlr. 29 Sgr. sogenannter supprimierter Gefälle	1851-1855
6199	Handakte des Justizrats und Notars Sello in Potsdam im Prozeß des Fiskus gegen den Magistrat wegen Fortgewähr supprimierter Gefälle	1851-1852
6200	Handakte des Justizrats Dr. Amelang im Prozeß des Fiskus gegen die Stadt Wriezen wegen Zahlung von jährlich 468 Rtlr. 8 Sgr. Bierziese	1852-1853
	Stadtsparkasse	
6201	Bd 1	1877-1911
6202	Bd 2	1897-1923
6203	Gesuche um Genehmigung zur Veräußerung von Grundstücken	1816-1873
6204	Verkauf städtischer Grundstücke	1873-1907
6205	Entwässerung des Garnisonlazaretts	1866-1878
	Be- und Entwässerung der Stadt	
6206	Bd 1	1906-1939
6207	Bd 2	1940-1944

3.79. Wusterhausen (Dosse)

	Ein- und Durchführung der Städteordnung Bd 1-4 fehlen	
6208	Bd 5	1825-1836
6209	Bd 6	1836-1844
	Wahl und Einführung des Bürgermeisters und der übrigen Magistratsmitglieder	
6210	Bd 1	1845-1885
6211	Bd 2	1886-1910
6212	Bd 3	1911-1942

	Arnold, Karl, geb. 28.8.1873, Bürgermeister, *siehe I Pers. Nr. 120*	1909-1932
	Hemrichs, Friedrich, geb. 27.11.1882, Bürgermeister, *siehe I Pers. Nr. 2009/1*	1926-1932
	Sonnenberg, Otto, geb. 1.2.1876, Bürgermeister, *siehe I Pers. Nr. 4850*	1903-1909
	Steinbach, Emil, Bürgermeister, *siehe I Pers. Nr. 5458*	1898-1909
	Anstellung der unteren Beamten des Magistrats	
6214	Bd 1	1816-1871
6215	Bd 2	1869-1910
6216	Besetzung der Stelle des Stadtsekretärs und des Gemeindeeinnehmers	1855-1893
6218	Disziplinaruntersuchung gegen den Polizeihauptwachtmeister Wilhelm Lehne wegen Fehlverhaltens im Dienst Enthält u.a.: Zusammenstoß mit Arbeitern.	1928-1932
6219	Wahl der Stadtverordneten	1894-1921
6220	Beschwerden gegen den Magistrat	1825-1850
	Gegenseitige Beschwerden des Magistrats und der Stadtverordneten Bd 1 fehlt	
6221	Bd 2	1842-1848
	Beschwerden über Magistratsmitglieder Bd 1-2 fehlen	
6222	Bd 3	1837-1851
6223	Bd 4	1851-1905
6224	Beschwerden in verschiedenen Gemeindeangelegenheiten	1874-1932
6225	Revision der Gemeindeverwaltung und Beschwerden über die Gemeindeverwaltung	1885-1902
6226	Erteilung des Bürgerrechts	1810-1853
6227	Einführung der Gemeindeordnung	1852

	Kommunalhaushalt	
6228	Bd 1	1832-1864
6229	Bd 2	1865-1871
6230	Kommunalhaushaltspläne und Verwaltungsberichte	1872-1883
	Haushaltsplan der Kämmereikasse	
6231	für das Rechnungsjahr 1920	1920
6232	für das Rechnungsjahr 1921	1921
6233	für das Rechnungsjahr 1922	1922
6234	Etats- und Rechnungswesen sowie Steuerangelegenheiten	1934-1941
6367	Kämmereirechnung der Stadt für 1808/09	1810
	Rechnungsextrakte des Magistrats und die Kommunalverwaltung Bd 1-2 fehlen	
6235	Bd 3	1842-1872
	Beschwerden mehrerer Einwohner über zu starke Heranziehung zu den städtischen Lasten, Feststellung der Grundsätze zur Aufbringung der Gelder und Verteilung der übrigen Lasten Bd 1 fehlt	
6236	Bd 2	1815-1853
	Erhebung der Gemeindesteuern	
6237	Bd 1	1855-1895
6238	Bd 2	1896-1922
	Stadtsparkasse	
6239	Bd 1	1885-1909
6240	Bd 2	1909-1917
6241	Bd 3	1918-1929
6242	Bd 4	1928-1936
6243	Bd 5	1937-1939
6244	Bd 6	1939-1941
6245	Bd 7	1942
6246	Entrichtung der Abgaben von verschiedenen Grundstücken an die Kämmerei und Verpachtung des Marktstandgeldes	1837-1842
6247	Abgaben der Bürgerschaft für das auf dem Holzabgabeplatz aufzustellende Klafterholz	1837-1854

6248	Nachtigallensteuer	1843
6249	Gesuche mehrerer Einwohner im Kämmereidorf Läsikow um Genehmigung zur Vereinigung oder Zerstückelung ihrer Grundstücke	1812-1837
6250	Separation der städtischen Feldmark	1815-1859
6250/1	Verwandlung einer Elslake in Wiesen	1820-1822
6251	Verstöße in Hütungsangelegenheiten	1829-1847
6252	Verkauf städtischer Grundstücke	1836-1886
6253	Ablösung der Burgwallbesitzer von der auf ihren Grundstücken bestehenden Verpflichtung	1899-1906
6254	Be- und Entwässerung	1896-1936

3.80. Zehdenick

	Ein- und Durchführung der neuen Städteordnung	
	Bd 1 fehlt	
6255	Bd 2	1820-1840
6256	Bd 3	1841-1872
	Wahl und Einführung der Bürgermeister und der übrigen Magistratsmitglieder	
6257	Bd 1	1872-1891
6258	Bd 2	1892-1934
	Dr. Hüfner, Ernst, geb. 8.6.1874, Bürgermeister, *siehe I Pers. Nr. 2319/1*	1910-1919
	Thurow, Franz, geb. 15.6.1867, Bürgermeister, *siehe I Pers. Nr. 5683/1*	1919-1933
6259	Beschwerden des Ziegeleibesitzers Schmidt und des Domänenpächters Kortenbeitel über Bürgermeister Mann wegen Ankaufs von Grundstücken und Ländereien für den Fiskus	1907-1908
6260	Anstellung der unteren Beamten und der Stadtförster	1831-1873

6261	Anstellung der unteren Beamten des Magistrats	1873-1905
6263	Beschwerden über den Magistrat	1827-1860
6264	Beschwerden über Magistratsmitglieder	1861-1904
6265	Beschwerden über den Bürgermeister Warmburg	1875-1880
6266	Bürgerrecht	1828-1842
6267	Einführung der Gemeindeordnung (Gesetz vom 11. März 1850)	1852
6268	Grenzen des Gemeindebezirks und Einverleibung von Grundstücken in denselben	1874-1926
6269	Kämmereirechnung für die Zeit vom 1. Juni 1808 bis 31. Mai 1809	1808-1809
	Rechnungsextrakte des Magistrats über die Verwaltung des Gemeindevermögens	
6270	Bd 1	1812-1847
6271	Bd 2	1849-1867
6272	Kommunalhaushalt	1829-1858
	Kommunalhaushaltspläne und Verwaltungsberichte	
6273	Bd 1	1859-1880
6274	Bd 2	1880-1888
	Haushaltsplan der Stadt	
6275	für das Rechnungsjahr 1906	1906
6276	für das Rechnungsjahr 1907	1907
6277	für das Rechnungsjahr 1908	1908
6278	für das Rechnungsjahr 1910	1910
6279	für das Rechnungsjahr 1931	1931
6280	für das Rechnungsjahr 1932	1932
6281	Haushaltssatzung der Stadt für das Rechnungsjahr 1936	1936
6282	Gemeindehaushalts- und Verwaltungsberichte Enthält u.a.: Verwaltungsbericht 1933/1935.	1934-1943
	Erweiterung des städtischen Krankenhauses	
6283		1937
6284		1937
	Enthält u.a.: Pläne.	

	Beschwerden mehrerer Einwohner über die Verteilung der Kriegs- und anderen städtischen Lasten	
6285	Bd 1	1810-1845
6286	Bd 2	1845-1859
6287	Bd 3	1860-1873
	Erhebung der Gemeindesteuern und Beschwerden darüber	
6288	Bd 1	1873-1879
	Bd 2 fehlt	
6289	Bd 3	1905-1921
6289/1	Finanzielle Forderungen an den Magistrat	1825-1855
	Stadtsparkasse	
6290	Bd 1	1882-1903
6291	Bd 2	1904-1911
6292	Bd 3	1912-1934
6293	Bd 4	1934-1936
6294	Bd 5	1936-1939
6295	Bd 6	1939-1941
6296	Bd 7	1942-1945
6297	Grenz- und andere Grundstücksstreitigkeiten	1831-1868
6298	Be- und Entwässerung der Stadt	1896-1922
	Wasserversorgung und Entwässerung der Stadt	
6299	Bd 1	1923-1939
6300	Bd 2	1940-1944

3.81. Zinna

6301	Ein- und Durchführung der neuen Städteordnung	1809-1866
	Wahl und Einführung der Bürgermeister und der übrigen Magistratsmitglieder	
6303	Bd 1	1889-1912
6304	Bd 2	1913-1939
	Lange, Emil, geb. 31.1.1847, Bürgermeister, *siehe I Pers. Nr. 3156/1*	1905-1908

	Puls, Friedrich, geb. 23.9.1866, Bürgermeister, *siehe I Pers. Nr. 4329/1*	1918-1920
	Rausch, Ewald, Bürgermeister, *siehe I Pers. Nr. 4415/1*	1909-1917
	Reichmann, Georg, Heinrich, Oskar, geb. 7.8.1888, Bürgermeister, *siehe I Pers. Nr. 4469/1*	1920-1938
6306	Besoldung, Ruhegehalt, Witwen- und Waisenversorgung der Gemeindebeamten	1921-1933
6307	Gewinnung des Bürgerrechts	1841-1849
6308	Ortsstatuten auf Grund des § 11 der Städteordnung vom 30. Mai 1853	1901-1932
	Kommunalverwaltung und Kommunalhaushalt	
6309	Bd 1	1829-1842
6310	Bd 2	1843-1856
6311	Bd 3	1858-1862
6312	Bd 4	1863-1873
6313	Bd 5	1874-1877
6314	Etats- und Rechnungswesen sowie Steuerangelegenheiten	1934
	Erhebung der Gemeindesteuern und Beschwerden darüber	
6315	Bd 1	1842-1872
6316	Bd 2	1873-1881
6317	Verpflichtung der Bezirksvorsteher und Stadtverordneten zu persönlichen Bürgerdiensten	1842
6318	Erhebung eines Einzugs- und Hausstandsgeldes	1857-1892

3.82. Zossen

	Ein- und Durchführung der Städteordnung	
	Bd 1 fehlt	
6319	Bd 2	1830-1848

	Wahl und Einführung der Bürgermeister und der übrigen Magistratspersonen	
6320	Bd 1	1849-1888
6321	Bd 2	1888-1943
	Regener, Hugo, geb. 26.5.1847, Bürgermeister, *siehe I Pers. Nr. 4445*	1868-1881
	Rennert, geb. 30.7.1847, Bürgermeister, *siehe I Pers. Nr. 4525/a*	1898-1899
6322	Gesuche der Magistratsmitglieder um Genehmigung der Übernahme von Nebenämtern	1830-1832
6323	Anstellung der unteren Beamten des Magistrats	1827-1911
6326	Gegenseitige Beschwerden des Magistrats und der Stadtverordneten	1809-1844
6327	Beschwerden über den Bürgermeister Greiser und den Magistrat	1828-1872
6328	Beschwerden mehrerer Mietsbürger über den Magistrat	1847-1848
6329	Bürgerrecht	1811-1851
6330	Beilegung des ehemaligen Amtsdienerhauses zum städtischen Kommunalverband	1827-1848
6331	Ortsstatuten auf Grund des § 11 der Städteordnung vom 30. Mai 1853	1861-1924
6332	Rechnungsextrakte des Magistrats über die Verwaltung des Gemeindevermögens	1814-1861
	Kommunalhaushaltspläne und Verwaltungsberichte	
6333	Bd 1	1830-1862
6334	Bd 2	1863-1878
6335	Bd 3	1879-1883
6336	Haushaltspläne der Stadt für die Rechnungsjahre 1906, 1907	1906-1907
6337	Etats- und Rechnungswesen sowie Steuerangelegenheiten	1933-1942

	Beschwerden mehrerer Einwohner über zu starke Heranziehung zu den öffentlichen Lasten und Abgaben, Grundsätze zur Verteilung der Lasten und Aufbringung der Gelder	
6339	Bd 1	1814-1835
6340	Bd 2	1836-1867
6341	Erhebung der Gemeindesteuern und Beschwerden darüber	1873-1896
6343	Einführung der Nachtigallensteuer	1844
6344	Erhebung der Bürgerrechtsgelder und Beschwerden darüber	1853-1912
6345	Stadtsparkasse	1886-1888
6346	Verstöße in Hütungsangelegenheiten	1832-1860
6347	Verkauf städtischer Grundstücke	1836-1898
	Be- und Entwässerung der Stadt	
6348	Bd 1	1900-1936
6349	Bd 2	1937-1943

Ortsregister

Ortsregister

Ortsregister

Personenregister

Personenregister

Personenregister

Quellen, Findbücher und Inventare des Brandenburgischen Landeshauptarchivs

Herausgegeben von Klaus Neitmann

Band 1 Landtag des Landes Brandenburg 1945-1952 (Ld. Br. Rep. 201), Potsdam 1994.

Band 2 Kurmärkische Stände (Pr. Br. Rep. 23 A), bearbeitet von Margot Beck, Potsdam 1995.

Band 3 Der brandenburgische Landtag. Festschrift zur 50. Wiederkehr seiner Konstituierung, Potsdam 1996.

Die Bände 1-3 sind im Selbstverlag erschienen.

Band 4 Befehle der Sowjetischen Militäradministration des Landes Brandenburg 1945-1949, bearbeitet von Klaus Geßner, 1997.

Band 5 Die Revolution 1848/49 in Brandenburg. Eine Quellensammlung, bearbeitet von Gebhard Falk, 1998.

Band 6 Zwangsarbeit in der Provinz Brandenburg 1939-1945. Spezialinventar der Quellen im Brandenburgischen Landeshauptarchiv, bearbeitet von Frank Schmidt, 1998.

Band 7 Torsten Hartisch: Die Enteignung von "Nazi- und Kriegsverbrechern" im Land Brandenburg. Eine verwaltungsgeschichtliche Studie zu den SMAD-Befehlen Nr. 124 vom 30. Oktober 1945 bzw. Nr. 64 vom 17. April 1948. 1998.

Band 8 Klaus Neitmann (Hrsg.): Im Dienste von Verwaltung, Archivwissenschaft und brandenburgischer Landesgeschichte. 50 Jahre Brandenburgisches Landeshauptarchiv. Beiträge der Festveranstaltung vom 23. Juni 1999. 2000.

Band 9 Neumärkische Stände (Rep. 23 B), bearbeitet von Margot Beck und eingeleitet von Wolfgang Neugebauer. 2000.

Band 10 Uwe Schaper (Hrsg.): Kurzübersicht über die Archivbestände der Kreise, Städte und Gemeinden im Land Brandenburg. 2001.

Band 11 Inventar der Offenen Befehle der Sowjetischen Militäradministration des Landes Brandenburg. Nach der Überlieferung im Staatsarchiv der Russischen Föderation, bearbeitet von Klaus Geßner und Wladimir W. Sacharow. Mit Unterstützung von Manfred Heinemann und Klaus Neitmann. 2002.

Band 12 Regierung Potsdam Präsidialregistratur (Rep. 2 A I P). Bearbeitet von Rudolf Knaack, Falko Neininger und Rita Stumper. 2003.

Band 13 Urkunden der Stadt Beeskow in Regesten (1272-1649). Bearbeitet von Friedrich Beck. 2003.

Band 14 Regierung Potsdam Kommunalangelegenheiten (Rep. 2 A I Kom). Bearbeitet von Rudolf Knaack, Falko Neininger und Elisabeth Schulze (†). 2004.

Peter Lang · Europäischer Verlag der Wissenschaften

Regierung Potsdam Präsidialregistratur (Rep. 2 A I P)

Bearbeitet von Rudolf Knaack, Falko Neininger und Rita Stumper

Frankfurt am Main, Berlin, Bern, Bruxelles, New York, Oxford, Wien, 2003.
XLIV, 148 S., 2 Abb.
Quellen, Findbücher und Inventare des Brandenburgischen Landeshauptarchivs. Herausgegeben von Klaus Neitmann. Bd. 12
ISBN 3-631-50136-6 · br. € 30.20*

Die Verwaltungsorganisation Preußens zwischen 1808 und 1945 hat in den Regierungen umfassende Zuständigkeiten gebündelt und sie zur wichtigsten Behörde der inneren Verwaltung der Provinzen gemacht. Der Regierungsbezirk Potsdam, der die westliche Hälfte der Provinz Brandenburg und bis 1920 auch große Teile des heutigen Berlin umfaßte, war der größte und einer der bevölkerungsreichsten in ganz Preußen. Die archivalische Überlieferung der Regierung Potsdam ist dank ihres Umfangs und ihrer Reichhaltigkeit von herausragender Bedeutung für die Geschichte Brandenburgs und Preußens. Durch die Veröffentlichung ausgewählter Findbücher des Bestandes wird dieser Fundus besser zugänglich gemacht. Die Reihe beginnt mit den Akten der Präsidialregistratur, die im unmittelbaren Umfeld des Regierungspräsidenten entstanden sind und deswegen ein vielfältiges und hochrangiges Themenspektrum bieten.

Aus dem Inhalt: Akten der Präsidialregistratur der Regierung Potsdam aus den Jahren 1809 bis 1945

Kolibri 360 GmbH
Ferdinand-Jühlke-Straße 7
99095 Erfurt, Deutschland
produktsicherheit@kolibri360.de

Druck:
CPI Druckdienstleistungen GmbH
im Auftrag der
Kolibri 360 GmbH
Ferdinand-Jühlke-Str. 7
99095 Erfurt